제5판

코어세법

부가가치세편

조석희·장민

머리말

CORE TAX LAW

세법은 우리의 실생활과 아주 밀접하게 관련되어 있음에도 불구하고, 이를 공부하는 학생들뿐만 아니라 일반인들에게도 학습하기에 매우 어려운 학문분야이다. 이는 저자들이 세법을 처음 공부하면서 느낀 점이기도 한데, 그 이유에 대해 저자들은 다음과 같이 생각한다.

첫째, 세법은 명문화된 법을 공부하는 분야이고, 이의 학습을 위해서는 난해한 법조문이 그대로 포함된 교재를 보아야 하는데, 그 내용을 그대로 읽더라도 그것이 의미하는 바를 정확히 이해하기가 쉽지 않다.

둘째, 세법은 우리의 경제생활 전반을 다루고 있기 때문에 이에 대한 상당한 지식이 없는 상태로 단순히 책을 읽는다고 해서 세법내용을 충분히 습득하기가 어렵다.

이러한 어려움을 본 저자들도 알고 있기 때문에 난해한 세법의 내용을 독자들이 가급적 쉽게 이해할 수 있도록 다음과 같은 사항에 역점을 두어 본서를 집필하였다.

먼저, 세법의 골격을 그대로 유지하면서 법률적인 지식이 부족한 독자들도 이를 스스로 이해할 수 있도록 최대한 쉽게 기술했다. 두 번째로 세법의 내용을 일목요연하게 학습할 수 있도록 가급적 표와 그림을 많이 사용함으로서 독자들의 이해도를 높이고자 했다. 세 번째, 각 항목별 내용의 중요도를 5단계로 표시하여 학습강도의 강약을 조절할 수 있도록 하였다. 마지막으로 중요한 세법 개념들을 사례를 통하여 설명함으로써, 독자들이 짧은 시간에 세법내용을 정확하게 이해하는데 도움을 주고자 하였다.

한편, 본서는 세법에 관한 전문학술도서로서 다음과 같은 독자들에게 유용할 것이다.

첫째, 세법을 처음으로 공부하는 학생이나 심화된 세법내용을 학습하려는 학생
둘째, 조문형식의 기존 교재를 통해 학습하였지만 세법내용의 이해가 어려웠던 학생
셋째, 기업에서 세법관련 업무를 담당하고 있지만 세법의 전체적인 틀을 이해하지 못한 실무자

저자들은 최신의 세법학이론이나 경제흐름을 최대한 반영하여 본서를 집필하였으며, 향후에도 계속적인 연구와 실무경험을 토대로 최선을 다해 본서를 개정할 것을 약속드린다. 마지막으로, 본서가 나오기까지 가까이에서 응원해 준 가족들에게 고마움과 미안한 마음을 전하며, 본서를 출간하는데 도움을 주신 출판사 사장님과 편집부 여러분들에게 감사의 말씀을 드린다.

2025년 2월 저자 일동

목차

CORE TAX LAW

Part 1 부가가치세법 - 이론편

CHAPTER 01 총 칙

목차

CORE TAX LAW

목차

CORE TAX LAW

Part 2 부가가치세법 - 문제편

CORE TAX LAW

PART 1

부가가치세법 - 이론편

CHAPTER 01

총 칙

1 부가가치세의 개념

부가가치세란 사업자가 생산 · 유통을 통하여 창출한 부가가치에 대해 과세하는 조세이다.

> 부가가치세(VAT) = (매출액 − 매입액) × 10% ☞ 전단계거래액공제법
>
> = 매출세액 − 매입세액 ☞ 전단계세액공제법
>
> (매출세액: 매출액×10%, 매입세액: 증빙(세금계산서))

사례 1-1 일반과세자의 부가가치세

[Case 1] 일반

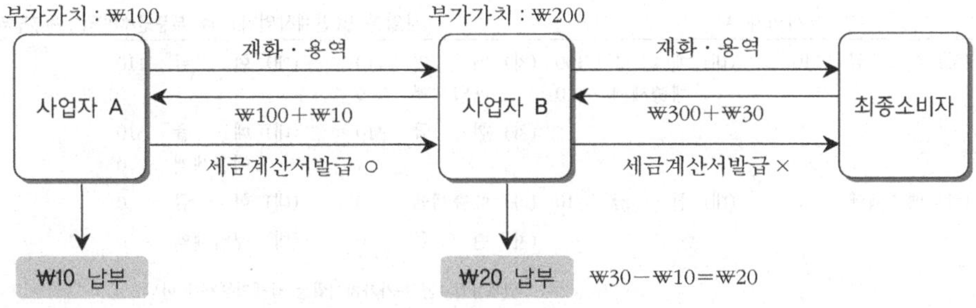

사업자 A		사업자 B	
(차) 현 금 110	(대) 매 출 100 매출세액 10	(차) 매 입 100 매입세액 10	(대) 현 금 110
		(차) 현 금 330	(대) 매 출 300 매출세액 30
(차) 매출세액 10	(대) 현 금 10	(차) 매출세액 30	(대) 현 금 20 매입세액 10

[Case 2] 영세율

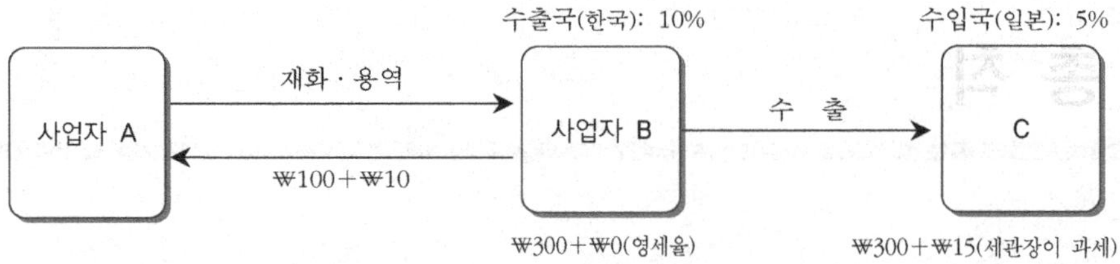

사업자 A				사업자 B(수출업자) ☞ **완전면세제도(∵소비지국과세원칙)**			
(차) 현 금	110	(대) 매 출	100	(차) 매 입	100	(대) 현 금	110
		매출세액	10	매입세액	10		
				(차) 현 금	300	(대) 매 출	300
						매출세액	0
(차) 매출세액	10	(대) 현 금	10	(차) 매출세액	0	(대) 현 금	0
				(차) 현 금	10	(대) 매입세액	10

[Case 3] 면 세

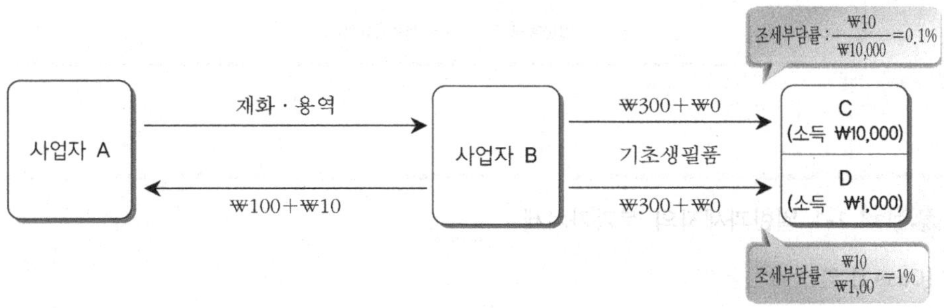

사업자 A				사업자 B(면세사업자) ☞ **부분면세제도(∵세부담의 역진성 완화)**			
(차) 현 금	110	(대) 매 출	100	(차) 매 입	110	(대) 현 금	110
		매출세액	10	매입세액	0		
				(차) 현 금	310	(대) 매 출	310
						매출세액	0
(차) 매출세액	10	(대) 현 금	10	(차) 매출세액	0	(대) 현 금	0
				(차) 현 금	0	(대) 매입세액	0

* 면세사업자는 부가가치세법상 납세의무자가 아님

위에서 매출의 경우 부가가치세법상 과세거래이기만 하면 과세가 된다. 따라서 세금계산서의 발행여부, 매입세액의 공제여부 등을 따지지 않는다. 그러나 매입세액의 경우 세금계산서의 수취 등 일정한 요건만 충족하면 공제가 가능하다. 한편, 매출세액은 공급시기에 납부하는 것이지 매입자로부터 수령하여 납부하는 것이 아니다. 예를 들어, 현금매출은 수령후 납부하지만,

외상매출은 납부후 수령하게 된다. 따라서 6월 10일에 제품(1백만원)을 인도한 경우 7월 25일에 매출세액 10만원을 납부한다.

또한, 세금계산서는 공급시기에 교부하는 것이지 매출세액을 수령하는 시점에 교부하는 것이 아니다. 예를 들어, 6월 10일에 제품(1백만원)을 인도한 경우 6월 10일에 세금계산서를 교부해야 한다.

2 부가가치세의 특징

2.1 개 요

구 분	내 용
소비형 부가가치세	일정기간 동안의 기업이 생산한 재화나 용역의 매출액에서 중간재와 자본재의 매입액을 차감하여 부가가치를 계산한다. 따라서 중간재는 물론 자본재를 매입하면서 부담한 매입세액까지 공제(또는 환급)받을 수 있다. 부가가치세 = 매출액 × 10% − (중간재와 자본재의 매입액) × 10%
전단계세액공제법	일정기간 동안의 매출액에 세율을 곱하여 계산한 매출세액에서 매입단계에서 부담한 매입세액(전단계의 부가가치세납부세액을 의미함)을 차감하여 부가가치세를 계산하는 방법을 말한다. 부가가치세 = (매출액 × 세율) − 매입세액
소비지국과세원칙	수출품에 대해서는 영세율(0%의 세율)을 적용하여 부가가치세를 과세하지 않으며 수입품에 대해서는 우리나라의 세관장이 내국물품과 동일하게 부가가치세를 과세한다.
일 반 소 비 세	부가가치세는 면제로 열거된 것을 제외한 모든 재화와 용역의 소비행위에 대해서 과세하는 일반소비세이다. 따라서 특정한 재화 또는 용역의 소비행위에 대해서 과세하는 개별소비세 및 주세와는 구별된다.
간 접 세	부가가치세는 납세의무자와 담세자가 다를 것으로 예정된 조세이므로 간접세에 해당한다. 부가가치세의 납세의무자는 사업자이나, 담세자는 최종소비자이다.

2.2 전단계세액공제법하에서의 과세대상 및 과세표준

전단계세액공제법에서는 사업자가 창출한 부가가치를 직접 계산하여 과세하는 것이 아니라 사업자의 매출액(즉, 재화 및 용역의 공급가액)에 대하여 매출세액을 계산한 후 전단계의 매입세액을 차감하는 방법으로 계산된다. 따라서 부가가치세의 과세대상은 부가가치가 아니라 재화 또는 용역의 공급이며, 과세표준도 부가가치의 창출액이 아니라 재화 또는 용역의 공급가액이다.

2.3 공급가액의 의미 및 매입세액공제의 필요성

사업자의 공급가액은 해당 거래단계에서 창출된 부가가치뿐만 아니라 해당 거래단계이전의 사업자들이 창출한 부가가치가 포함되어 있는 부가가치의 누적액이다. 즉, 누적된 부가가치를 과세할 경우 해당 거래이전의 사업자들이 창출한 부가가치가 다시 해당 단계에서 과세되는 이중과세의 문제(누적효과)가 발생하게 되는데, 이러한 이중과세를 방지하기 위하여 매입세액(전단계에서 납부되었던 납부세액의 합계액)을 매출세액에서 차감하고 있는 것이다.

구 분	과세사업자 A	과세사업자 B	과세사업자 C
매 출 세 액	$\alpha \times 10\%$	$(\alpha+\beta) \times 10\%$	$(\alpha+\beta+\gamma) \times 10\%$
− 매 입 세 액	−	→ $\alpha \times 10\%$	→ $(\alpha+\beta) \times 10\%$
= 납 부 세 액	$\alpha \times 10\%$	$\beta \times 10\%$	$\gamma \times 10\%$

* α, β, γ는 각 사업자가 창출한 부가가치임

3 과세대상과 납세의무자

3.1 과세대상

부가가치세의 과세대상은 사업자가 공급하는 재화 또는 용역과 수입하는 자의 수입재화로 한다.

구 분	내 용
재화의 공급	사업자의 공급분에 한함
용역의 공급	사업자의 공급분에 한함
재화의 수입	수입자가 사업자인지의 여부와 상관없이 과세함

* 사업자란 부가가치를 창출할 수 있는 정도의 사업형태를 갖추고 계속적이고 반복적인 의사로 재화 또는 용역을 공급하는 자를 말함

(1) 재화의 개념

재화란 재산적 가치가 있는 모든 유체물과 무체물을 말하며, 과세대상이 되는 재화의 구체적 범위는 다음과 같다.

구 분	구체적 범위
유 체 물	원료, 상품, 제품, 비품, 기계장치, 건축물 등 모든 유형적 물건
무 체 물	전기, 열, 빛, 에너지 기타 관리할 수 있는 자연력
권 리	영업권, 산업재산권, 광업권 등 재산적 가치가 있는 권리
기 타	선하증권, 창고증권, 화물상환증 등

다만, 다음은 재화에 해당하지 않는다.

① 재산적 가치가 없는 유체물과 무체물(예: 물, 공기 등) ☞ 생수는 과세함

② 수표 · 어음 등의 화폐대용증권과 주식 · 채권 등의 유가증권

③ 임치물의 반환이 수반되지 않는 창고증권

(2) 용역의 개념

재화 이외의 재산적 가치가 있는 모든 역무의 제공 및 재화 · 시설물 또는 권리를 사용(임대 또는 대여)하게 하는 것을 말한다.

구 분		내 용
음식점업, 건설업		항상 용역의 공급
부 동 산	매매업	재화의 공급
	임대업	용역의 공급
전 · 답 · 과수원 · 목장용지 · 임야 · 염전의 임대업		과세제외
위탁가공업	단순가공	용역의 공급
	주요자재의 일부 또는 전부를 부담*	재화의 공급
재화 · 시설물 · 권리	양 도	재화의 공급
	임 대	용역의 공급

* 단, 건설업, 음식점업은 자재부담의 여부와 상관없이 항상 용역의 공급임

3.2 납세의무자

영리목적의 유무에 관계없이 사업상 독립적으로 재화 또는 용역을 공급하는 자(사업자)와 재화를 수입하는 자가 부가가치세의 납세의무자이다.

사업자의 요건	내 용
① 영리목적의 유무와 무관	영리목적의 유무와 무관하므로 국가 · 지방자치단체 등도 사업자에 해당함
② 사 업 성	계속 · 반복성이 없는 공급자는 사업자에 포함하지 않음 (∵사업성이 없음) * 사업성의 여부는 실질에 따라 판단하며 사업자등록여부 및 거래징수여부와 상관없이 사업성이 있으면 과세함
③ 독 립 성	고용된 지위에서 공급하는 자(근로자 등)는 사업자에 포함하지 않음

위에서 개인 · 법인 · 국가 · 지방자치단체 등과 법인격 없는 사단 · 재단 기타단체도 납세의무자에 해당한다. 한편, 납세의무자는 다음과 같이 분류한다.

- 납세의무자
  - 사 업 자
    - 과세사업자 (일반과세자, 간이과세자) ······ VAT의 납세의무○ ☞ VAT상 사업자등록
    - 면세사업자 ······ VAT의 납세의무× ☞ 법인세 · 소득세법상 사업자등록
  - 재 화 를 수입하는 자 (관세법에 따라 관세를 신고 · 납부하는 경우) ······ VAT의 납세의무○

참고사항 1

[납세의무자의 납세의무]

1. 일반적 납세의무

① 사업자는 부가가치세가 과세되는 재화를 공급하거나 용역을 제공하는 경우에 해당 사업자의 등록여부 및 공급시 부가가치세의 거래징수여부에 관계없이 해당 재화의 공급 또는 용역의 제공에 대하여 부가가치세를 신고 · 납부할 의무가 있다.

② 재화를 수입하는 자는 사업자인지의 여부, 용도 및 목적에 관계없이 수입재화에 대한 부가가치세의 납세의무가 있다.

2. 국외거래에 대한 납세의무

① 부가가치세의 납세의무는 우리나라의 주권이 미치는 범위내에서 적용되므로 사업자가 우리나라의 주권이 미치지 않는 국외에서 재화를 공급하는 경우에는 납세의무가 없다. 다만, 「대외무역법」상 중계무역방식의 수출, 위탁판매수출, 외국인도수출, 위탁가공무역방식의 수출로 재화를 공급하는 경우에는 그렇지 않다.

② 다음의 용역에 대하여는 해당 부동산 또는 광고매체의 사용장소가 국외이므로 부가가치세의 납세의무가 없다.

㉠ 국외에 소재하는 부동산의 임대용역

㉡ 외국의 광고매체에 광고게재를 의뢰하고 지급하는 광고료

③ 우리나라 국적의 항공기 또는 선박에서 이루어지는 거래는 국외거래로 보지 않으므로 부가가치세의 납세의무가 있다.

참고사항 2

[농가부업소득에 대한 부가가치세의 과세여부]

구 분		과세여부
소득세가 과세되는 농가부업		과 세 ○
소득세가 비과세되는 농가부업	축산 · 어로 · 양어 · 고공품의 제조	과 세 ×
	민박 · 음식물판매 · 특산물제조 · 전통차의 제조	과 세 ○

* 소득세가 비과세되는 일정규모이하의 축산 · 어로 · 양어 · 고공품의 제조소득은 독립된 사업으로 보지 않고 농업의 일부로 봄. 현재 농업은 면세사업에 해당하므로 농업으로 보는 농가부업도 면세사업으로 보아 부가가치세를 과세하지 않으나 이외의 농가부업은 독립된 사업으로 보아 부가가치세를 과세함

예제 1-1 | 납세의무

부가가치세의 납세의무에 대한 설명으로 잘못된 것은?

① 영리목적 없이 사업상 독립적으로 용역을 공급하는 자도 납세의무자에 해당한다.

② 사업자가 부가가치세가 과세되는 재화의 공급시 부가가치세를 거래징수하지 못한 경우에는 부가가치세를 납부할 의무가 없다.

③ 사업자등록 없이 부가가치세가 과세되는 용역을 공급하는 사업자의 경우에도 부가가치세를 신고 · 납부할 의무가 있다.

④ 면세가 적용되는 사업자는 납세의무가 없지만, 영세율이 적용되는 사업자는 납세의무를 진다.

⑤ 사업자가 국외에서 재화를 공급하는 경우에는 납세의무가 없다.

정답 ②

해설 사업자는 부가가치세가 과세되는 재화 또는 용역의 공급시에는 사업자등록이나 거래징수와 무관하게 납세의무를 진다.

4 과세기간

과세기간이란 부가가치세에 대한 과세표준의 계산에 기초가 되는 기간을 말하며, 납세의무의 성립시기, 과세표준 및 납부세액의 계산기간 및 신고·납부기한을 정하는 기준을 말한다.

4.1 일반적인 경우

부가가치세법은 1년을 2과세기간으로 구분하여 각각 6개월을 1과세기간으로 하고 있다(단, 간이과세자는 1년을 1과세기간으로 함). 한편, 각 과세기간 중 선 3개월을 예정신고기간, 후 3개월을 과세기간 최종 3월(확정신고기간)로 구분하고 있다.

구 분		신규사업자(최초과세기간)	계속사업자	폐업자(최종과세기간)
일반과세자	제1기	개업일* ~ 6.30	1.1 ~ 6.30	1.1 ~ 폐업일
	제2기	개업일* ~ 12.31	7.1 ~ 12.31	7.1 ~ 폐업일
간 이 과 세 자		개업일* ~ 12.31	1.1 ~ 12.31	1.1 ~ 폐업일

* 사업개시일과 등록신청일 중 빠른 날로 함

참고사항 1

[사업개시일]

사업개시일은 다음의 구분에 따른다. 다만, 해당 사업이 법령개정 등으로 면세사업에서 과세사업으로 전환되는 경우에는 그 과세전환일을 사업개시일로 한다.

① 제조업: 제조장별로 재화의 제조를 시작하는 날
② 광 업: 사업장별로 광물의 채취·채광을 시작하는 날
③ ①과 ②외의 사업: 재화나 용역의 공급을 시작하는 날

참고사항 2

[폐업일]

① 합병으로 인한 소멸법인의 경우: 합병법인의 변경등기일 또는 설립등기일(단, 존속법인의 과세기간은 변동없음)
② 분할로 인하여 사업을 폐업하는 경우: 분할법인의 분할변경등기일(단, 분할법인이 소멸하는 경우에는 분할신설법인의 설립등기일)
③ ①과 ②외의 경우: 사업장별로 그 사업을 실질적으로 폐업하는 날. 다만, 폐업한 날이 분명하지 않는 경우에는 폐업신고서의 접수일

④ 사업개시일전에 사업자등록을 한 자로서 사업자등록을 한 날부터 6개월이 되는 날까지 재화와 용역의 공급실적이 없는 경우: 그 6개월이 되는 날(다만, 사업장의 설치기간이 6개월이상이거나 그 밖의 정당한 사유로 인하여 사업개시가 지연되는 경우에는 그렇지 않음)

사례 1-2 과세기간

[Case 1] 일반과세자

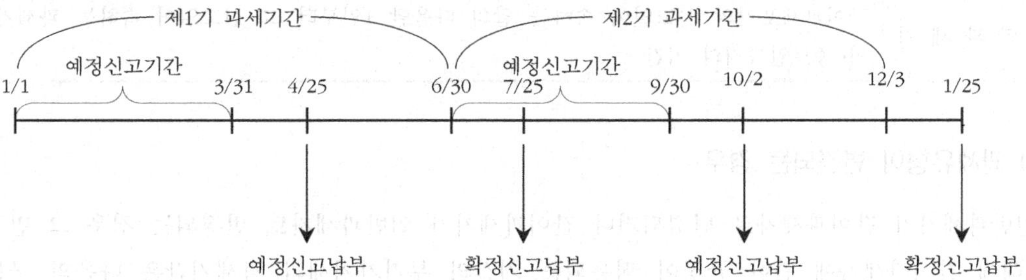

* 예정신고대상은 법인이나 특정한 개인사업자이고 일반적인 개인사업자는 예정고지함

[Case 2] 간이과세자

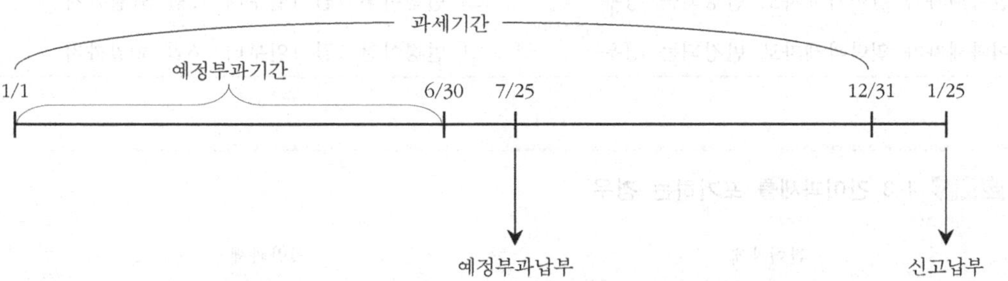

* 간이과세자는 납세부담을 완화하기 위해 6/30까지 예정부과기간으로 하여 직전과세기간에 대한 납부세액의 50%에 해당하는 금액을 납부세액으로 결정 · 징수함

4.2 예외적인 경우

(1) 사업자가 간이과세를 포기함으로써 일반과세자로 되는 경우

다음의 기간을 각각 1과세기간으로 한다.

구 분	내 용
간 이 과 세 자	간이과세포기의 신고일이 속하는 과세기간개시일부터 그 신고일이 속하는 달의 말일까지의 기간
일 반 과 세 자	간이과세포기의 신고일이 속하는 달의 다음달 1일부터 그 신고일이 속하는 과세기간의 종료일까지의 기간

(2) 과세유형이 변경되는 경우

일반과세자가 간이과세자로 변경되거나 간이과세자가 일반과세자로 변경되는 경우 그 변경되는 해에 간이과세자에 관한 규정이 적용되는 기간의 부가가치세의 과세기간은 다음의 구분에 따른 기간으로 한다.

구 분	내 용
일반과세자가 간이과세자로 변경되는 경우	그 변경이후 7월 1일부터 12월 31일까지
간이과세자가 일반과세자로 변경되는 경우	그 변경이전 1월 1일부터 6월 30일까지

사례 1-3 간이과세를 포기하는 경우

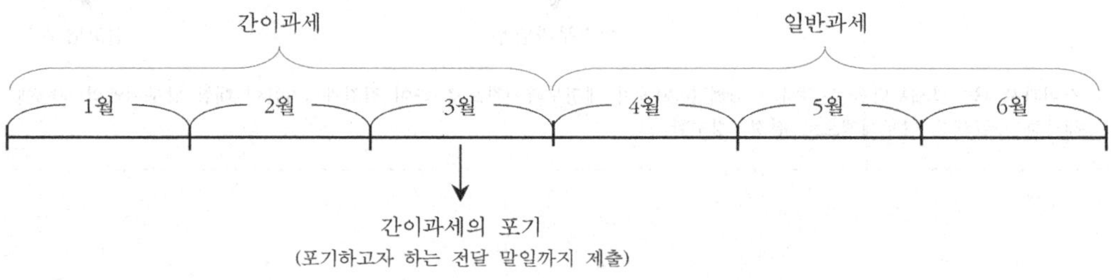

5 납세지

5.1 납세지의 정의와 사업장의 범위

(1) 납세지의 정의

사업자가 부가가치세법에 따른 납세의무 및 협력의무를 이행하고 과세관청이 부과권, 징수권을 행사하는 기준이 되는 장소로서 부가가치세의 납세지는 사업장소재지를 기준으로 한다. 즉, 사업자는 사업장마다 사업자등록을 해야 하고 사업장별로 구분하여 세금계산서를 발급·수령해야 하며, 사업장별로 신고·납부의무를 이행해야 한다.

(2) 사업장의 범위

사업자 또는 그 사용인이 항상 주재하여 거래의 전부 또는 일부를 행하는 장소를 말하는데, 그 구체적인 내용은 다음과 같다. 다만, 이러한 사업장 이외의 장소도 사업장으로 등록할 수 있으나, 무인자동판매기를 통하여 재화·용역을 공급하는 사업장의 경우에는 그렇지 않다.

사례 1-4 사업장소재지

구 분	고정된 장소	독립적으로 부가가치의 창출	사업장의 해당여부	예 시
[Case 1]	○	○	○	직매장
[Case 2]	×	○	×	임시사업장·업무총괄장소 * 택시, 운수업
[Case 3]	○	×	×	하치장

업종별 사업장

구 분		사 업 장
광업		광업사무소의 소재지[Case 2]
제조업		최종제품을 완성하는 장소(제품의 포장만을 하거나 용기에 충전만을 하는 장소는 제외함)
건설업·부동산매매업·운수업	법인	법인등기부상의 소재지(등기부상의 지점소재지를 포함함)
	개인	그 업무를 총괄하는 장소

구 분	사 업 장
부동산임대업	부동산등기부상의 소재지[1] • ①부동산의 권리만을 대여하거나 ②전기사업자 등이 부동산을 임대하는 경우에는 그 사업에 관한 업무를 총괄하는 장소를 사업장으로 함
비거주자 또는 외국법인	비거주자 또는 외국법인의 국내사업장
무인자동판매기를 통하여 재화·용역을 공급하는 사업	그 사업에 관한 업무를 총괄하는 장소
사업장을 설치하지 않은 경우	사업자의 주소지 또는 거소지
기타의 경우	위 사업장이외의 장소도 사업자의 신청에 의하여 추가로 사업장으로 등록할 수 있음(무인자동판매기의 운영업은 제외함)

[1] 국가 및 지방자치단체가 공급하는 부동산임대업 등의 사업장은 그 업무를 총괄하는 장소로 하고 위탁·위임 또는 대리에 의하여 재화 또는 용역을 공급하는 때에는 수탁자·수임자 또는 그 대리인이 그 업무를 총괄하는 장소로 함

(3) 직매장과 하치장

직매장은 사업장으로 보나 하치장은 사업장으로 보지 않는다.

구 분	내 용
직매장	직접 판매하기 위하여 특별히 판매시설을 갖춘 장소
하치장	재화의 보관·관리시설만을 갖춘 장소로서 판매행위가 이루어지지 않는 장소

(4) 임시사업장

임시사업장은 독립된 사업장으로 보지 않고 기존사업장에 포함되는 것으로 한다. 임시사업장*을 개설하고자 하는 자는 「임시사업장개설신고서」를 해당 임시사업장의 사업개시일부터 10일내에 임시사업장의 관할세무서장에게 제출해야 한다. 다만, 임시사업장의 설치기간이 10일이내인 경우에는 신고를 하지 않을 수 있다.

* 각종 경기대회·박람회 등의 행사가 개최되는 장소에 임시적으로 개설한 장소

참고사항

[사업장에 해당하지 않는 장소]

① 제품의 판매목적이나 보관·관리를 위한 별도의 시설을 갖추지 않고 단순히 견본품만을 전시할 목적으로 진열시설을 갖춘 장소
② 재화 또는 용역의 공급없이 주문만을 받는 장소
③ 물품을 판매하지 않고 단순히 본점의 지시에 따라 판매업무에 수반하는 상품의 수주나 대금의 영수, 신용조사 및 주문처와의 단순한 업무연락만 하는 장소
④ 사업자가 자기가 생산한 재화를 판매하지 않고 단순히 보관 또는 관리하는 장소

예제 1-2 | 사업장의 범위

부가가치세는 사업장별로 신고납부하여야 한다. 다음 중 사업장을 가장 잘못 설명한 것은?

① 제조업의 경우에는 최종제품을 완성하는 장소를 사업장으로 하며, 제품의 포장만을 하거나 용기에 충전만을 하는 장소는 사업장으로 보지 않는다.
② 건설업을 영위하는 법인은 건설하는 장소를 사업장으로 한다.
③ 한국자산관리공사가 부동산을 임대하는 경우에는 그 사업에 관한 업무를 총괄하는 장소가 사업장이다.
④ 다단계판매원이 재화를 공급하는 경우에는 해당 다단계판매원이 등록한 다단계판매업자의 주된 사업장소재지가 사업장이다.
⑤ 직매장은 사업장으로 보며, 하치장은 사업장으로 보지 않는다.

정답 ②

해설 건설업·운수업·부동산매매업의 사업장은 다음의 장소로 한다.
① 사업자가 법인인 경우 : 그 법인의 등기부상의 소재지(지점소재지를 포함함)
② 사업자가 개인인 경우 : 그 업무를 총괄하는 장소

5.2 주사업장총괄납부

주사업장총괄납부란 사업자가 2이상의 사업장을 가지고 있는 경우 주된 사업장의 관할세무서장에게 신청(승인불필요)하여 각 사업장의 납부세액(또는 환급세액)을 통산하여 주된 사업장에서 납부하거나 환급받는 것을 말한다.

사례 1-5 주사업장총괄납부

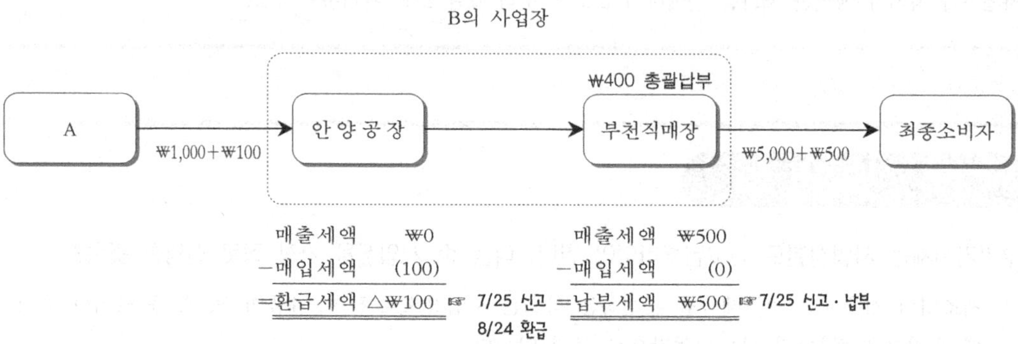

* 이 경우 안양공장에서는 환급세액 ₩100이 발생하고 부천직매장에서는 납부세액 ₩500이 발생한다. 환급세액은 신고기한의 경과후 30일내에 환급되고 납부세액은 신고와 동시에 납부해야 하므로 그 사이 자금의 유동성 문제가 발생하여 안양공장과 부천직매장을 총괄하여 납부하는 것이 주사업장총괄납부이다.

(1) 주사업장총괄납부의 신청

2이상의 사업장이 있는 사업자가 주사업장에서 부가가치세를 총괄하여 납부*하고자 하는 경우 그 납부하고자 하는 과세기간개시 20일전에, 신규로 사업을 개시하는 자는 주된 사업장의 사업자등록증을 받은 날부터 20일이내에 「주사업장총괄납부승인신청서」를 주사업장의 관할세무서장에게 제출(국세정보통신망에 의한 제출을 포함함)해야 한다. (이 경우 사업장이 하나인 사업장 단위 과세사업자가 신규사업장 개설시 즉시 주사업장총괄납부 신청이 가능함)

* 납부(또는 환급)이외의 사항(예: 사업자등록, 세금계산서작성 · 발급, 신고, 결정 · 경정)은 사업장별로 적용하고, 판매목적의 타사업장반출에 대한 공급의제를 배제함

(2) 주된 사업장의 범위

구 분	내 용
법 인	본점이나 지점 중 선택가능
개 인	주사무소만 가능

(3) 총괄납부의 변경신청

총괄납부의 승인을 얻은 자가 다음의 사유가 발생한 경우에는 사업자의 인적사항·변경사유 등이 기재된 「주사업장총괄납부승인변경신청서」를 제출(국세정보통신망에 의한 제출을 포함함)해야 한다.

변경사유	변경신청서의 제출관할세무서
종된사업장의 신설	신설사업장의 관할세무서장
종된사업장을 주된사업장으로 변경	변경하고자 하는 주된사업장의 관할세무서장
사업자등록에 대한 정정사유의 발생	정정사유가 발생한 사업장의 관할세무서장 * 단, 법인의 대표자를 변경하는 경우에는 주된사업장의 관할세무서장
일부 종된사업장의 제외	주된사업장의 관할세무서장
총괄납부대상 사업장의 추가	주된사업장의 관할세무서장

위 사항의 신청을 받은 관할세무서장은 신청일로부터 20일이내에 승인여부를 통지해야 하며, 승인여부를 통지하지 않는 때에는 신청일로부터 20일이 되는 날에 이를 승인한 것으로 본다.

(4) 총괄납부의 적용제외 및 포기

1) 총괄납부의 적용제외

주사업장총괄납부사업자가 다음 중 어느 하나에 해당하는 경우에는 주사업장총괄납부를 적용하지 않을 수 있다.

① 사업내용의 변경으로 총괄납부가 부적당하다고 인정되는 때
② 주된사업장의 이동이 빈번할 때
③ 기타사정변경에 의하여 총괄납부가 적당하지 않게 된 때

2) 총괄납부의 포기

주사업장총괄납부사업자가 각 사업장에서 납부하고자 할 때는 총괄납부를 포기할 수 있다. 이 경우에는 각 사업장에서 납부하고자 하는 과세기간의 개시 20일전에 주된사업장관할세무서장에게 「주사업장총괄납부포기신고서」를 제출해야 한다. 한편, 총괄납부승인을 얻은 자가 그 승인을 철회 또는 포기한 경우 총괄납부의 포기 또는 철회한 날이 속하는 과세기간의 다음 과세기간부터 각 사업장에서 납부해야 한다.

5.3 사업자단위과세

사업자단위과세란 2이상의 사업장이 있는 사업자가 사업자단위로 본점 또는 주사무소의 관할 세무서장에게 등록한 경우 사업자등록, 세금계산서의 교부, 부가가치세의 신고·납부, 결정·경정 등의 납세의무를 사업자단위과세적용사업장*에서 총괄하여 이행하는 것을 말한다.

* 사업자단위과세의 적용사업장: 법인은 본점만, 개인은 주사무소

(1) 사업자단위과세등록

① 사업개시일부터 사업자단위과세를 적용받고자 하는 사업자는 사업개시일부터 20일이내에 해당 사업자의 본점 또는 주사무소의 관할세무서장에게 등록해야 한다(신규사업자). (이 경우 사업장이 하나인 사업장 단위 과세사업자가 신규사업장 개설시 즉시 사업자단위과세 신청이 가능함)

② 사업장마다 사업자등록을 한 사업자가 사업자단위로 등록하려면 사업자단위과세사업자로 적용받으려는 과세기간개시 20일전까지 등록해야 한다(기존사업자).

(2) 사업자단위과세의 효력

해당 사업자의 본점 또는 주사무소는 신고·납부, 사업자등록 및 세금계산서의 발급, 과세표준 계산, 결정·경정 등과 관련한 부가가치세법의 규정을 적용함에 있어서 각 사업장으로 본다.

* 주사업장총괄납부는 납부(또는 환급)에 한하여 효력이 있지만, 사업자단위과세는 납부(또는 환급)뿐만 아니라 신고 및 이에 따른 결정·경정, 세금계산서의 발급 및 사업자등록 등에도 그 효력이 있음

(3) 사업자단위과세의 포기

사업자단위로 사업자등록을 한 사업자가 각 사업장별로 신고·납부하거나 주사업장총괄납부를 하려는 경우에는 그 납부하고자 하는 과세기간개시 20일전에 「사업자단위과세포기신고서」를 사업자단위과세적용사업장의 관할세무서장에게 제출해야 한다. 이와 같이 사업자단위과세를 포기한 경우에는 그 포기한 날이 속하는 과세기간의 다음과세기간부터 「사업자단위과세포기신고서」에 적은 내용에 따라 각 사업장별로 신고·납부하거나 주사업장총괄납부를 해야 한다.

참고사항

[주사업장총괄납부와 사업자단위과세]

구 분	주사업장총괄납부	사업자단위과세
사업자등록, 세금계산서의 발급 및 수취, 과세표준계산 및 세액계산, 신고, 결정·경정 및 징수	사업장별 적용	사업자단위과세적용사업장에서 일괄적용
납부·환급	주된 사업장에서 일괄적용	사업자단위과세적용사업장에서 일괄적용
주된사업장 또는 총괄사업장	① 법인 : 본점 및 지점 중 선택 ② 개인 : 주된 사무소	① 법인 : 본점 ② 개인 : 주된 사무소
신청 및 등록	① 신규사업자 : 사업자등록증을 받은 날부터 20일이내 ② 계속사업자 : 과세기간개시 20일전까지	① 신규사업자 : 사업개시일부터 20일이내 ② 사업장별로 등록한 사업자 : 과세기간개시 20일전까지
변경	일정한 사유발생시 변경신청	일정한 사유발생시 사업자등록의 정정
포기신고	과세기간개시 20일전	과세기간개시 20일전
포기의 제한	없 음	없 음

예제 1-3 | 주사업장총괄납부와 사업자단위과세의 비교

다음은 주사업장총괄납부와 사업자단위과세를 비교설명한 것이다. 가장 잘못된 것은?

① 주사업장총괄납부의 경우, 법인은 본점(주사무소 포함) 또는 지점(분사무소 포함)을 주된 사업장으로 할 수 있는 반면에 사업자단위과세의 경우는 본점(주사무소 포함)에서만 총괄하여 신고·납부할 수 있다.
② 주사업장총괄납부의 경우는 총괄하여 납부하는 경우만 가능하고 신고는 각 사업장별로 이루어져야 하는 반면에 사업자단위과세의 경우는 총괄사업장(사업자단위과세적용사업장)에서 신고·납부를 모두 총괄하여 하는 것이 가능하다.
③ 기존의 사업자가 주사업장총괄납부의 적용을 받기 위해서는 과세기간 개시 20일전에 신청서를 주된 사업장관할세무서장에게 제출해야 되고 사업자단위과세를 적용받기 위해서는 과세기간 개시 20일전에 사업자단위과세 적용사업장 관할세무서장에게 사업자등록을 해야 한다.
④ 신규로 사업을 개시하는 자가 주사업장총괄납부의 적용을 받기 위해서는 주된 사업장의 사업자등록증을 받은 날로부터 20일이내에 신청서를 제출해야 되고 사업자단위과세를 적용을 받기 위해서는 사업개시일부터 20일내에 사업자단위로 등록해야 한다.
⑤ 주사업장총괄납부 사업자가 각 사업장별로 납부하고자 하는 경우에는 적용기간의 제한없이 총괄납부의 포기가 가능하지만, 사업자단위과세사업자의 경우는 사업자단위로 등록을 한 날부터 5년이 되는 날이 속하는 과세기간까지는 사업자단위과세의 포기가 불가능하다.

정답 ⑤

해설 사업자단위과세사업자의 경우에도 적용기간의 제한없이 사업자단위과세의 포기가 가능하다.

6 사업자등록

사업자등록이란 부가가치세 업무의 효율적인 운영을 위하여 납세의무자의 사업에 관한 일련의 사항을 세무관서의 공부에 등재하는 것이다. 따라서 사업자등록중의 교부가 해당 사업자에게 사업을 허용하거나 사업경영을 할 권리를 인정하는 것은 아니다.

6.1 사업자등록의 신청

① 사업자는 사업장마다 사업개시일부터 20일이내에 사업장관할세무서장에게 등록해야 한다. 다만, 신규로 사업을 개시하고자 하는 자는 사업개시일전이라도 등록할 수 있다(사업장별등록).

② 사업장별등록규정에도 불구하고 둘 이상의 사업장이 있는 사업자는 사업자단위로 해당 사업자의 본점 또는 주사무소의 관할세무서장에게 사업개시일부터 20일이내에 등록할 수 있다(신규사업자). 사업장이 하나인 사업자가 추가로 사업장을 개설하면서 추가 사업장의 사업 개시일이 속하는 과세기간부터 사업자 단위 과세 사업자로 적용받으려는 경우에는 추가 사업장의 사업 개시일부터 20일 이내(추가 사업장의 사업 개시일이 속하는 과세기간 이내로 한정한다)에 사업자의 본점 또는 주사무소 관할 세무서장에게 변경등록을 신청하여야 한다.

③ 사업장별등록규정에 따라 등록한 사업자가 사업자단위로 등록하려면 사업자단위과세사업자로 적용받으려는 과세기간개시 20일전까지 등록해야 한다(기존사업자).

참고사항

[면세사업자의 사업자등록]

① 과세사업자(과세사업과 면세사업을 겸영하는 사업자를 포함함)는 부가가치세법에 의한 사업자등록을 하지만 면세사업자는 소득세법 또는 법인세법에 의한 사업자등록을 해야 한다.

② 면세사업자가 추가로 과세사업을 영위하고자 하는 경우 「사업자등록정정신고서」를 제출한 때에는 사업자등록신청을 한 것으로 보므로 부가가치세법상 사업자등록신청을 별도로 하지 않을 수 있다.

③ 개별소비세법, 교통 · 에너지 · 환경세법에 따라 개업신고, 휴업 · 폐업 · 등록사항변경신고, 사업자단위과세사업자신고, 양수 · 상속 · 합병신고를 한 경우에는 각각 부가가치세법에 따른 사업자등록의 신청, 휴업 · 폐업 · 등록사항변경신고, 사업자단위과세사업자등록신청 또는 사업자단위과세사업자변경등록신청, 등록사항변경신고를 한 것으로 본다.

6.2 사업자등록증의 발급

(1) 개 요

사업자등록의 신청을 받은 사업장 관할세무서장은 신청일로부터 2일(토요일, 일요일, 공유일, 대체공휴일, 근로자의 날은 제외함)이내에 등록번호가 부여된 사업자등록증을 신청자에게 발급해야 한다. 다만, 사업장시설이나 사업현황을 확인하기 위하여 국세청장이 필요하다고 인정하는 경우에는 발급기한을 5일(토요일, 일요일, 공유일, 대체공휴일, 근로자의 날은 제외함)이내에서 연장하고 조사한 사실에 따라 사업자등록증을 발급할 수 있다. 또한 관할세무서장은 등록신청의 내용을 보정할 필요가 있다고 인정되는 때에는 10일이내의 기간을 정하여 보정을 요구할 수 있다. 이 경우 보정기간은 사업자등록증의 발급기간에 산입하지 않는다.

(2) 직권등록 및 등록거부

관할세무서장은 사업자 또는 국외사업자가 신청에 의해 사업자등록 또는 간편사업자등록을 하지 않은 경우에는 이를 조사하여 직권으로 등록시킬 수 있으며, 사업개시전 등록신청을 한 자가 사업을 사실상 개시하지 않을 것으로 인정되는 때에는 등록을 거부할 수 있다.

6.3 사업자등록의 사후관리

(1) 사업자등록의 정정

다음의 사유가 발생한 경우에는 지체없이 사업자등록정정신고를 해야 한다.

등록정정사유	재발급기한
① 상호를 변경하는 때 ② 통신판매업자가 「사이버몰의 명칭 또는 인터넷주소자원에 관한 법률」에 따른 인터넷 도메인이름을 변경하는 때	신청일 당일
③ 법인 또는 1거주자로 보는 소정단체의 대표자를 변경하는 때 ④ 상속으로 인하여 사업자의 명의가 변경된 때 ⑤ 임대인, 임대차목적물이나 면적, 보증금, 임대차기간 등의 변경이 있거나 새로이 상가건물을 임차한 때 ⑥ 사업자단위과세사업자가 종된 사업장의 신설, 이전, 휴업, 폐업하는 때 ⑦ 사업의 종류에 변경이 있는 때 ⑧ 사업장을 이전하는 때 ⑨ 공동사업장의 구성원 또는 출자자본의 변경이 있는 때 ⑩ 사업자단위과세사업자가 사업자단위과세적용사업장을 변경하는 때	신청일로부터 2일이내

(2) 휴업 · 폐업의 신고

사업자가 휴업 또는 폐업하거나 사업개시전에 등록한 후 사실상 사업을 개시하지 않게 되는 때에는 지체없이 「휴업(폐업)신고서」에 사업자등록증과 폐업신고확인서를 첨부하여 세무서장에게 제출해야 한다. 법령에 의하여 허가를 받거나 등록 또는 신고를 해야 하는 사업의 경우에는 허가 등을 요하는 사업의 주무관청에 휴업(폐업)신고서를 제출할 수 있으며, 신고서를 제출받은 주무관청은 지체없이 관할세무서장에게 해당서류를 송부해야 한다. 한편, 법인이 합병으로 인하여 소멸한 때에는 존속법인이나 신설법인은 법인합병신고서에 사업자등록증을 첨부하여 소멸법인의 폐업사실을 소멸법인의 관할세무서장에게 신고하여야 한다.

(3) 폐업에 따른 사업자등록의 말소

사업장관할세무서장은 사업자가 폐업(사실상 폐업한 경우로서 대통령령으로 정하는 경우를 포함한다) 하거나 사업개시전에 등록한 후 사실상 사업을 개시하지 않게 되는 때에는 지체없이 그 등록을 말소해야 한다. 이 경우 관할세무서장은 지체없이 사업자등록증을 회수해야 하며, 이를 회수할 수 없는 경우에는 등록말소의 사실을 공시해야 한다.

(4) 사업자등록증의 갱신·발급

사업장관할세무서장은 부가가치세업무의 효율적인 처리를 위하여 필요하다고 인정되는 때에는 사업자등록증을 갱신 · 발급할 수 있다.

참고사항

[사실상 사업을 개시하지 않게 되는 경우]

① 사업자등록후 정당한 사유없이 6개월이상 사업을 개시하지 않은 경우
② 부도발생, 고액체납 등으로 인해 도산하여 소재불명인 경우
③ 인 · 허가 취소 또는 그 밖의 사유로 사업수행이 불가능하여 사실상 폐업상태에 있는 경우
④ 정당한 사유없이 계속하여 2개의 과세기간이상 부가가치세의 신고를 하지 않은 자로서 사실상 폐업상태에 있는 경우
⑤ 그 밖의 사유로 사실상 사업을 시작하지 않은 경우

6.4 미등록에 대한 제재

① 사업자등록신청을 하기 전의 매입세액은 불공제한다. 다만, 공급시기가 속하는 과세기간이 끝난 후 20일이내에 등록신청한 경우 등록신청일로부터 공급시기가 속하는 과세기간개시일 (1.1 또는 7.1)까지 역산한 기간내의 매입세액은 공제한다.

② 미등록가산세를 부과한다.

사례 1-6 미등록시의 제재

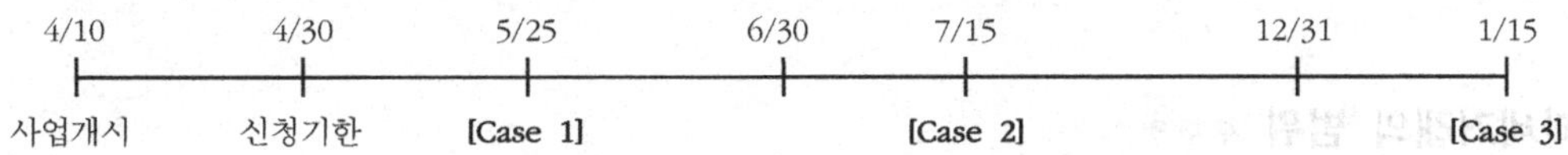

구 분	매입세액공제대상	미등록가산세(= 공급가액 × 1%)
[Case 1]	1/1이후 매입세액	(4/10~5/24)의 공급가액[1] × 1% × (1 − 50%)[2]
[Case 2]	1/1이후 매입세액	(4/10~7/14)의 공급가액 × 1%
[Case 3]	7/1이후 매입세액	(4/10~1/14)의 공급가액 × 1%

[1] 사업개시일부터 등록신청한 날의 직전일까지 공급가액임

[2] 법에 정한 의무등록 · 신청 · 제출의 이행시점이 1월이내인 경우 가산세액의 50%를 감면함

CHAPTER 02

과세거래

1 개 요

1.1 과세거래의 범위 ★★★

구 분	재 화	용 역
실질공급	과세거래	과세거래
의제공급	과세거래	–
수 입	과세거래	–

* 재화 및 용역의 공급거래에서는 공급자가 사업자인 경우에 한하여 과세거래에 해당하나 재화의 수입에서는 수입자가 사업자인지의 여부와 상관없이 과세거래에 해당함

1.2 재화의 공급

(1) 재화의 실질공급 ★★★★

① 계약상의 원인에 의한 공급: 매매계약 · 가공계약 · 교환계약 · 현물출자 · 기타계약상*의 원인에 의하여 재화를 인도 또는 양도하는 것을 말한다.

* 소비대차, 기부채납, 증여 등

② 법률상의 원인에 의한 공급: 수용, 경매(사적) 등 기타 법률상의 원인에 의하여 재화를 인도 또는 양도하는 것을 말한다.

사례 2-1 현물출자 ☞ 제공한 자산의 시가

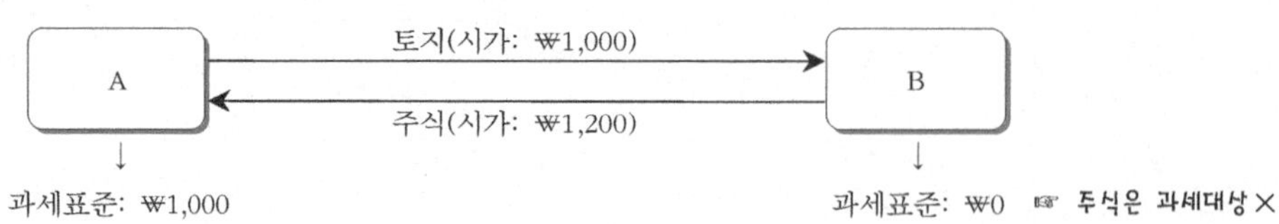

사례 2-2 소비대차계약*에 따른 차용 또는 반환거래(기타계약상의 원인)

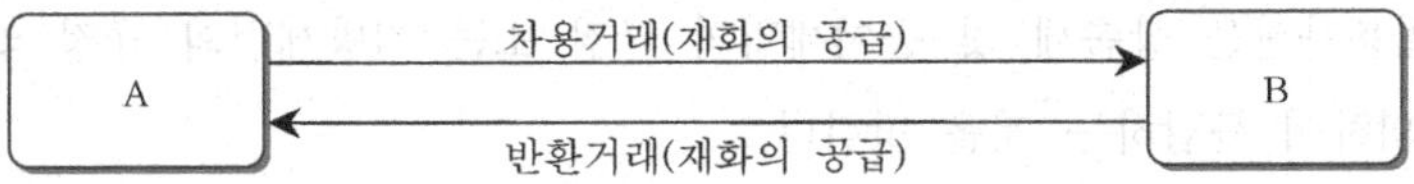

* 사업자간에 상품·제품·원재료 등의 재화를 차용하여 사용·소비하고 동종·동질·동량의 재화로 반환할 것을 약정하는 계약

재화의 공급이 아닌 것

① 계약상 또는 법률상의 원인외에 수재·화재·도난·파손·재고감모손 등으로 인하여 재화가 망실 또는 멸실된 경우에는 재화의 공급으로 보지 않는다.
② 사업자가 받는 손해배상금·지체상금·위약금·판매장려금 등도 재화 또는 용역의 공급에 대한 대가가 아니므로 과세대상이 되지 않는다. (대가관계× → 과세×)
③ 수용절차에 있어서 수용대상인 재화의 소유자가 그에 대한 대가를 받는 경우에는 재화의 공급으로 보지 않는다. (재화의 소유자가 직접 철거했는지 여부에 관계없이 철거될 재화의 수용에 대해서 과세제외함)

(2) 재화의 공급으로 보지 않는 것 ★★★★★

① 담보제공 : 질권·저당권 또는 양도담보의 목적으로 동산·부동산 및 부동산상의 권리를 제공하는 것을 말한다. 다만, 채무불이행 등의 사유로 담보권자가 환가처분을 행사하여 담보물의 실질소유권이 이전되는 경우에는 재화의 공급으로 본다(∴ 채권의 담보를 위한 것일 뿐 소유권이 실질적으로 이전되지 않으나 단서의 경우 대물변제에 해당함).

② 사업양도 : 사업장별(「상법」에 의하여 분할 또는 분할합병하는 경우에는 동일한 사업장안에서 사업부문별로 양도하는 경우를 포함함)로 사업에 대한 모든 권리와 의무를 포괄적으로 승계시키는 것(법인세법상 과세이연요건을 충족한 분할의 경우와 양수자가 승계받은 사업외에 새로운 사업의 종류를 추가하거나 사업의 종류를 변경하는 경우를 포함함)을 말한다.

㉠ 사업양수후 업종을 변경한 경우에도 재화의 공급으로 보지 않는다.

㉡ 일반과세자와 간이과세자간 발생한 사업양수도의 경우에도 재화의 공급으로 보지 않는다. 다만, 간이과세자가 일반과세자로부터 양수받은 경우 간이과세의 적용을 배제한다.

㉢ 사업양수후 양수자가 면세사업으로 전용하는 경우 및 개인적 목적으로 사용하는 경우에는 과세한다.

㉣ 사업의 양도는 재화의 공급이 아니므로 사업양도인은 세금계산서를 발급하지 않는다.

다만, 포괄양도 해당여부가 불분명한 경우에도 양수자(매입자)가 부가가치세액을 대리납부한 경우 재화·용역의 공급으로 본다.

③ 조세의 물납: 사업용자산을 상속세 및 증여세법의 규정 또는 지방세법의 규정 및 종합부동산세법의 규정에 의하여 물납하는 것을 말한다.

④ 법률에 의한 재화의 공매(수의계약의 따라 매각하는 것을 포함함) 및 강제경매(담보권실행을 위한 경매 및 「민법」, 「상법」 등 그 밖의 법률에 의한 경매를 포함함), 수용

참고사항

[기타 재화의 공급으로 보지 않는 경우]

① 사업자가 위탁가공을 위하여 국외의 수탁가공사업자에게 무환으로 반출하는 재화

* 원료의 대가없이 국외의 수탁가공업자에게 반출하여 가공한 재화를 양도하는 경우 그 원료의 반출은 영세율을 적용함

② 건설업을 영위하는 사업자가 자기의 해외건설공사에 건설용자재로 사용·소비할 목적으로 국외로 반출하는 재화

③ 당초 공급된 재화 중 일부 부품의 불량으로 인하여 대가를 별도로 받지 않고 불량품을 보충하기 위하여 공급하는 재화

④ 공동사업을 영위하는 구성원이 다른 동업예정자에게 양도하는 공동사업의 지분

⑤ 사업폐지시 잔존재화로 과세된 후에 실제로 처분하는 재화

⑥ 사업자가 고정자산 또는 재고자산을 폐품처리하여 장부가액을 소멸시킨 경우의 해당 재화

사례 2-3 사업양도

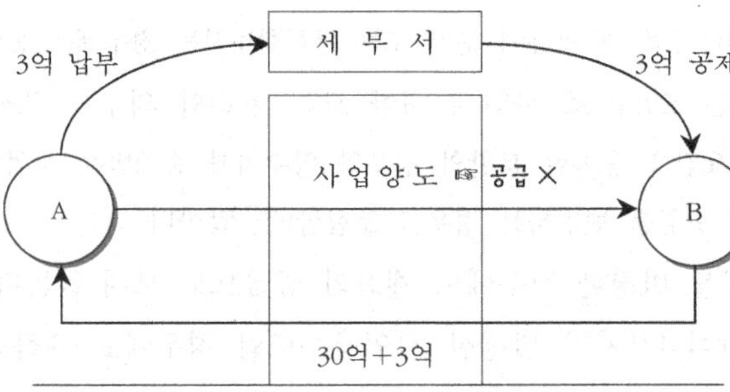

A가 B에게 사업양도시 징수하는 부가가치세 3억이 같은 세무서안에서 납부되고 공제된다. 따라서 자금부담문제만 발생할 뿐 과세실익이 없으므로 재화의 공급으로 보지 않고 사업양도시 A는 세금계산서도 발급하지 않는다.

사례 2-4 공매 또는 경매

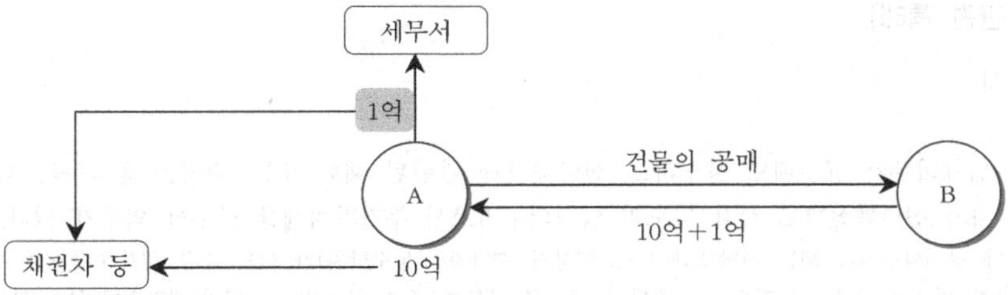

A가 B에게 건물의 공매시 과세되는 1억이 세무서에 납부되지 않고 채권자 등에게 체납된 금액과 같이 지급된다. 반면에 매입자 B는 1억을 매입세액공제 받는 문제가 발생하므로 해당 거래자체를 과세거래로 보지 않고 A가 B에게 건물의 공매시 세금계산서도 발급하지 않는다.

참고사항 1

[창고증권의 양도]

창고증권의 양도는 재화의 공급으로 보는 것이며, 국내로부터 보세구역에 있는 창고(조달청의 창고 및 런던금속거래소의 지정창고로 한정함)에 임치된 임치물을 국내로 다시 반입하는 것도 재화의 공급에 해당한다. 그러나 다음의 경우에는 재화의 공급으로 보지 않는다.

① 보세구역에 있는 조달청의 창고에 보관된 물품에 대하여 조달청장이 발행하는 창고증권의 양도로서 임치물의 반환이 수반되지 않는 것(창고증권을 가진 사업자가 보세구역의 다른 사업자에게 인도하기 위하여 조달청의 창고에서 임치물을 넘겨받는 경우를 포함함)

② 보세구역에 있는 런던금속거래소의 지정창고에 보관된 물품에 대하여 같은 거래소의 지정창고가 발행하는 창고증권의 양도로서 임치물의 반환이 수반되지 않는 것(창고증권을 가진 사업자가 보세구역의 다른 사업자에게 인도하기 위하여 조달청의 창고에서 임치물을 넘겨받는 경우를 포함함)

참고사항 2

[공매와 경매에 대한 과세]

구 분	부가가치세법상 공급의 해당여부	양도소득세법상 양도의 해당여부
국세징수법에 의한 공매	×	○
민사집행법에 의한 경매	×	○
공매·경매이외의 사적 경매	○	○

참고사항 3

[신탁재산 관련 특례]

1. 납세의무자

1) 원칙

일반적인 납세의무자 규정에도 불구하고 신탁재산과 관련된 재화 또는 용역을 공급하는 때에는 「신탁법」에 따른 수탁자가 신탁재산별로 각각 별도의 납세의무자로서 부가가치세를 납부할 의무가 있다.

*1 수탁자가 납세의무자가 되는 신탁재산에 둘 이상의 수탁자(공동수탁자)가 있는 경우 공동수탁자는 부가가치세를 연대하여 납부할 의무가 있다. 이 경우 공동수탁자 중 신탁사무를 주로 처리하는 수탁자(대표수탁자)가 부가가치세를 신고·납부하여야 한다.

*2 수탁자가 납부하여야 하는 부가가치세가 체납된 경우에는 국세징수법에도 불구하고 해당 신탁재산에 대해서만 강제징수를 할 수 있다.

2) 예외

다음의 어느 하나에 해당하는 경우에는 「신탁법」에 따른 위탁자가 부가가치세를 납부할 의무가 있다.

① 신탁재산과 관련된 재화 또는 용역을 위탁자 명의로 공급하는 경우

② 위탁자가 신탁재산을 실질적으로 지배·통제하는 경우로서 대통령령으로 정하는 경우

③ 그 밖에 신탁의 유형, 신탁설정의 내용, 수탁자의 임무 및 신탁사무 범위 등을 고려하여 대통령령으로 정하는 경우

2. 사업자등록

1) 원칙

신탁재산 특례 납세의무자 규정에 따라 수탁자가 납세의무자가 되는 경우 수탁자(공동수탁자가 있는 경우 대표수탁자를 말함)는 해당 신탁재산을 사업장으로 보아 대통령령으로 정하는 바에 따라 사업자등록을 신청하여야 한다.

2) 예외

다음의 요건을 모두 충족하는 경우, 둘 이상의 신탁재산을 하나의 사업장으로 보아 신탁사업에 관한 업무를 총괄하는 장소를 관할하는 세무서장에게 사업자등록을 신청할 수 있다.

① 수탁자가 하나 또는 둘 이상의 위탁자와 둘 이상의 신탁계약을 체결하였을 것

② 다음 중 어느 하나에 해당하는 신탁계약일 것

가. 수탁자가 위탁자로부터 부동산 및 부동산 관련 권리를 위탁자의 채무이행을 담보하기 위해 수탁으로 운용하는 내용으로 체결되는 신탁계약

나. 신탁업자가 무체재산권을 수탁하여 운용하는 신탁계약

다. 저작권신탁관리업자가 관련법(저작권법)에 따른 권리를 수탁하여 운용하는 신탁계약

라. 기술신탁관리업자가 관련법(기술의 이전 및 사업화 촉진에 관한 법률)에 따른 기술과 그 사용에 관한 권리를 수탁하여 운용하는 신탁계약

3. 납세지

신탁재산을 사업장으로 보아 사업자등록을 신청하는 경우에는 해당 신탁재산의 등기부상 소재지, 등록부상 등록지 또는 신탁사업에 관한 업무를 총괄하는 장소를 사업장으로 한다.

4. 재화공급의 특례

① 「신탁법」에 따라 위탁자의 지위가 이전되는 경우에는 기존 위탁자가 새로운 위탁자에게 신탁재산을 공급한 것으로 본다. 다만, 부동산집합투자업자가 다른 집합투자업자에게 위탁자위를 이전하는 경우 등으로서

신탁재산에 대한 실질적인 소유권의 변동이 있다고 보기 어려운 경우로서 대통령령으로 정하는 경우에는 신탁재산의 공급으로 보지 아니한다.

② 아래에 해당하는 것은 재화의 공급으로 보지 아니한다.

신탁재산의 소유권 이전으로서 다음 각 목의 어느 하나에 해당하는 것

가. 위탁자로부터 수탁자에게 신탁재산을 이전하는 경우

나. 신탁의 종료로 인하여 수탁자로부터 위탁자에게 신탁재산을 이전하는 경우

다. 수탁자가 변경되어 새로운 수탁자에게 신탁재산을 이전하는 경우

5. 신탁 관련 제2차 납세의무 및 물적납세의무

① 수탁자가 납부하여야 하는 다음의 어느 하나에 해당하는 부가가치세 또는 강제징수비를 신탁재산으로 충당하여도 부족한 경우에는 그 신탁의 수익자(「신탁법」에 따라 신탁이 종료되어 신탁재산이 귀속되는 자를 포함)는 지급받은 수익과 귀속된 재산의 가액을 합한 금액을 한도로 하여 그 부족한 금액에 대하여 납부할 의무(제2차 납세의무)를 진다.

㉠ 신탁 설정일 이후에 「국세기본법」에 따른 법정기일이 도래하는 부가가치세로서 해당 신탁재산과 관련하여 발생한 것

㉡ ㉠의 금액에 대한 강제징수 과정에서 발생한 강제징수비

② 부가가치세를 납부하여야 하는 위탁자가 위의 어느 하나에 해당하는 부가가치세등을 체납한 경우로서 그 위탁자의 다른 재산에 대하여 강제징수를 하여도 징수할 금액에 미치지 못할 때에는 해당 신탁재산의 수탁자는 그 신탁재산으로써 이 법에 따라 위탁자의 부가가치세등을 납부할 의무(물적납세의무)가 있다.

(3) 재화의 공급으로 의제하는 것(재화의 자가공급과 무상공급 중 일부분)

부가가치세법은 재화의 실질공급에 해당하지 않는 일정한 사건들을 재화의 공급으로 의제하고 있는데, 이를 재화의 공급의제 또는 재화의 간주공급이라고 한다. ☞ 후술함

1.3 용역의 공급

(1) 용역의 실질공급 ★★★

구 분	구체적 범위
역무의 제공	건설업·숙박 및 음식점업 등 개인서비스업에 해당하는 인적용역의 공급을 말함
재화·시설물을 사용하게 하는 것	부동산 등을 임대하거나 장비 등 기타시설물을 사용하게 하는 것 등의 물적용역을 공급하는 것을 말함
권리를 사용하게 하는 것	특허권, 상표권, 광물탐사권, 브랜드 등의 무형재산권을 소유한 자가 이를 제3자에게 사용할 수 있는 권한을 부여하고 로얄티 등의 사용료를 받는 것을 말함 * 산업상·상업상 또는 과학상의 지식·경험 또는 숙련에 관한 정보를 제공하는 것도 용역의 공급으로 봄

(2) 용역의 자가공급과 무상공급 ★★★

용역은 그 실체를 파악하는 것이 어렵기 때문에 용역의 무상공급과 자가공급은 부가가치세의 과세대상에서 제외한다. 다만, 특수관계인에게 사업용부동산의 임대용역을 무상공급하는 경우에는 과세한다. 이런 무상임대의 경우 산학협력단과 대학간 사업용부동산임대용역, 공공주택사업자와 부동산투자회사간 사업용부동산 임대용역의 경우는 과세하지 아니한다.

참고사항

[무상공급 및 저가공급의 과세표준]

구 분	재 화	용 역
무 상 공 급	시 가	과 세 ×*
특수관계인에 대한 저가공급	시 가	시 가

* 특수관계인에 대한 사업용부동산의 무상임대시에는 과세함

(3) 용역의 공급에서 주의할 사항 ★★★

① 고용관계에 따라 근로를 제공하는 것 : 용역의 공급으로 보지 않는다.

② 골프장 · 테니스장 등의 경영자가 동 장소의 이용자로부터 받는 입회금으로서 일정기간의 거치후 반환하지 않는 입회금 : 과세대상이 되지만, 일정기간의 거치후 반환하는 입회금은 부채이므로 과세대상이 되지 않는다.

③ 선주와 하역회사간의 관계 : 하역회사가 조기선적을 하고 선주로부터 받는 조출료는 하역용역제공에 따른 대가이므로 하역용역대가에 포함하나, 지연선적으로 인하여 선주에게 지급하는 체선료는 과세대상이 아니다.

④ 선주와 화주와의 관계 : 화주가 조기선적을 하고 선주로부터 받는 조출료는 용역제공에 대한 대가가 아니므로 과세대상이 아니나, 선주가 지연선적으로 인하여 화주로부터 받는 체선료는 항행용역의 제공에 따른 대가이므로 항행용역대가에 포함된다.

사례 2-5 조출료와 체선료

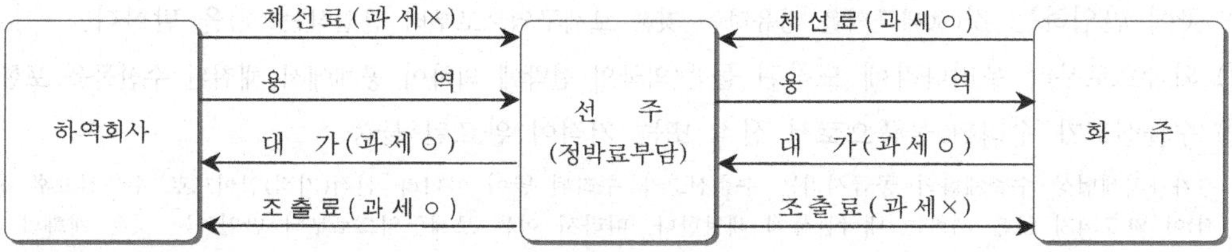

참고사항 1

[용역의 공급에 해당하여 과세하는 경우]

① 건설업자가 건설자재의 전부 또는 일부를 부담하여 용역을 제공하고 대가를 받는 경우
② 사업자가 거래상대방으로부터 인도받은 재화에 주요자재를 전혀 부담하지 않고 단순히 가공만 하여 주고 대가를 받는 경우
③ 사업자가 산업상·상업상 또는 과학상의 지식·경험 또는 숙련에 관한 정보를 제공하고 대가를 받는 경우
④ 사업자가 권리(예: 저작권, 상표권, 특허권 등)를 대여하고 대가를 받는 경우
⑤ 사업자가 국가 또는 지방자치단체로부터 국유재산의 관리 및 운영을 포괄적으로 위탁받아 자신의 명의와 계산으로 타인으로 하여금 국유재산을 사용하게 하고 대가를 받는 경우
⑥ 인터넷 등을 이용하여 반복적으로 특정정보를 게재하고 그 정보를 이용하는 자로부터 정보이용료를 받는 경우
⑦ 육류를 판매하는 사업자가 구내에 접객시설을 설치하고 음식의 부재료 등을 별도로 판매하여 고객이 구입한 육류와 함께 소비하도록 하고 대가를 받는 경우
⑧ 공유수면의 매립면허를 받은 자가 공유수면을 매립·준공한 후 그 대가로 매립지 일부의 소유권을 취득하는 경우
⑨ 사격장, 탁구장 등 운동설비를 이용하게 하고 대가를 받는 경우

참고사항 2

[용역의 자가공급으로 보아 과세하지 않는 경우

① 사업자가 자기의 사업과 관련하여 사업장 내에서 그 사용인에게 음식용역을 무상으로 제공하는 경우
② 사업자가 사용인의 직무상 부상 또는 질병을 무상으로 치료하는 경우
③ 사업장이 각각 다른 수 개의 사업을 겸영하는 사업자가 그 중 한 사업장에 관련된 용역을 자기의 다른 사업장에 공급하는 경우

1.4 재화의 수입 ★★★

재화의 수입이란 다음의 물품을 우리나라의 영토 및 우리나라가 행사할 수 있는 권리가 미치는 곳에 반입하는 것(보세구역을 경유하는 것은 보세구역으로부터 반입하는 것)을 말한다.

① 외국으로부터 우리나라에 도착된 물품(외국의 선박에 의하여 공해에서 채취된 수산물을 포함함)

② 수출신고가 수리된 물품으로서 선적 또는 기적이 완료된 물품

* 부가가치세법상 수출재화의 공급시기는 수출신고가 수리된 날이 아니라 선적(기적)일이므로 수출신고후 선적(기적)이 완료되지 않은 재화는 내국물품에 해당한다. 따라서 이를 보세구역으로부터 반입하는 것은 재화의 수입으로 보지 않고 국내공급으로 취급한다.

참고사항

[보세구역을 통한 거래의 과세여부

구 분	과세여부
외국 → 보세구역	× (∵재화의 수입이 아님)
보세구역 → 보세구역	o (∵재화 또는 용역의 국내공급)
보세구역외의 국내장소 → 보세구역	
보세구역 → 보세구역외의 국내장소	① 관세의 과세분: 재화의 수입 o ② 그 이외의 것: 재화 또는 용역의 국내공급

사례 2-6 재화를 수입하는 경우 부가가치세의 과세표준

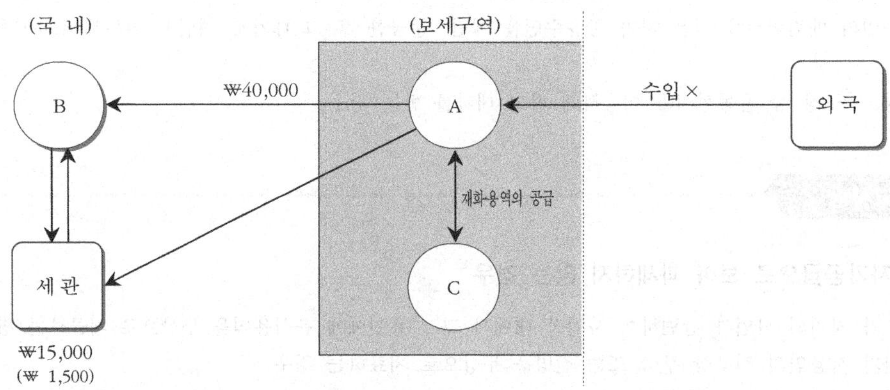

재화수입시의 과세표준 = 관세의 과세가격 + 관세 + 개별소비세 + 주세 + 교통 · 에너지 · 환경세 + 교육세 + 농어촌특별세

₩15,000

* 보세구역내에 있는 A가 보세구역외의 B에게 ₩40,000에 공급하는 경우

1 재화의 수입: ₩15,000 × 10% = ₩1,500 ☞ 세관장이 거래징수하고 수입세금계산서를 발급함

2 재화의 공급: [₩40,000 − ₩15,000] × 10% = ₩2,500 ☞ A가 거래징수하고 세금계산서를 발급함

1.5 부수재화 또는 용역의 공급 ★★★

(1) 주된 거래에 부수되는 재화 또는 용역

주된 재화 · 용역	부수 재화 · 용역	과세 · 면세여부	비 고
과세대상	과세대상	과 세	세금계산서를 따로 발행하지 않고 과세표준도 별도로 계산하지 않음
	면세대상	과 세	
면세대상	과세대상	면 세	–
	면세대상	면 세	–

독립된 거래로 존재하지 않고 별도로 과세표준의 계산이 가능하지 않은 경우 주된 거래에 부수되는 것으로 판단한다(주된 재화에 흡수). 아래는 공급받는 자가 같은 경우 독립된 거래로 존재하지 않는다고 보는 예이다.

① 공급하는 재화의 포장용기 및 운반용역(예: 냉장고의 구입시 배달, 아이스크림의 구입시 포장)
② 조경공사용역을 공급하면서 제공하는 수목 · 화초
③ 항공기내 무상으로 제공되는 식사
④ 가전제품의 판매후 일정기간 제공하는 사후무료서비스용역
⑤ 주된 재화 ＋부수재화

책 ＋ CD ☞ 면 세
CD ＋ 책 ☞ 과 세

(2) 주된 사업에 부수되는 재화 또는 용역

1) 주된 사업과 관련하여 우발적 또는 일시적으로 공급되는 재화 또는 용역 (면세우선의 법칙)

주된 사업	부수 재화 · 용역	과세 · 면세여부	비 고
과세대상	과세대상	과 세	세금계산서를 따로 발행함(독립된 거래)
	면세대상	면 세	–
면세대상	과세대상	면 세	–
	면세대상	면 세	–

독립된 거래로서 별도로 과세표준의 계산이 가능한 경우 주된 사업에 부수되는 것으로 판단한다. 한편, 부수재화 · 용역의 예는 다음과 같다.

① 제조업자가 사용하던 기계장치의 매각(과세)
② 금융업자가 면세사업에 사용하던 건축물의 양도(면세)

③ 학원업자가 학원책걸상의 매각(면세)

④ 참치통조림공장 사업자가 토지의 매각(면세)

2) 주된 사업과 관련하여 주된 재화의 생산에 필수적으로 부수하여 생산되는 재화(부산물)

주산물	부산물	과세 · 면세여부	비 고
과세대상	과세대상	과 세	세금계산서를 따로 발행함(독립된 거래)
	면세대상	과 세	
면세대상	과세대상	면 세	–
	면세대상	면 세	–

위에서 부산물의 과세 · 면세여부는 주산물과 동일하며, 부산물의 예는 다음과 같다.

① 복숭아통조림을 제조하는 사업자가 판매하는 복숭아씨

② 참치통조림을 제조하는 사업자가 판매하는 참치알

③ 밀가루를 제조하는 사업자가 판매하는 밀기울

2 재화의 공급의제

구 분		세금계산서의 발급여부	매입세액의 불공제분
자 가 공 급	면세사업에 전용	×	공급의제 ×
	비영업용소형승용차의 유지 및 전용	×	공급의제 ×
	판매목적으로 다른 사업장에 반출	○	공급의제 ○
개 인 적 공 급 * 제외대상 있음		×	공급의제 ×
사 업 상 증 여 * 제외대상 있음		×	공급의제 ×
폐업시 잔존재화		×	공급의제 ×

사례 2-7 면세전용 ☞ 개인적공급, 사업상증여도 같은 취지임

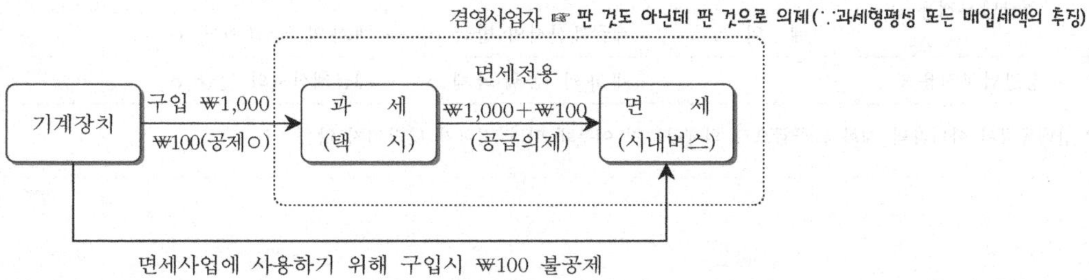

사례 2-8 비영업용소형승용차의 전용 ☞ 과세형평성을 위해 매입세액을 추징함

영 업 용	소형승용차×
택 시	경 차
렌 트 카	트 럭
판 매 용	봉 고

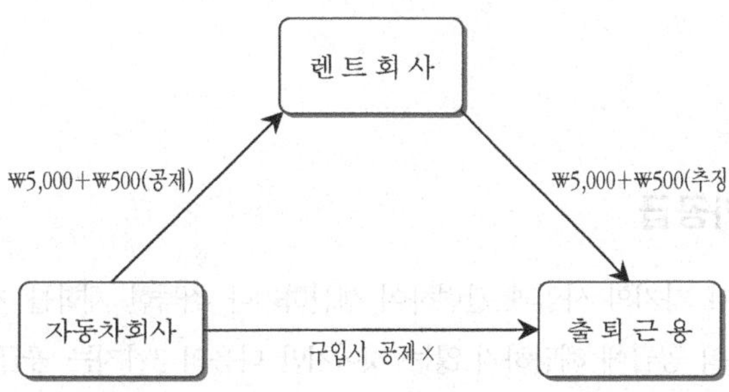

* 비영업용소형승용차의 구입·유지에 대한 매입세액은 불공제됨

사례 2-9 판매목적으로 다른 사업장에 반출

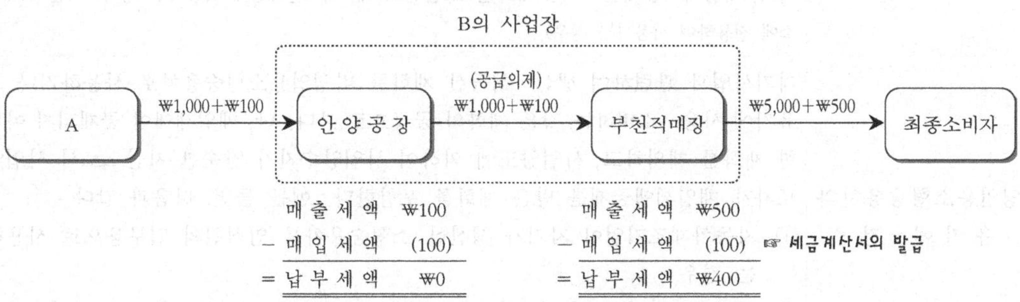

구 분		내 용
총괄납부적용 o	원 칙	재화의 공급의제 × → 세금계산서의 발급 ×
	예 외	세금계산서의 발급 o → 재화의 공급의제 o
총괄납부적용×		재화의 공급의제 o → 세금계산서의 발급 o

* 판매목적이 아니라면 재화의 공급으로 의제하는지 여부에 따라 결과가 달라지지 않음

사례 2-10 폐업시 잔존재화 ☞ 징수편의

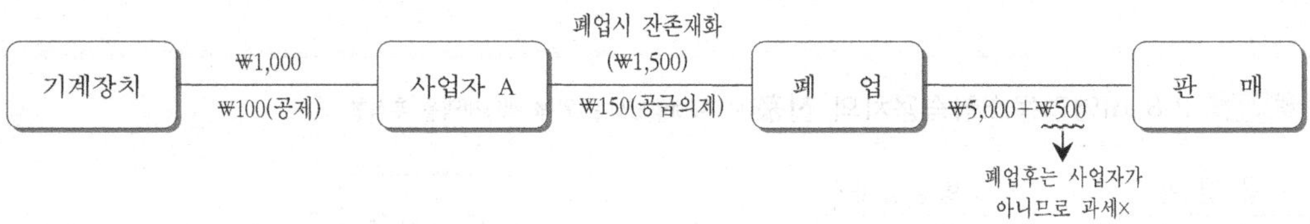

2.1 자가공급

사업자가 자기의 사업과 관련하여 생산하거나 취득한 재화를 자기의 사업을 위하여 직접 사용·소비하는 것으로 재화의 공급에 해당하지 않는 것이지만 다음의 3가지는 공급으로 의제하여 과세한다.

구 분	내 용
면세사업에 전용*	과세사업과 관련하여 생산·취득한 재화를 면세사업 및 부가가치세가 과세되지 아니하는 재화 또는 용역을 공급하는 사업(이하 "면세사업등"이라 한다)을 위하여 사용·소비하는 것은 재화의 공급으로 보아 부가가치세를 과세한다. 단, 매입세액이 공제되지 않는 재화는 제외하고, 사업양도에 의하여 사업양수자가 양수한 자산으로서 사업양도자가 매입세액공제를 받은 재화를 포함한다(예: 택시운송업에 사용하던 정비기계를 시내버스에 전용하여 사용하는 경우).
비영업용소형승용차와 그 유지에 전용*	자기사업과 관련하여 생산·취득한 재화를 비영업용소형승용차로 사용하거나 그 유지에 사용·소비하는 것은 재화의 공급으로 본다. 단, 매입세액이 공제되지 아니한 재화를 제외하고, 사업양도에 의하여 사업양수자가 양수한 자산으로서 사업양도자가 매입세액공제를 받은 재화를 포함한다. 예를 들면, 다음과 같다. ① 자동차제조기업이 자기가 생산한 소형승용차를 임직원의 업무용으로 사용하는 경우 ② 자동차부품제조기업이 자기가 생산한 부품을 임직원의 업무용소형승용차의 수선에 사용하는 경우

구 분	내 용
판매목적으로 다른 사업장에 반출	2이상의 사업장이 있는 사업자가 자기사업과 관련하여 생산 또는 취득한 재화를 타인에게 직접 판매할 목적으로 다른 사업장에 반출하는 것을 말한다(예: 공장에서 제조한 제품을 직매장에 판매목적으로 반출하는 경우).

* 이 경우 수출에 해당하여 영세율로 매입한 재화도 공급으로 의제함

한편, 판매목적으로 다른 사업장에 반출하는 경우 과세여부는 다음과 같다.

구 분	내 용
총괄납부를 적용 받지 않는 경우	재화의 공급 ○ → 세금계산서의 발급 ○
총괄납부를 적용 받는 경우	① 재화의 공급 × → 세금계산서의 발급 × ② 주사업장총괄납부사업자가 세금계산서를 발급하는 경우 → 재화의 공급 ○

2.2 개인적공급

사업자가 자기의 사업과 관련하여 생산하거나 취득한 재화를 사업과 직접 관계없이 개인적인 목적 또는 기타의 목적을 위하여 사용하거나 사용인 또는 기타의 자가 재화를 사용·소비하는 것으로서 사업자가 그 대가를 받지 않거나 시가보다 낮은 대가를 받은 경우를 말한다. 이 경우 사업자가 실비변상적이거나 복리후생적인 목적으로 그 사용인에게 대가를 받지 아니하거나 시가보다 낮은 대가를 받고 제공하는 것으로서 대통령령으로 정하는 경우는 재화의 공급으로 보지 아니한다. 그 예로는 가구제조업자가 생산한 가구를 자신의 집에 직접에 사용하는 경우 등이다. 다만, 다음의 경우는 제외한다. ☞ 실비변상적이거나 복리후생적 등 목적임

① 매입세액이 공제되지 않는 재화(단, 사업양도에 의하여 사업양수자가 양수한 자산으로서 사업양도자가 매입세액공제를 받은 재화 및 수출에 해당하여 영세율로 매입한 재화는 제외함)

② 사용인에게 무상으로 공급하는 작업복·작업모·작업화

③ 직장체육비·직장연예비와 관련된 재화

④ 다음의 어느 하나에 해당하는 재화를 제공하는 경우. 이 경우 각각 사용인 1명당 연간 10만원을 한도로 하며, 10만원을 초과하는 경우 해당 초과액에 대해서는 재화의 공급으로 본다.

가. 경조사와 관련된 재화

나. 설날·추석과 관련된 재화

다. 창립기념일, 생일 등과 관련된 재화

2.3 사업상증여

자기의 사업과 관련하여 생산하거나 취득한 재화를 자기의 고객이나 불특정다수인에게 증여하는 것을 말한다. 그 예로는 판매장려금을 현물로 고객에게 제공하는 경우 등이다. 다만, 다음의 경우는 제외한다.

① 매입세액이 공제되지 않는 재화(단, 사업양도에 의하여 사업양수자가 양수한 자산으로서 사업양도자가 매입세액공제를 받은 재화 및 수출에 해당하여 영세율로 매입한 재화는 제외함)

② 무상으로 다른 사업자에게 인도 또는 양도하는 견본품(단, 유상양도의 견본품은 재화의 공급에 해당함)

③ 특별재난지역에 무상공급하는 물품

④ 광고선전용으로 불특정다수인에게 배포하는 광고선전물

⑤ 주된 거래인 재화의 공급대가에 포함된 증정품

2.4 폐업시 잔존재화

사업자가 사업을 폐지하거나 폐업의제에 해당하는 경우(사업개시전에 사업자등록을 한 경우에 사실상 사업을 개시하지 않은 경우)에 잔존하는 재화를 말한다. 단, 매입세액이 공제되지 않는 재화는 제외하나, 사업양도에 의하여 사업양수자가 양수한 자산으로서 사업양도자가 매입세액공제를 받은 재화 및 수출에 해당하여 영세율로 매입한 재화를 포함한다.

참고사항 1

[공급의제]

구 분	판매목적으로 다른 사업장에 반출	이외의 공급의제
취 지	사업자의 자금부담의 완화	과세형평성 또는 매입세액의 추징
세금계산서의 발급	○	×
과세표준의 계산	취득가액	① 재고자산 : 시가 ② 감가상각자산 : 취득가액 × 미상각률

참고사항 2

[당초 매입세액이 불공제된 재화의 공급의제의 해당여부]

구 분		공급의제의 해당여부
자가공급	면세사업에 전용	×
	비영업용소형승용차와 그 유지에 전용	×
	판매목적으로 다른 사업장에 반출	○
개인적공급		×
사업상증여		×
폐업시 잔존재화		×

참고사항 3

[자가공급에 해당되지 않는 경우]

사업자가 자기의 사업과 관련하여 생산하거나 취득한 재화를 자기의 과세사업을 위하여 다음과 같이 사용·소비하는 경우에는 재화의 공급으로 보지 않는다.

① 자기의 다른 사업장에서 원료·자재 등으로 사용·소비하기 위하여 반출하는 경우

② 자기사업상의 기술개발을 위하여 시험용으로 사용·소비하는 경우

③ 수선비 등에 대체하여 사용·소비하는 경우

④ 사후무료서비스를 제공하기 위하여 사용·소비하는 경우

⑤ 불량품의 교환 또는 광고선전을 위한 상품진열 등의 목적으로 자기의 다른 사업장으로 반출하는 경우

3 공급시기와 공급장소

3.1 공급시기

공급시기란 재화 또는 용역의 공급이 어느 시점에서 이루어진 것으로 할 것인지를 결정하는 시간적 기준으로서 과세시기 및 세금계산서의 발급시기 등을 결정하는 중요한 기준이 된다.

(1) 재화의 공급시기 ★★★★

<table>
<tr><th colspan="3">구 분</th><th>공급시기</th></tr>
<tr><td rowspan="3">원 칙</td><td colspan="2">재화의 이동이 필요한 경우</td><td>재화가 인도되는 때</td></tr>
<tr><td colspan="2">재화의 이동이 필요하지 않은 경우</td><td>재화가 이용가능하게 되는 때</td></tr>
<tr><td colspan="2">위의 기준을 적용할 수 없는 경우</td><td>재화의 공급이 확정되는 때</td></tr>
<tr><td rowspan="3">거 래
형 태 별</td><td colspan="2">현금 · 외상 · 할부판매의 경우</td><td>재화가 인도되거나 이용가능하게 되는 때</td></tr>
<tr><td colspan="2">장기할부판매[1], 완성도기준지급조건부판매[3], 중간지급조건부판매[2], 전력 기타 공급단위를 구획할 수 없는 재화를 계속적으로 공급하는 경우(예: 전기, 도시가스 등)</td><td>대가의 각 부분을 받기로 한 때</td></tr>
<tr><td colspan="2">반환조건부판매 · 동의조건부판매, 기타 조건부 및 기한부판매의 경우</td><td>그 조건이 성취되거나 기한이 경과되어 판매가 확정되는 때</td></tr>
<tr><td rowspan="5">거 래
형 태 별</td><td colspan="2">공급의제의 경우</td><td>재화를 사용 또는 소비하는 때(폐업시 잔존재화의 경우 폐업하는 때)</td></tr>
<tr><td colspan="2">상품권 등을 현금 또는 외상으로 판매하고 그 후 해당 상품권 등에 의하여 현물과 교환하는 경우</td><td>재화가 실제로 인도되는 때</td></tr>
<tr><td colspan="2">재화의 공급으로 보는 가공</td><td>가공한 재화를 인도하는 때</td></tr>
<tr><td colspan="2">무인자동판매기에 의한 공급</td><td>무인자동판매기에서 현금을 인취하는 때</td></tr>
<tr><td colspan="2">보세구역내에서 보세구역이외의 국내로 수입재화를 공급하는 경우</td><td>수입신고 수리일</td></tr>
<tr><td rowspan="4">거 래
형 태 별</td><td rowspan="3">수출재화</td><td>내국물품의 외국반출, 중계무역방식의 수출</td><td>수출재화의 선(기)적일</td></tr>
<tr><td>원양어업, 위탁판매수출</td><td>수출재화의 공급가액이 확정되는 때</td></tr>
<tr><td>위탁가공무역방식의 수출, 외국인도수출</td><td>외국에서 수출재화가 인도되는 때</td></tr>
<tr><td colspan="2">기타의 경우</td><td>재화가 인도되거나 인도가능한 때</td></tr>
</table>

[1] 재화를 공급하고 그 대가를 월부 · 연부 기타부불방법에 따라 받는 경우로서 대가를 2회이상 분할하여 받고 해당 재화를 인도한 날의 다음날부터 최종부불금의 지급기일까지의 기간이 1년이상인 것을 말함

❷ 재화가 인도되기 전 또는 이용가능하게 되기 전, 용역의 제공이 완료되기 전에 계약금이외의 대가를 분할하여 지급하는 경우로서 계약금을 지급하기로 한 날로부터 잔금을 지급하기로 한 날까지의 기간이 6월이상인 것을 말함

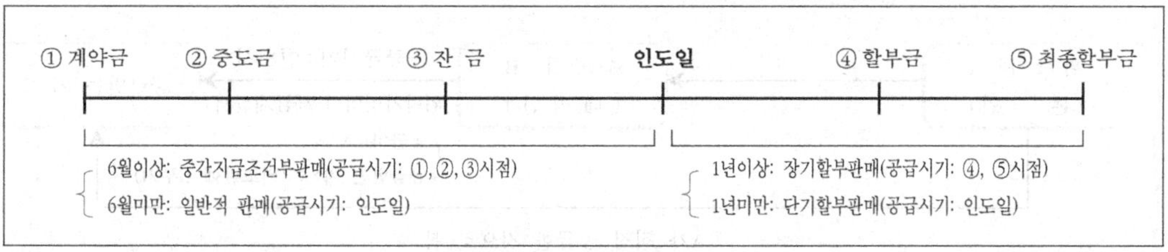

❸ 재화의 완성비율(작업진행률)에 따라 대가를 지급받기로 약정한 거래를 말함. 예를 들어, 도급계약을 ₩100에 체결, 계약시(3/6) 10%, 50% 기성고시 40%, 완성시 50%를 수령하기로 약정한 경우, 제1기 확정신고기간(4/1~6/30)의 과세표준(6/30 현재기성고는 60%)은 ₩40(=₩100×40%)임 ☞ **계약시 수령한 10%는 예정신고기간의 과세표준임**

참고사항

[기타 특수한 거래의 공급시기]

구 분	공급시기
위탁매매(대리인매매)	수탁자 또는 대리인의 공급시기를 기준으로 공급시기를 판정함 ① 위탁매매 또는 대리인매매의 경우: 위탁자 또는 본인이 직접 재화를 공급하거나 공급받은 것으로 봄 ② 위탁자 또는 본인을 알 수 없는 경우: 위탁자와 수탁자 또는 본인과 대리인 사이에도 공급이 이루어진 것으로 보아 각각 공급시기를 판정함
리스거래	과세사업자가 등록된 시설대여업자로부터 리스자산을 임차하고, 해당 리스자산을 공급자 또는 세관장으로부터 직접 인도받는 경우 해당 사업자가 재화를 공급자로부터 직접 공급받거나 외국으로부터 직접 수입한 것으로 보아 공급시기를 판정함
런던금속거래소 창고증권의 양도	① 창고증권을 소지한 사업자가 지정창고에서 실물을 인취하여 보세구역안의 다른 사업자에게 인도하는 때 ② 실물인취에 따른 해당 재화가 수입재화에 해당하는 경우 그 수입신고수리일 ③ 국내로부터 런던금속거래소의 지정창고에 임치된 임치물이 국내로 반입되는 경우 그 반입신고수리일
재화의 인도시 공급가액의 미확정	해당 재화를 인도하는 때를 공급시기로 보아 잠정가액으로 세금계산서를 교부하고, 그 후 대가가 확정되는 때에 수정세금계산서를 교부함
내국신용장에 의한 재화의 공급	재화를 인도하는 때
현물출자한 재화	현물출자의 목적물인 재화를 인도하는 때이나, 등기·등록 기타권리의 설정 또는 이전이 필요한 경우에는 이에 관한 서류를 완비하여 교부하는 때
당초 계약변경시 중간지급조건부 판매의 공급시기	① 당초 계약의 지급일자의 변경: 계약의 변경내용에 따라 대가의 각 부분을 받기로 한 때 ② 계약금이외의 대가를 일시에 지급하는 경우: 재화의 인도 또는 용역의 제공이 완료된 때

사례 2-11 위탁매매

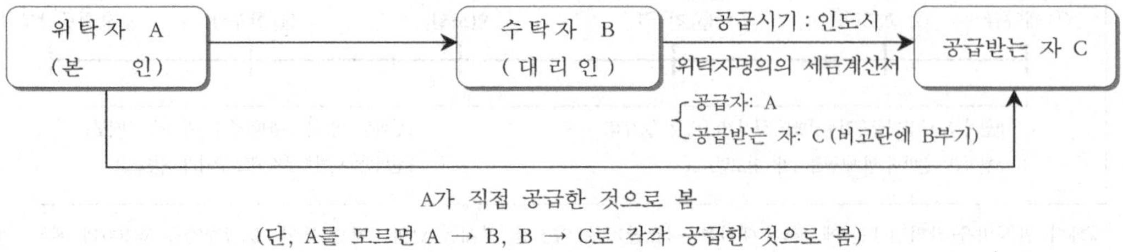

사례 2-12 리스거래

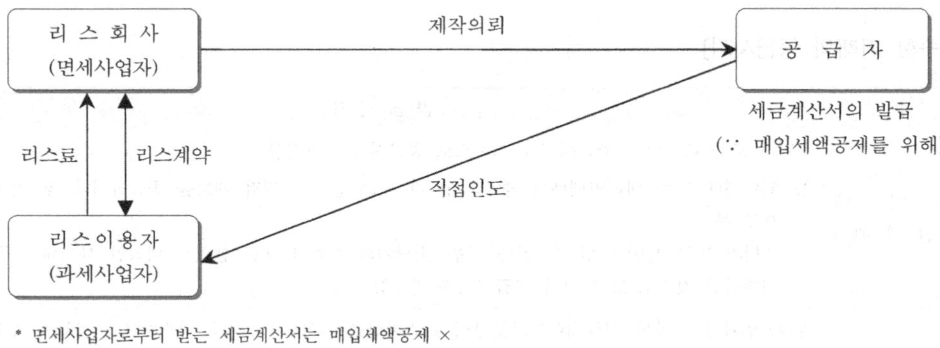

(2) 용역의 공급시기 ★★★★

구 분		공급시기
원 칙		역무가 제공되거나 재화·시설물 또는 권리가 사용되는 때
거래형태별	① 통상적인 공급의 경우	역무의 제공이 완료되는 때
	② 장기할부·중간지급조건부·완성도기준지급 또는 기타조건부로 용역을 공급하거나 그 공급단위를 구획할 수 없는 용역을 계속적으로 공급하는 경우(예: 부동산임대, 유지보수용역)	그 대가의 각 부분을 받기로 한 때
	③ 위 ①, ②의 기준을 적용할 수 없는 경우	역무의 제공이 완료되고 그 공급가액이 확정되는 때
	④ 부동산임대용역을 공급하는 경우에 전세금 또는 임대보증금에 대한 간주임대료	예정신고기간 또는 과세기간의 종료일 * 임대보증금 등 적수 × 일수 × $\frac{1}{365}$ × 정기예금이자율

<table>
<tr><th colspan="2">구 분</th><th>공급시기</th></tr>
<tr><td rowspan="3">거래형태별</td><td>⑤ 2과세기간이상에 걸쳐 부동산임대용역을 공급하고 그 대가를 선불 또는 후불로 받는 경우에 월수에 따라 안분계산한 임대료</td><td>예정신고기간 또는 과세기간의 종료일
* 월할계산: 초월산입, 말월불산입</td></tr>
<tr><td>⑥ 법 소정의 용역[1]을 2이상의 과세기간에 걸쳐 계속적으로 제공하고 그 대가를 선불로 받는 경우</td><td>예정신고기간 또는 과세기간의 종료일
* 후불인 경우: 원칙대로 역무제공완료일</td></tr>
<tr><td>⑦ 사업자가 「사회기반시설에 대한 민간투자법」의 BOT방식을 준용하여 설치한 시설에 대하여 2이상의 과세기간에 걸쳐 계속적으로 그 시설물을 이용하게 하는 경우</td><td>예정신고기간 또는 과세기간 종료일</td></tr>
</table>

[1] 다음 중 어느 하나에 해당하는 용역을 말하며, 해당 금액을 계약기간의 월수로 나눈 금액의 각 과세대상기간의 합계액(월수로 안분계산한 금액)을 과세표준으로 함
㉠ 스포츠센터(예: 수영장, 헬스 등)를 운영하는 사업자가 해당시설을 이용하게 하고 회원들로부터 1년 단위로 연회비를 받는 경우
㉡ 사업자가 다른 사업자에게 상표권을 수년간 사용하게 하고 그 사용대가의 전액을 상표권의 사용계약시 일시불로 받는 경우
㉢ 유료노인복지시설을 설치 · 운영하는 사업자가 해당시설을 분양받은 자로부터 입주후 수영장 · 헬스장 등의 이용대가를 '시설운영선납금' 명목으로 입주전에 미리 받는 경우

참고사항

[상품권 관련 부가가치세의 납세의무]

구 분	적용방법
상품권의 판매	과세대상거래가 아님
상품권의 판매대리 및 발행대행	대행수수료의 과세(사업서비스업)
상품권의 판매 관련 공급시기	상품권에 의하여 재화를 공급하는 때
상품권의 판매시 세금계산서 등 교부	세금계산서 · 계산서의 교부의무 없음

예제 2-1 | 재화와 용역의 공급시기

다음은 컴퓨터 판매 및 유지보수용역을 제공하는 일반과세자인 개인 A가 20×1년 1월부터 6월까지 거래한 내역이다. 20×1년 제1기 부가가치세의 과세표준은 각각 얼마인가? 단, 모든 금액은 부가가치세를 제외한 공급가액이며, 세금계산서는 세법에서 정하는 원칙에 따라 발행되었다.

① 1월 10일 B에게 대형컴퓨터를 ₩20,000,000에 판매하고 1월 10일부터 20개월간 매달 10일에 ₩1,000,000씩 받기로 하였다.

② 1월 10일부터 20개월간 B와 컴퓨터 유지보수계약을 맺고, 1월 10일부터 20개월간 매달 10일에 ₩200,000씩 받기로 하였다.

③ 2월 20일에 C에게 중형컴퓨터를 ₩10,000,000에 판매하고 2월 20일부터 10개월간 매달 20일에 ₩1,000,000씩 받기로 하였다.

④ 2월 20일부터 10개월간 C와 컴퓨터 유지보수계약을 맺고, 2월 20일부터 10개월간 매달 20일에 ₩200,000씩 받기로 하였다.

해설 ① 장기할부판매로 공급시기는 대가의 각 부분을 받기로 한 때이므로 과세표준은 ₩6,000,000(₩1,000,000×6월)이다.

② 용역의 계속적공급으로 공급시기는 대가의 각 부분을 받기로 한 때이므로 과세표준은 ₩1,200,000(₩200,000×6월)이다.

③ 단기할부판매로 공급시기는 재화가 인도되는 때이므로 과세표준은 ₩10,000,000이다.

④ 용역의 계속적공급으로 공급시기는 대가의 각 부분을 받기로 한 때이므로 과세표준은 ₩1,000,000(₩200,000×5월)이다.

(3) 공급시기의 특례 ★★★★

구 분	내 용
선발급 세금계산서	① 공급시기의 도래전에 대가의 전부 또는 일부를 받고 세금계산서 또는 영수증을 발급하는 경우 또는 공급시기 도래 전에 세금계산서를 발급한 후 7일내에 대가를 지급받는 경우에는 그 발급하는 때를 해당 재화 또는 용역의 공급시기로 함 ② 사업자가 다음의 공급시기가 도래하기 전에 세금계산서 또는 영수증을 발급하는 경우에는 그 발급하는 때를 해당 재화 또는 용역의 공급시기로 봄(대가의 수령여부를 불문함) ㉠ 장기할부판매의 공급시기 ㉡ 전력 등 기타공급단위를 구획할 수 없는 재화 또는 용역을 계속적으로 공급하는 경우 공급시기 ㉢ 발행된 선하증권에 따라 거래사실이 확인되는 외국항행용역의 공급(용역의 공급시기가 선하증권 발행일로부터 90일 이내인 경우에 한함) * 위 ①, ②의 경우를 제외한 경우에 대가를 받지 않은 경우 당초의 공급시기를 공급시기로 하며, 사실과 다른 세금계산서의 발급으로 보아 공급자는 가산세를 부과당하고 공급받는 자는 매입세액을 공제받지 못함
폐업하는 경우	폐업전에 공급한 재화의 공급시기가 폐업일 이후에 도래하는 경우에는 그 폐업일을 공급시기로 함

한편, 공급자가 7일이 경과한 후 대가를 지급받더라도 적법한 세금계산서로 인정되는 요건은 다음의 어느 하나에 해당하는 경우이다.

① 거래 당사자 간의 계약서·약정서 등에 대금 청구시기(세금계산서 발급일을 말함)와 지급시기를 따로 적고, 대금 청구시기와 지급시기 사이의 기간이 30일 이내인 경우

② 세금계산서 발급일이 속하는 과세기간(공급받는 자가 조기환급을 받은 경우에는 세금계산서 발급일부터 30일 이내)에 재화 또는 용역의 공급시기가 도래하는 경우(대가 수령여부 상관없음)

사례 2-13 공급시기의 특례

[Case 1] 선수금의 수령

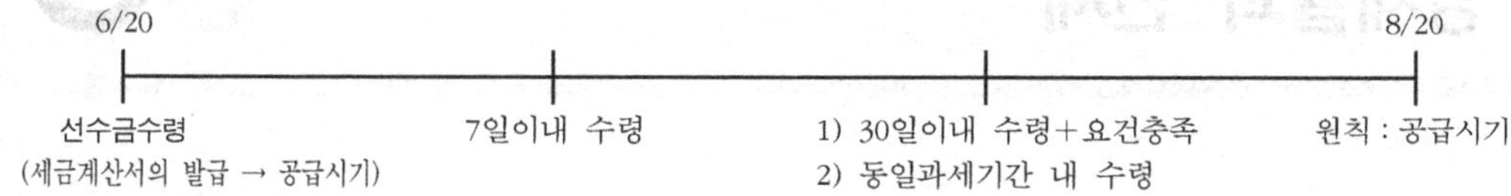

[Case 2] 선수금의 수령불문

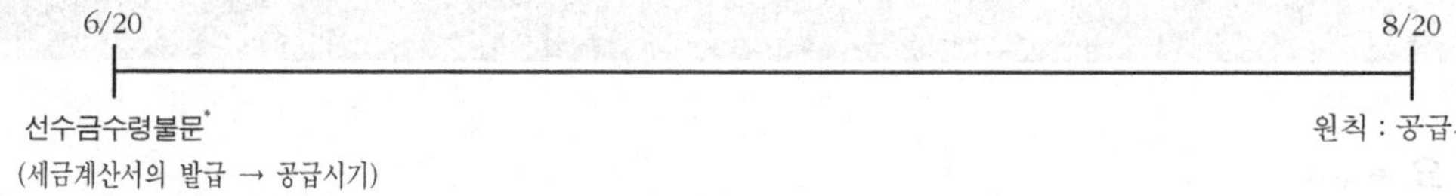

* ① 장기할부판매
② 공급단위를 구획할 수 없는 재화·용역의 계속적 공급
③ 발행된 선하증권에 따라 거래사실이 확인되는 외국항행용역의 공급(용역의 공급시기가 선하증권 발행일로부터 90일 이내인 경우에 한함)

[Case 3] 장기할부판매 ☞ **관행상 인정**

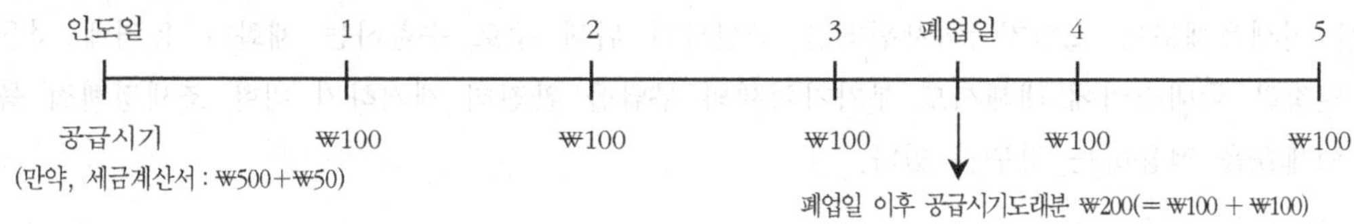

3.2 공급장소 ★

재화 또는 용역의 공급장소는 우리나라의 과세권이 미치는 거래인지를 판단하는 기준으로 다음과 같다.

구 분		공급장소
재 화	재화의 이동이 필요한 경우(예: 제품 등)	재화의 이동이 개시되는 장소
	재화의 이동이 필요하지 않은 경우(예: 부동산 등)	재화의 공급시기에 재화가 소재하는 장소
용 역	일반적인 경우(예: 부동산 임대 등)	역무가 제공되거나 재화·시설물 또는 권리가 사용되는 장소
	국내외에 걸쳐 용역이 제공되는 국제운송이며 사업자가 비거주자 또는 외국법인인 경우	여객이 탑승하거나 화물이 적재되는 장소
	전자적 용역의 경우 용역을 공급받는 자	사업장 소재지, 주소지 또는 거소지

CHAPTER 03

영세율과 면세

1 영세율

1.1 개 요 ★★★

(1) 의 의

영세율이란 특정한 재화 또는 용역의 공급에 대하여 영의 세율을 적용하고 그 전단계에서 부담한 부가가치세를 공제 또는 환급함으로써 부가가치세의 부담을 완전히 면제하는 제도이다. 이러한 영세율제도는 소비지국과세원칙을 구현하기 위해 주로 수출하는 재화나 용역에 적용되지만 일정한 국내소비에 대해서도 부가가치세의 부담을 완전히 제거하기 위한 조세정책적 목적에서 영세율을 적용하는 경우가 있다.

(2) 적용대상

① 영세율은 과세사업자에게만 적용된다. 즉, 사업자가 아닌 자와 면세사업자가 재화를 국외로 반출하거나 수출하는 경우에는 영세율을 적용받을 수 없다. 따라서 간이과세자는 과세사업자이므로 영세율을 적용받을 수 있다.

② 영세율은 거주자 또는 내국법인에 대하여 적용함을 원칙으로 하며, 비거주자나 외국법인에 대해서는 '상호면세주의'에 따른다.

참고사항

[영세율과 면세]

구 분	영세율	면 세
취 지	소비지국과세원칙을 구현함 (수출재화: 0%, 수입재화: 10% 과세)	세부담의 역진성을 완화함
과 세 체 계	① 공급가액: '0'의 세율로 과세함 → 과세표준에 포함하여 신고함 ② 매입세액: 공제함	① 공급가액: 과세하지 않음 → 신고대상이 아님 ② 매입세액: 불공제함
면 세 정 도	완전면세제도 * 영세율적용단계 및 그 이전단계에서 창출된 모든 부가가치에 대해 면제효과	부분면세제도 * 면세적용단계에서 창출된 부가가치만 면제효과
대 상 거 래	수출재화 등	생활필수품 등
부가가치세법상 의 무	부가가치세법상 사업자로서 제반의무를 수행해야 함	부가가치세법상 사업자가 아니므로 제반의무를 수행하지 않음 * 면세사업자라고 하더라도 매입처별세금계산서합계표의 제출 및 대리납부의무는 있음

1.2 영세율적용대상거래

(1) 수출하는 재화 ★★★★

1) 내국물품의 외국반출

구 분	거래형태
직 수 출	자기명의와 계산으로 내국물품(우리나라의 선박에 의하여 채취되거나 잡힌 수산물을 포함함)을 외국으로 반출하는 것
대 행 위 탁 수 출[1]	수출품생산업자가 수출업자와 수출대행계약에 따라 수출품생산업자의 내국물품을 수출업자의 명의로 외국으로 반출하는 것
전자적 형태의 무체물	소프트웨어, 영상물 등 전자적 형태의 무체물을 전송하거나 정보처리장치에 저장하여 외국으로 반출하는 것
임 대 수 출	임대계약에 의하여 물품 등을 수출하여 임대기간후 다시 수입하거나 그 기간의 만료전 또는 만료후 해당 물품 등의 소유권을 이전하는 것
무 상 수 출[2]	물품에 대한 외환결제가 이루어지지 않고 외국으로 반출하는 것

❶ 수출품생산업자의 수출에 대해서는 영세율을 적용하나 수출업자의 수출대행수수료에 대해서는 10%를 과세함

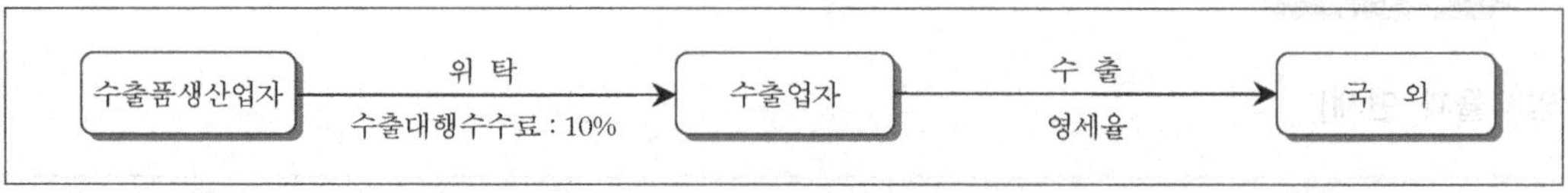

❷ 사업자가 재화를 국외로 무상으로 반출하는 경우에도 영세율을 적용함. 단, 자기사업을 위하여 대가를 받지 않고 국외의 사업자에게 견본품을 반출하는 경우에는 재화의 공급으로 보지 않음

2) 「대외무역법」에 따른 수출

구 분	거래형태
중계무역방식수출	수출할 목적으로 수입한 물품을 보세구역 등외의 국내에 반입하지 않고 원상태로 외국으로 반출하는 것(수입대금과 수출대금의 차액을 취함) * 중개무역: 수출·수입의 주체가 되지 않고 단순히 중개수수료만 취함
위탁판매수출	물품 등을 외국의 수탁자에게 무환으로 수출한 후 판매된 범위안에서 대금을 수령하는 것
외국인도수출	수출대금은 국내에서 영수하지만 국내에 통관되지 않는 물품을 외국에서 외국으로 인도하는 것
위탁가공무역방식수출	가공임을 지급하는 조건으로 외국에서 가공할 원료를 거래상대방에게 수출하거나 외국에서 원료 등을 조달하여 가공한 물품을 외국으로 인도하는 것
위탁가공을 위한 원료의 국외무상반출	원료를 대가없이 국외의 수탁가공사업자에게 반출하여 가공한 재화를 양도하는 경우에 그 원료를 반출하는 것
보세구역 내 수입통관 전 물품의 외국 반출	보세구역 내 수입통관 전 물품을 외국으로 반출하는 것

3) 수출에 포함되는 국내거래

① 내국신용장(구매확인서)에 의한 수출

국내에서 내국신용장 및 구매확인서에 의해 공급하는 재화(금지금은 제외함)는 영세율을 적용한다. 한편, 내국신용장(구매확인서)에 의하여 공급된 후 그 재화를 수출용도에 사용하였는지의 여부에 관계없이 영세율을 적용한다. 재화의 공급시기가 속하는 과세기간의 종료후 25일(그 날이 공휴일·토요일인 경우 바로 다음 영업일)이내 개설·발급된 내국신용장(구매확인서)에 대해서도 영세율을 적용한다(기간경과이후 개설시 : 10%). 단, 외국으로 반출되지 않는 재화의 공급과 관련하여 개설된 내국신용장(예: 주한미국군의 군납계약서 등)에 의한 재화 또는 용역의 공급은 영세율이 적용되지 않는다.

사례 3-1 내국신용장을 통한 국내공급

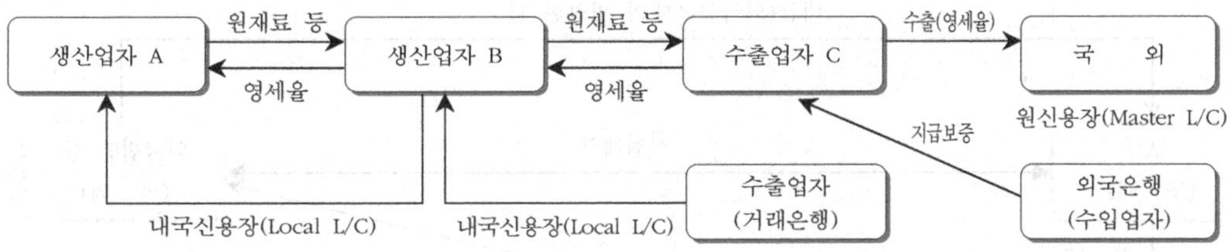

참고사항

[내국신용장과 구매확인서]

1. 내국신용장 : 한국은행의 총재가 정하는 바에 따라 외국환은행의 장이 발급하여 국내에서 통용되는 신용장으로 수출이행에 필요한 완제품 또는 원자재를 국내에서 조달하기 위하여 수입상으로부터 받은 원신용장을 담보로 원신용장의 개설통지은행이 국내의 공급자를 수혜자로 하여 개설하는 제2의 신용장을 말한다.
2. 구매확인서 : 물품 등을 외화획득용 원료, 외화획득용 용역, 외화획득용 전자적형태의 무체물 또는 물품으로 사용하기 위하여 국내에서 구매하려는 경우 외국환은행의 장이 내국신용장에 준하여 발급하는 증서를 말한다.

② 한국국제협력단 등에 공급하는 재화

사업자가 한국국제협력단 및 한국국제보건의료재단에 공급하는 재화(한국국제협력단 등이 사업을 위하여 외국에 무상으로 반출하는 경우에 한함)는 수출로 간주하여 영세율을 적용한다.

③ 수탁가공무역

사업자가 ㉠비거주자 또는 외국법인과의 직접계약에 의하여 수탁가공한 물품을 ㉡외국법인 등이 지정하는 국내의 다른 사업자에게 인도하고 ㉢그 대가를 외국환은행에서 원화로 받은 경우로서 ㉣국내의 다른 사업자가 인도받은 재화를 그대로 반출하거나 제조·가공한 후 반출하는 경우 영세율을 적용한다.

사례 3-2 수탁가공무역

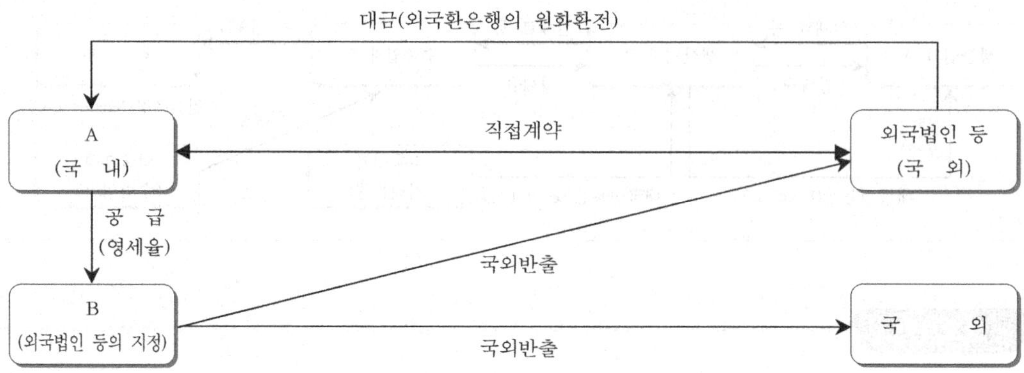

참고사항

[무상수출]

재화의 외국반출에 따른 외환결제가 이루어지지 않는 무상수출도 재화의 수출에 해당되어 영세율이 적용되나, 다음의 경우에는 재화의 공급에 해당하지 않는다.

① 국외사업자에게 견본품을 반출하는 경우
② 위탁가공무역방식으로 원자재 등을 무환으로 외국에 반출하는 경우
③ 당초 반출한 재화의 하자로 인하여 반품된 재화를 수리하여 재수출하거나 동일제품으로 교환하여 재수출하는 경우
④ 수입업자가 수입 또는 판매된 재화의 하자로 인하여 수리할 목적으로 외국에 반출하는 경우
⑤ 외국사업자소유의 전시물을 무환으로 수입하여 전시한 후 반환하기 위하여 외국에 반출하는 경우
⑥ 수입업자가 재화의 수입과 관련된 반환조건의 수입재화용기를 반환하기 위하여 외국에 반출하는 경우

(2) 국외에서 제공하는 용역 ★★★

국내에 사업장을 가지고 있는 사업자가 국외에서 용역을 제공하는 경우에는 해당 용역을 제공받는 자, 대금결제수단에 관계없이 영세율이 적용된다. 한편, 해외건설용역과 국외소재의 부동산임대용역은 다음과 같이 처리한다.

구 분	사업장소재지	부가가치세법상 처리
국외소재의 부동산임대용역	국 외[1]	과세대상이 아님
해 외 건 설 용 역	국 내[2]	영세율

[1] 부동산임대용역의 사업장: 부동산등기부상의 소재지
[2] 건설업의 사업장: 법인의 등기부상 소재지

(3) 선박 또는 항공기의 외국항행용역 ★★★

외국항행용역이란 선박 또는 항공기에 의하여 여객이나 화물을 국내에서 국외로, 국외에서 국내로, 국외에서 국외로 수송하는 것으로 대금결제수단에 관계없이 영세율이 적용된다. 다만, 국내에서 국내인 경우 10%로 과세한다.

참고사항

[외국항행용역에 포함되는 거래]

① 외국여행사업자가 자기의 사업에 부수하여 행하는 재화 또는 용역의 공급으로서 다음에 해당하는 것을 말한다.
　㉠ 다른 외국항행사업자가 운용하는 선박 또는 항공기의 탑승권을 판매하거나 화물운송계약을 체결하는 것
　㉡ 외국을 항행하는 선박내 또는 항공기내에서 승객에게 공급하는 것
　㉢ 자기의 승객만이 전용하는 버스를 탑승하게 하는 것
　㉣ 자기의 승객만이 전용하는 호텔에 투숙하게 하는 것
② 운송주선업자가 국제복합운송계약에 의하여 화주로부터 화물을 인수하고 자기책임과 계산하에 타인의 선박 또는 항공기 등의 운송수단을 이용하여 화물을 운송하고 화주로부터 운임을 받는 국제운송용역
③ 「항공법」에 의한 상업서류송달용역

(4) 기타의 외화획득재화 또는 용역 ★★★

다음의 거래는 모두 국내거래이지만 수출산업을 지원하고 외화획득지원의 목적을 위해 일정한 요건에 해당하는 경우 영세율을 적용한다.

구　분	적용대상거래
국내에서 비거주자 또는 외국법인에게 제공하는 재화 또는 용역	① 국내에 국내사업장이 없는 비거주자 또는 외국법인에게 공급되는 다음의 재화·용역으로서 그 대금을 외국환은행에서 원화로 받는 것 ㉠ 비거주자 또는 외국법인이 지정하는 국내사업자에게 인도되는 재화로서 해당 사업자의 과세사업에 사용되는 재화 ㉡ 전문, 과학 및 기술서비스업(수의업, 제조업의 회사본부 및 기타산업회사의 본부는 제외함) ㉢ 출판, 영상, 방송통신 및 정보서비스업 중 소프트웨어개발업, 컴퓨터 프로그래밍, 시스템통합관리업 등 ㉣ 임대업 중 무형재산권 임대업 ㉤ 통신업 ㉥ 컨테이너수리업, 보세구역내의 보관 및 창고업, 「해운업법」에 따른 해운대리업점 및 해운중개업

	ⓢ 상품중개업 중 상품종합중개업 ⓞ 관세법에 의한 보세운송업자가 제공하는 보세운송용역 ⓩ 사업시설관리 및 사업지원서비스업(조경관리 및 유지서비스업, 여행사 및 기타여행보조서비스업은 제외함) 및 금융지원 서비스업 중 투자자문업 ⓧ 교육서비스업(교육지원서비스업으로 한정함), 보건업(임상시험용역을 공급하는 경우로 한정함) * ⓛ과 ⓩ의 경우 상호주의를 적용함(해당 국가에서 우리나라의 거주자 또는 내국법인에게 부가가치세 또는 이와 유사한 조세를 부과하지 않는 경우에 한함) ② 국내에 국내사업장이 있는 비거주자 또는 외국법인에게 공급되는 위 ①에 해당하는 재화·용역으로서 국외의 비거주자 등과 직접계약에 의하여 공급되고 그 대금을 국외의 비거주자 등으로부터 외국환은행을 통하여 받는 것
수출재화임가공용역 (수출재화염색임가공용역을 포함함)	① 수출업자와 직접도급계약에 의하여 공급하는 수출재화임가공용역 ㉠ 내국신용장에 의하여 수출재화를 수출업자에게 공급하는 사업자와 계약한 경우: 영세율을 적용하지 않음 ㉡ 수출업자에게 부가가치세를 별도로 기재한 세금계산서를 발급한 경우: 영세율을 적용하지 않음 ② 내국신용장 또는 구매확인서에 의하여 공급하는 수출재화임가공용역
외국인관광객에게 제공하는 재화 또는 용역	① 일반여행업자가 공급하는 관광알선용역으로서 그 대가를 외국환은행에서 원화로 받는 것 ② 외국인전용관광기념품판매업자가 외국인관광객 또는 외국으로 출국하는 내국인에게 공급하는 관광기념품(물품판매기록표에 의하여 외국인과의 거래임이 표시되는 것)
기타의 재화 또는 용역	① 외국을 항행하는 선박 및 항공기 또는 원양어선에 공급하는 재화 또는 용역 * 사업자가 부가가치세를 별도로 기재한 세금계산서를 발급한 경우에는 영세율을 적용하지 않음 ② 국내에 주재하는 외국정부기관·국제기구·국제연합군 또는 미국군에 공급하는 재화 또는 용역 ③ 외국인전용판매장(주한외국군인 및 외국인선원전용 유흥음식점업을 포함함)을 영위하는 자가 국내에서 공급하는 재화 또는 용역으로서 그 대가를 외화로 받고 그 외화를 외국환은행에서 원화로 환전하는 것 ④ 우리나라에 주재하거나 파견된 외교관·외교사절 또는 주한외국공관에 근무하는 외국인으로서 해당 국가의 공무원신분을 가진 자가 관할세무서장의 지정을 받은 사업장에서 외교관면세카드를 제시하여 공급받는 법소정 재화·용역으로서 외교관면세판매기록표에 의하여 외교관 등과의 거래임이 표시되는 것. 다만, 해당 국가에서 우리나라의 외교관 등에게 동일한 면세를 하는 경우에 한함

사례 3-3 국내사업장이 없는 비거주자 또는 외국법인에게 공급하는 재화

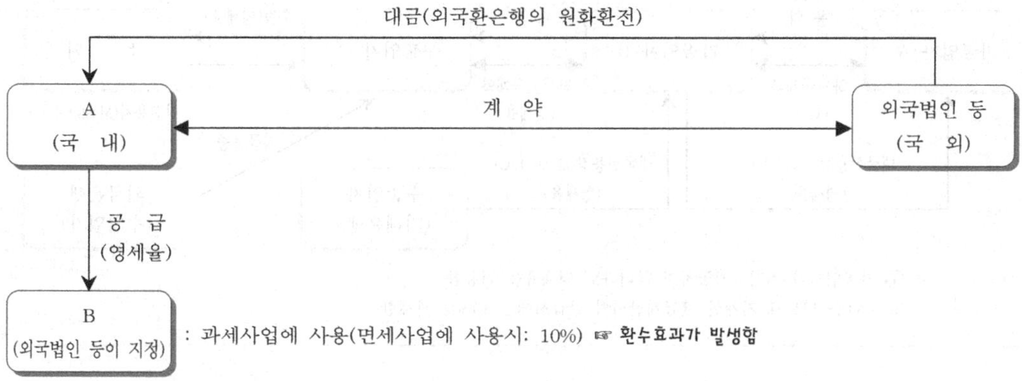

사례 3-4 국내사업장이 없는 비거주자 또는 외국법인에게 공급되는 용역

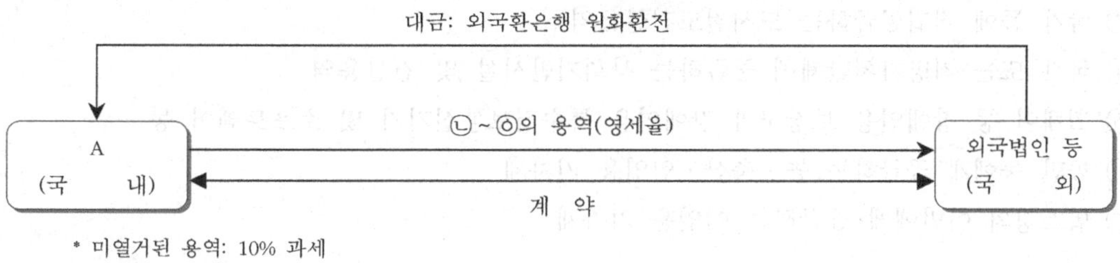

사례 3-5 국내사업장이 있는 비거주가 또는 외국법인에게 공급되는 재화 또는 용역

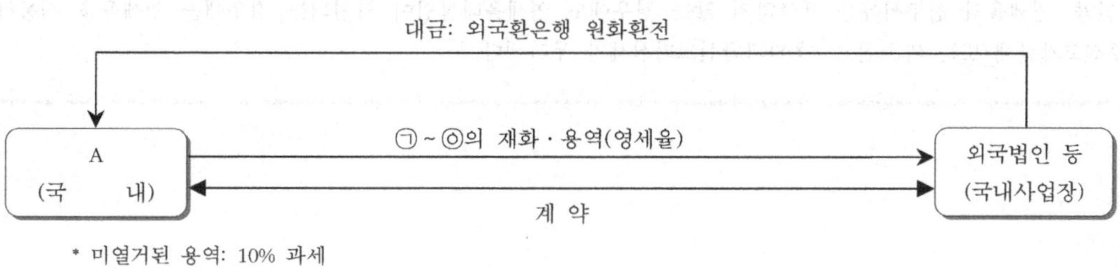

사례 3-6 수출재화임가공용역

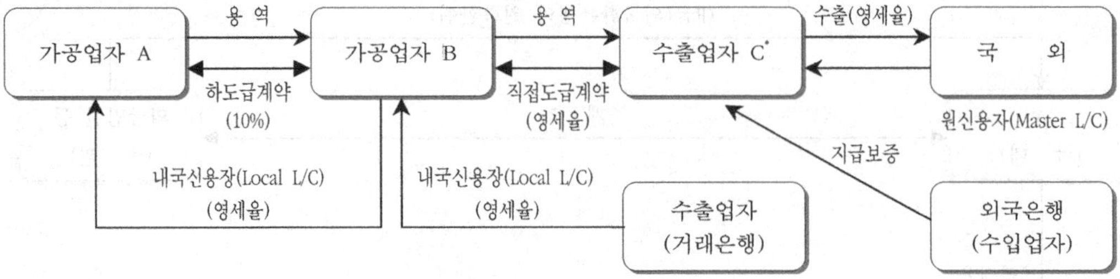

* ① 가공업자가 직접임가공하지 않더라도 영세율을 적용함
  ② VAT를 별도로 기재한 세금계산서의 발급시에는 10%를 과세함

(5) 조세특례제한법상 영세율의 적용대상거래 ★

① 방위산업체가 공급하는 방위산업물자
② 국군부대 또는 기관에 공급하는 석유류
③ 국가 등에 직접공급하는 도시철도건설용역
④ 국가 또는 지방자치단체에 공급하는 사회기반시설 및 건설용역
⑤ 휠체어 등 장애인용 보장구와 장애인용 특수정보통신기기 및 소프트웨어 등
⑥ 농민 등에게 공급하는 농 · 축산 · 임업용 기자재
⑦ 법소정의 어민에게 공급하는 어업용 기자재

참고사항 1

[영세율의 적용시 첨부서류]

영세율이 적용되는 경우에는 예정신고 또는 확정신고시 영세율대상거래임을 증명하는 첨부서류를 제출해야 한다. 만약, 영세율의 첨부서류를 제출하지 않는 경우에도 영세율대상임이 확인되는 경우에는 영세율을 적용하지만 무신고가산세 또는 과소신고 · 초과환급신고가산세가 부과된다.

참고사항 2

[영세율대상거래의 세금계산서의 발급의무]

발급의무 ○	발급의무 ×
① 내국신용장(구매확인서)에 의하여 공급하는 재화 ② 한국국제협력단과 한국국제보건의료재단에 공급하는 재화 ③ 수출재화임가공용역 ④ 외국항행선박 등에 제공하는 재화 · 용역 ⑤ 선박의 외국항행용역 중 공급받는 자가 국내사업장이 있는 비거주자 또는 외국법인인 경우	① 수출하는 재화 ② 국외에서 제공하는 용역 ③ 항공기의 외국항행용역 ④ 국내주재의 외국정부기관, 미국군 등에 공급하는 재화 · 용역 ⑤ 국내사업장이 없는 비거주자, 외국법인과의 거래

2 면 세

2.1 재화 또는 용역의 공급 ★★★★

(1) 기초생활필수품

① 미가공식료품 ☞ 국내산·외국산을 불문함

㉠ 식용으로 제공되는 농 · 축 · 수 · 임산물과 소금(천일염과 제조염은 면세하나 맛소금 · 공업용 천일염은 과세함)으로서 가공되지 않거나 원생산물의 본래성질이 변하지 않는 정도의 1차 가공(예: 탈곡 · 정미 · 정맥 · 제분 · 정육 · 건조 · 냉동 · 염장 · 포장 등)을 거친 것

㉡ 데친 채소류, 김치, 젓갈류, 두부, 간장 또는 된장 등 단순가공식료품에 대하여는 면세하나, 단순가공식료품을 거래단위로서 포장하여 최종소비자에게 그 포장의 상태로 직접 공급하는 경우에는 과세함

㉢ 본래의 성질이 변한 정도의 가공을 거친 식료품(예: 전분, 면류, 팥 · 콩 등의 앙금, 떡, 한천, 묵, 인삼차, 엿기름 등)은 과세함

㉣ 조미료 · 향신료(예: 고추 · 후추 등) 등을 가미하여 가공처리한 식료품(예: 맛김, 볶거나 조미한 멸치, 조미하며 건조한 쥐치포 등의 어포류, 생크림 · 유당 · 카제인 · 우유향 등을 배합하여 제조한 분유 등 제품)에 대하여는 과세함. 다만, 어류 등의 신선도 유지 · 저장 · 운반 등을 위하여 화학물질 등을 첨가하는 때에는 면세함

② 국내산 미가공 비식용 농 · 축 · 수 · 임산물 ☞ 외국산은 제외함

③ 수돗물 ☞ 선박 등에 물을 공급하는 것은 과세함

④ 연탄과 무연탄 ☞ 유연탄 · 갈탄 및 착화탄은 과세함

⑤ 여객운송용역 ☞ 항공기, 고속버스(우등 및 고급고속버스를 제외한 일반고속버스는 면세임), 택시, 특종선박, 고속철도 및 삭도, 유람선 등 관광 또는 유흥 목적의 운송수단에 의한 여객운송 용역은 제외함

⑥ 여성용 생리처리위생용품

⑦ 주택과 주택부수토지의 임대용역 ☞ 후술함

(2) 국민후생 및 문화

① 의료보건용역과 혈액(약사의 제조용역은 포함하고 약품판매는 제외하고 치료 · 예방 · 진단 목적으로 조제한 동물의 혈액을 포함함)

㉠ 의사의 미용목적 성형수술 ☞ 쌍꺼풀, 코성형, 유방확대 · 축소술(유방암수술에 따른 유방재건술은 제외함), 지방흡입술, 주름살제거술은 면세대상에서 제외함

㉡ 수의사가 아래에서 제공하는 용역은 면세하나 그 이외의 애완동물에 대한 진료용역에 대해서는 과세함

ⓐ 가축에 대한 진료용역

ⓑ 수산동물에 대한 진료용역

ⓒ 장애인의 보조견표지를 발급받은 장애인보조견에 대한 진료용역

ⓓ 「국민기초생활보장법」에 따른 수급자가 기르는 동물의 진료용역

ⓔ ⓐ~ⓓ외 질병의 예방 및 치료를 목적으로 하는 동물의 진료용역으로서 고시하는 용역

② 정부의 인 · 허가를 받거나 주무관청에 등록 또는 신고된 학원 · 강습소 · 산학협력단 · 과학관 · 박물관 · 미술관 등의 교육용역 ☞ 어린이집을 포함하되, 무도학원 및 자동차운전학원에 대해서는 과세함

③ 도서(도서대여 및 실내 도서열람용역을 포함함) · 신문 · 인터넷신문 · 잡지 · 관보 및 뉴스통신(광고는 제외함)

④ 예술창작품(미술 · 음악 · 사진 · 연극 · 무용에 속하는 창작품. 단, 골동품은 제외함) · 예술행사 · 문화행사 · 아마추어운동경기

⑤ 도서관 · 과학관 · 박물관 · 미술관 · 동물원 또는 식물원에 입장 ☞ 오락유흥시설이 있는 동물원식물원 등 입장권은 과세함

⑥ 「주택법」에 따라 제공하는 복리시설의 공동주택어린이집의 임대용역

(3) 부가가치의 구성요소

① 토 지 ☞ 토지의 공급만 면세, 토지의 임대와 건물의 공급 및 임대는 원칙적으로 과세함

② 금융·보험용역. 다음에 해당하는 용역은 금융·보험용역으로 보지 않음(과세함)

㉠ 복권, 입장권, 상품권에 관한 대행용역(비순수금융·보험업)

㉡ 기업합병 또는 기업매수의 중개·주선·대리, 신용정보서비스 및 은행업에 관련된 전산시스템과 소프트웨어의 판매·대여용역

㉢ 부동산의 임대용역

㉣ 감가상각자산의 대여용역(시설대여업자가 제공하는 시설대여용역은 제외함)

㉤ 집합투자업과 투자일임업 중 부동산·실물자산, 지상권·전세권 등 부동산 관련 권리 등에 투자하는 업무, 투자전문업, 신탁업 중 부동산·실물재산에 투자하는 금전투자신탁 등

③ 저술가·작곡가 등의 자가 직업상 제공하는 법 소정의 인적용역 ☞ 개인이 제공할 경우에 물적시설 없이 근로자를 고용하지 않고 독립된 자격으로 제공하는 문화·예술·창작 및 연예활동, 학술용역 등의 인적용역을 공급하고 대가를 받는 경우에만 면세함

④ 국선변호인의 국선변호 및 법률구조, 학술연구용역, 기술연구용역, 직업소개용역, 장애인보조견 훈련용역, 국선대리인 국선대리, 후련인 및 후견감독인의 후견사무용역, 가사서비스 제공기관이 제공하는 가사서비스 용역

(4) 기 타

① 우표(수집용 우표는 제외함), 인지, 증지, 복권 및 공중전화

② 특정한 제조담배

③ 공익단체가 공급하는 일정한 재화 또는 용역

구 분	내 용
원 칙	과 세
예 외	일정한 재화 또는 용역만 면세 ㉠ 순수학술·기술의 발전을 위하여 학술·기술의 연구와 발표를 그 주된 목적으로 하는 단체가 무상·실비로 공급하는 학술·기술연구 관련 재화·용역 ㉡ 주무관청의 허가 또는 인가를 받거나 주무관청에 등록된 일정한 단체가 그 고유의 사업목적을 위하여 일시적으로 공급하거나 실비 또는 무상으로 공급하는 재화 또는 용역 ㉢ 공익을 목적으로 기숙사를 운영하는 자가 학생 또는 근로자를 위하여 실비 또는 무상으로 공급하는 음식 및 숙박용역

④ 국가 등이 공급하는 재화 또는 용역

구 분	내 용
원 칙	면 세
예 외	다음의 재화 또는 용역만 과세 ㉠ 우정사업조직의 소포우편물의 방문배달용역(예: 우체국택배) ㉡ 고속철도에 의한 여객운송용역(예: KTX) ㉢ 부동산임대업, 도·소매업, 음식·숙박업, 골프장·스키장운영업, 기타운동시설운영업, 주차장운영업, 우정사업본부의 우편주문판매대행용역(예: 인터넷쇼핑몰)

⑤ 국가 등에 무상으로 공급하는 재화 또는 용역 ☞ 유상공급은 과세함

(5) 조세특례제한법에 의한 면세대상

① 국민주택 및 국민주택의 건설용역(리모델링용역을 포함함)

② 정부업무대행단체가 그 고유목적사업으로서 공급하는 일정한 재화·용역

③ 영유아용 기저귀와 분유 ☞ 2017년까지

참고사항 1

[부동산의 공급 및 임대용역에 대한 과세여부]

구 분		원 칙	예 외
건 물	공 급	과 세	국민주택의 공급: 면세
	임 대	과 세 [2]	주택의 임대: 면세
토 지	공 급	면 세	–
	임 대	과 세 [1,2]	주택부수토지의 임대: 면세

[1] 전답·임야·목장용지·과수원·염전의 임대는 과세에서 제외함

[2] 상가와 그 부속토지의 임대용역은 과세함

참고사항 2

[주택과 주택부수토지의 임대용역]

1. 부가가치세가 면세되는 주택의 부수토지: Max[①, ②]

① 주택정착면적 × 5배(도시지역외의 토지: 10배)

② 주택의 연면적*(지하층의 면적, 지상층의 주차장면적 및 주민공동시설의 면적은 제외함)

* 바닥면적의 합계

2. 겸용주택의 경우

구 분	건물의 면세범위	부수토지의 면세범위
주택면적 〉 사업용건물면적	주택면적+사업용건물면적	Min[①, ②] ① 부수토지 총면적 ② Max[건물정착면적×5배(도시지역외: 10배), 건물연면적]
주택면적 ≤ 사업용건물면적	주택면적	Min[①, ②] ① 토지총면적 $\times \frac{\text{주택연면적}}{\text{건물연면적}}$ ② Max[건물정착면적 $\times \frac{\text{주택연면적}}{\text{건물연면적}}$ ×5배(도시지역외: 10배), 주택연면적]

* 부동산을 2인이상에게 임대한 경우에는 임차인별로 각각 그 면세여부를 판정함

사례 3-7 겸용주택 및 부수토지의 면세판정(1)

[Case 1] 40㎡ > 20㎡

[Case 2] 20㎡ ≦ 40㎡

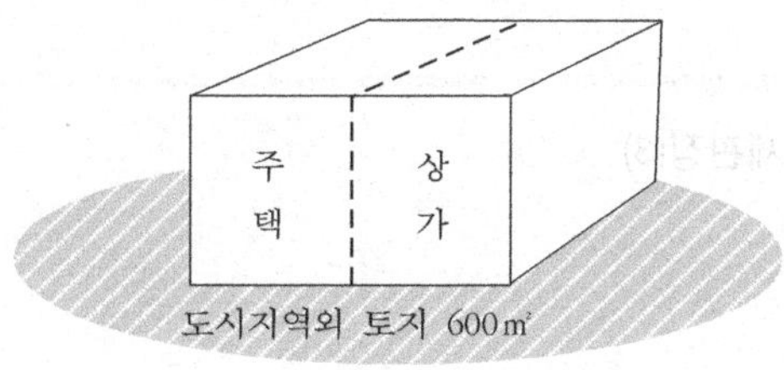

		[Case1]	[Case2]
건 물	과 세	0㎡	40㎡
	면 세	60㎡	20㎡

[Case 1]

토 지	과 세	0㎡
	면 세	600㎡

Min ┌ 주택부수토지: 600㎡
　　└ Max ┌ 주택정착면적: 60㎡ × 10배 = 600㎡
　　　　　└ 주택연면적: 60㎡

[Case 2]

토 지	과 세	400㎡
	면 세	200㎡

Min ┌ 주택부수토지: $600㎡ \times \frac{20㎡}{60㎡} = 200㎡$
　　└ Max ┌ 주택정착면적: 20㎡ × 10배 = 200㎡
　　　　　└ 주택연면적: 20㎡

사례 3-8 겸용주택 및 부수토지의 면세판정(2)

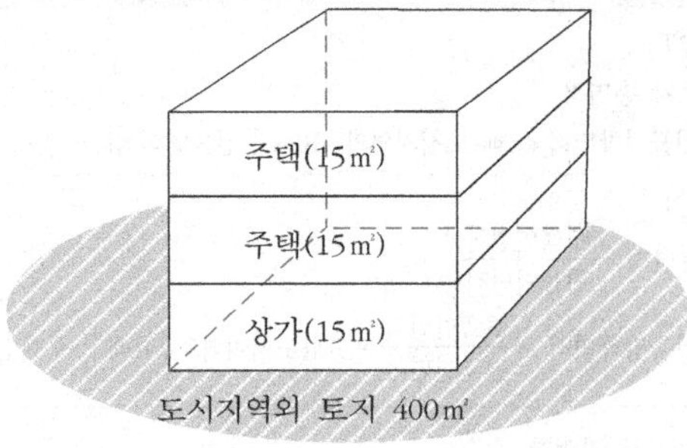

건 물	과 세	0㎡
	면 세	45㎡

토 지	과 세	250㎡
	면 세	150㎡

Min ┌ 주택부수토지: 400㎡
　　 └ Max ┌ 주택정착면적: 15㎡ × 10배 = 150㎡
　　　　　 └ 주택연면적: 45㎡

사례 3-9 겸용주택 및 부수토지의 면세판정(3)

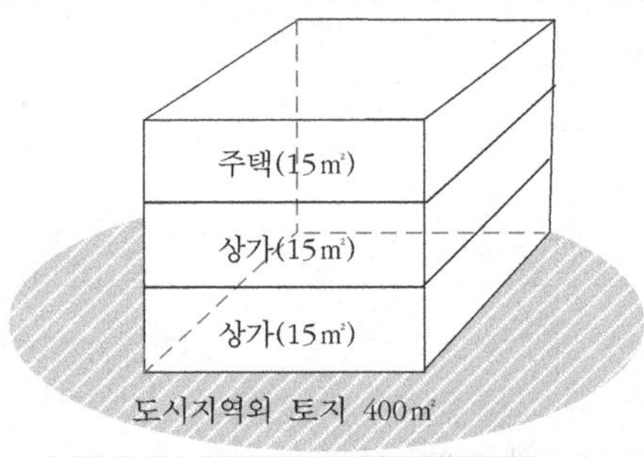

건 물	과 세	30㎡
	면 세	15㎡

토 지	과 세	350㎡
	면 세	50㎡

Min ┌ 주택부수토지: $400㎡ \times \frac{15㎡}{45㎡} = 133.333㎡$
　　 └ Max ┌ 주택정착면적: $15㎡ \times \frac{15㎡}{45㎡} = 5㎡ \times 10배 = 50㎡$
　　　　　 └ 주택연면적: 15㎡

예제 3-1 | 겸용주택의 면세판정(1)

다음의 자료에 의하여 부가가치세가 과세되는 건물과 토지의 임대면적을 계산하면?

(1) 거주자 A는 도시지역 외의 지역에 소재하는 부동산(주택과 점포로 겸용되는 단층건물 및 부수토지)을 P씨에게 임대하였다.

(2) 주택면적은 40㎡이고, 점포면적은 40㎡이다.

(3) 동건물의 부수토지는 1,000㎡이다.

해설 1. 건 물

주택면적이 점포면적보다 작거나 같은 경우에 해당하므로 주택은 주택, 점포는 점포로 본다. 따라서 과세되는 건물면적은 40㎡이 된다.

2. 토 지

주택부수토지: $\text{Min}[\text{Max}(40㎡ \times 10배,\ 40㎡),\ 1,000㎡ \times \frac{40㎡}{80㎡}] = 400㎡$. 따라서 과세되는 토지면적은 600㎡이 된다.

예제 3-2 | 겸용주택의 면세판정(2)

도시계획구역안의 1필지의 토지위에 있는 단층건물인 주택 40㎡와 점포 40㎡를 동일인에게 임대하고 있다. 그 부수토지는 500㎡이다. 건물 및 그 부수토지의 임대에 대하여 부가가치세의 과세여부를 판단하시오.

해설

구 분	주택(면세)	점포(과세)	합 계
건 물	40㎡	40㎡	80㎡
토 지	200	300	500

1. 주택면적 ≦ 사업용건물면적 → 주택부분외의 사업용 건물부분은 주택으로 보지 않음
2. 주택부수토지 : Min[①, ②] = 200㎡

① $500㎡ \times \left(\frac{40㎡}{80㎡}\right) = 250㎡$

② Max[㉠, ㉡] = 200㎡

㉠ 주택정착면적 × 5배(도시계획구역 안) : 40㎡ × 5배 = 200㎡

㉡ 주택연면적 : 40㎡

2.2 재화의 수입 ★

규 정	면세대상
부가가치세법	① 미가공식료품(식용에 공하는 농·축·수·임산물을 포함함, 커피와 코코아두는 2025년 12월 31일까지 면세하고, 2026년 이후 수입분은 과세함) ② 도서(도서대여용역을 포함함)·신문·잡지 ③ 학술연구단체의 교육기관 또는 문화단체가 과학·교육·문화용으로 수입하는 재화 ④ 종교의식·자선·구호 기타 공익을 목적으로 외국으로부터 종교단체·자선단체 또는 구호단체에 기증되는 재화 ⑤ 외국으로부터 국가·지방자치단체조합에 기증되는 재화 ⑥ 기타 관세가 무세이거나 감면되는 일정한 재화. 단, 경감의 경우에는 경감되는 부분만 해당함 ⑦ 특정한 제조담배(재화의 공급에 대한 면세의 범위와 동일함) 등
조세특례제한법	① 무연탄 ② 과세사업에 사용하기 위한 선박 ③ 과세사업에 사용하기 위한 관세법에 의한 보세건설물품 ④ 농민이 직접 수입하는 일정한 농업용·축산업용 기자재와 어민이 직접 수입하는 일정한 어업용 기자재 등

2.3 면세포기 ★★

이는 부가가치세가 면세되는 재화 또는 용역을 공급하는 사업자가 일정한 면세대상 재화 또는 용역에 대해서 면세를 포기하고 과세로 전환하는 것을 말한다.

(1) 면세포기의 대상

① 영세율이 적용되는 재화 또는 용역 ☞ **영세율이 면세보다 유리함**

② 학술연구단체 또는 기술연구단체가 공급하는 재화 또는 용역 ☞ **매입하는 자가 주로 사업자임**

(2) 면세포기의 절차

면세를 포기하고자 하는 사업자는 관할세무서장에게 포기신고를 하고 지체없이 사업자등록을 해야 한다. 만약, 신규로 사업을 개시하는 경우에는 면세포기신고서를 「사업자등록신청서」와 함께 제출할 수 있다. 면세포기는 언제든지 가능하고 신고기한도 존재하지 않으며 관할관청의 승인을 필요로 하지 않는다. 한편, 면세로 재변경하는 경우 다음에 유의해야 한다.

① 면세포기를 한 사업자는 신고한 날(다음 과세기간이 아님)부터 3년간 다시 면세를 적용받을 수 없다.

② 3년이 경과한 이후 다시 면세를 적용받고자 하는 경우에는 면제적용신고를 해야 하며, 면제적용신고를 하지 않은 경우 계속하여 면세를 포기한 것으로 간주한다.

(3) 면제포기의 범위

① 면세되는 2이상의 사업 또는 종목을 영위하는 사업자는 면세포기대상이 되는 재화 또는 용역의 공급 중에서 면세포기하고자 하는 재화 또는 용역의 공급만을 구분하여 면세포기할 수 있다.

② 영세율의 적용대상이 되는 것만을 면세포기한 사업자가 면세되는 재화 또는 용역을 국내에 공급하는 때에는 면세포기의 효력이 없다.

③ 면세포기신고를 한 사업자가 사업을 포괄적으로 양도하는 경우 면세포기의 효력은 사업을 양수한 사업자에게 승계된다.

④ 영세율이 적용되는 재화 또는 용역의 공급이 조세특례제한법에 따라 면세되는 경우 해당 재화 또는 용역의 공급에 대하여 면세포기신고를 하는 때에는 영세율을 적용한다.

사례 3-10 면세포기의 범위(위 ①, ②의 경우)

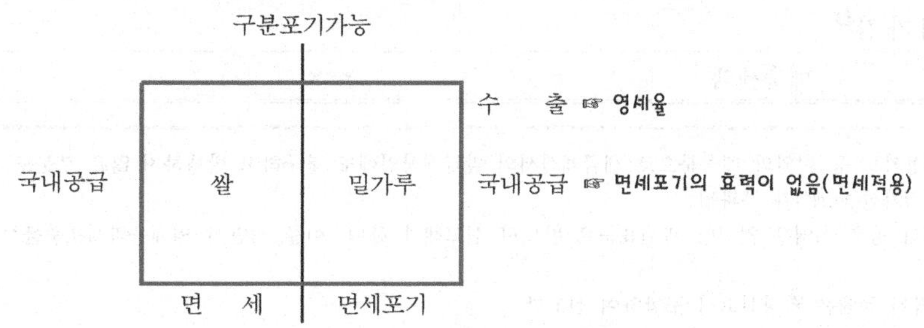

CHAPTER 04

과세표준과 매출세액의 계산

구 분		과세표준	세 율	세 액
과세	세금계산서 발급분	×××	10%	×××
	매입자발행세금계산서	×××	10%	×××
	신용카드 · 현금영수증발행본	×××	10%	×××
	기타(정규영수증 외 매출분)❶	×××	10%	×××
영세율❷	세금계산서 발급분	×××	0%	–
	기타	×××	0%	–
예정신고누락분❸		×××	–	×××
대손세액가감❹		–	–	×××
매출세액		×××		×××

❶ 세금계산서 · 신용카드 등 이외의 매출분으로 세금계산서의 발급대상임에도 불구하고 발행하지 않은 부분도 포함하며 이 경우 세금계산서불성실가산세(2%)가 부과됨

❷ 영세율적용대상의 경우 세액은 없지만 과세표준은 반드시 신고해야 하며, 이를 위반시 영세율과세표준불성실가산세(0.5%)가 부과됨

❸ 예정신고시 누락된 금액은 확정신고시 포함하여 신고함

❹ 대손세액은 세액에만 가감하며 과세표준에는 가감하지 않음

1 일반적인 과세표준

1.1 재화 또는 용역의 공급

(1) 원칙적인 과세표준 ★★★★★

부가가치세의 과세표준은 공급가액으로 하며, 부가가치세는 포함하지 않는다. 한편, 사업자가 재화 또는 용역을 공급하고 그 대가로 받은 금액에 공급가액과 세액이 별도로 표시되어 있지

않은 경우와 부가가치세가 포함되어 있는지 불분명한 경우에는 거래금액 또는 영수할 금액의 $\frac{100}{110}$에 해당하는 금액이 과세표준이 된다.

구 분		과세표준(= 공급가액[1])
금전으로 대가를 받는 경우		그 대가
금전이외의 대가로 받는 경우		자기가 공급한 재화 또는 용역의 시가[2]
재화의 공급에 대하여 부당하게 낮은 대가[3]를 받거나 대가를 받지 않은 경우		자기가 공급한 재화의 시가[2]
용역의 공급에 대하여 부당하게 낮은 대가[3]를 받거나 대가를 받지 않은 경우		자기가 공급한 용역의 시가[2]
대가를 외화로 받은 경우	공급시기 도래전에 원화로 환가한 경우	그 환가한 가액
	공급시기 이후에 외국통화 기타외국환의 상태로 보유하거나 지급받는 경우	공급시기의 기준환율 또는 재정환율에 의하여 계산한 금액

[1] 공급가액은 부가가치세를 포함하지 않은 금액(즉, 일반과세자의 과세표준)이고 공급대가는 부가가치세를 포함한 금액(즉, 간이과세자의 과세표준)임

[2] 시가의 산정방법은 다음과 같음

① 1순위(공급한 재화·용역의 가격): 사업자가 그와 특수관계에 있는 자외의 자와 해당 거래와 유사한 상황에서 계속적으로 거래한 가격 또는 제3자간에 일반적으로 거래된 가격

② 2순위(공급받은 재화·용역의 가격): 사업자가 그 대가로 받은 재화 또는 용역의 가격(공급받은 사업자가 그와 특수관계에 있는 자 외의 자와 해당 거래와 유사한 상황에서 계속적으로 거래한 재화 및 용역의 가격 또는 제3자간에 일반적으로 거래된 가격)

③ 3순위(①, ②에 따른 가격이 없거나 시가가 불분명한 경우): 소득세법 또는 법인세법상 부당행위계산의 부인시 시가가 불분명한 경우에 적용하는 다음의 가격

> ㉠ 매매: 감정평가법인의 감정가액 ☞ **상속세 및 증여세법상 보충적평가액**
>
> ㉡ 자산의 임대: (자산의 시가 × 50% − 임대보증금) × 정기예금이자율 × $\frac{\text{임대일수}}{\text{365일(또는 366일)}}$
>
> ㉢ 건설 등 용역의 제공: 용역제공원가 × (1 + 정상원가이익율)

[3] 부당하게 낮은 대가는 사업자가 그와 특수관계에 있는 자와의 거래에 있어서 재화와 용역(수탁자가 위탁자의 특수관계인에게 공급하는 신탁재산과 관련된 재화 또는 용역을 포함)의 공급가액에 대한 조세의 부담을 부당하게 감소시킬 것으로 인정되는 시가보다 낮은 대가를 의미함. 따라서 특수관계가 없는 자와의 거래에서 낮은 대가를 받은 경우에는 그 받은 대가를 과세표준으로 산정함.

구 분		과세표준	
		재화의 공급	용역의 공급
무상공급		시 가	시 가*
저가공급	특수관계인인 경우	시 가	시 가
	특수관계인이외의 자인 경우	실제 거래가액	실제 거래가액

* 특수관계인에 대한 사업용 부동산의 무상임대거래를 제외한 무상제공은 용역의 공급에 해당하지 않으므로 과세하지 않음

사례 4-1 외국통화를 대가로 수령한 경우

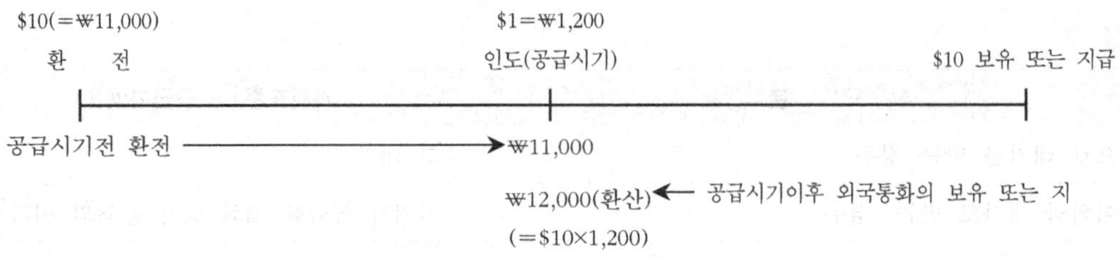

(2) 거래형태별 과세표준 ★★★★

구 분	과세표준
외상판매 및 할부판매	공급한 재화의 총가액(이자상당액을 포함함)
장기할부판매 · 중간지급조건부 · 완성도기준지급조건부 · 전력 기타 공급단위를 구획할 수 없는 재화 · 용역의 공급	계약에 따라 받기로 한 대가의 각 부분(이자상당액을 포함함)

한편, 특정용역을 2이상의 과세기간에 걸쳐 계속적으로 제공하고 그 대가를 선불로 받는 경우 과세표준은 다음과 같이 계산한다.

$$\text{과세표준} = \text{선불로 받은 금액} \times \frac{\text{해당 과세기간의 용역제공월수}}{\text{총계약기간의 월수}} \text{(초월산입, 말월불산입)}$$

참고사항

[기타거래유형의 과세표준]

구 분	과세표준
위탁가공무역에 의한 수출	완성된 제품의 인도가액
기부채납	기부채납된 가액(부가가치세가 포함된 경우에는 이를 제외함)
공유수면의 매립용역	해당 매립공사에 소요된 총사업비

(3) 과세표준에 포함하는 것과 포함하지 않는 것 ★★★★★ ☞ 공급자가 수령하는 금액에 대한 것

재화나 용역의 공급에 대한 과세표준은 공급시기에 공급에 대한 대가로서 확정되는 금액이므로 공급과 무관하게 수령한 금액은 과세표준에 포함하지 않는다. 또한 재화나 용역을 공급한 후에 지급하는 금액은 공급시기에 확정된 대가에 반영되지 않은 것이므로 과세표준에서 공제하지 않는다.

과세표준에 포함하는 것[1]	과세표준에 포함하지 않는 것[2]
① 할부판매 및 장기할부판매의 이자상당액 ② 대가의 일부로 받는 운송보험료 · 산재보험료 · 운송비 · 포장비 · 하역비 등(∵부수재화 · 용역) ③ 개별소비세, 교통 · 에너지 · 환경세, 주세가 과세되는 재화 또는 용역에 대하여는 해당 개별소비세, 교통 · 에너지 · 환경세, 주세와 그 교육세 및 농어촌특별세의 상당액 ④ 사업자가 구매고객에게 매출액의 일정비율에 상당하는 마일리지를 적립하여 주고 향후에 해당 고객이 물품구입시 구입대금의 일부 또는 전부를 적립된 마일리지에 의하여 결제하는 경우 해당 마일리지상당액[7]	① 매출에누리 · 매출환입[5] 매출할인[6] ② 계약 등에 의하여 확정된 대가의 지급지연으로 인하여 지급받는 연체이자 ③ 재화 또는 용역의 공급과 직접 관련되지 않는 국고보조금과 공공보조금 ④ 공급받는 자에게 도달하기 전에 파손 · 훼손 또는 멸실된 재화의 가액(∵손해배상금) ⑤ 반환조건부 용기대금과 포장비용[3] ⑥ 용역 등의 대가와 구분하여 수령하고 해당 종업원에게 지급한 사실이 확인되는 종업원의 봉사료[4]

[1] 판매가격에 반영하여 수령하는 금액은 과세표준에 포함함
[2] 재화의 공급으로 인한 대가가 아닌 경우, 공급시기이후의 수령액은 과세표준에 포함하지 않음
[3] 반환조건으로 공급한 용기 또는 포장을 회수할 수 없어 그 용기대금과 포장비용을 변상금의 형식으로 변제받을 때에는 과세표준에 포함함
[4] 사업자가 그 봉사료를 자기의 수입금액에 계산하는 경우에는 과세표준에 포함함
[5] 과세기간을 달리하여 매출환입 등이 있는 경우에는 환입 등의 사유가 발생된 과세기간의 과세표준에서 매출환입액 등을 차감함
[6] 매출할인은 공급대가의 미수금을 그 약정기일전에 영수하는 경우에 일정액을 할인하는 금액으로 함. 단, 외상판매에 대한 공급대가의 미수금을 결제하는 경우 할인해 주는 금액은 할인액의 범위에서 제외됨
[7] 자기적립마일리지는 과세표준에서 제외하고 제3자적립마일리지 등은 사업자가 실제 받을 대가만큼 과세표준에 포함됨

(4) 과세표준에서 공제하지 않는 것 ★★★★★ ☞ 공급자가 지급하는 금액에 대한 것

① 대손금(∴ 대손세액공제를 적용함)
② 하자보증금
③ 판매장려금. 한편, 판매장려금을 과세표준에 포함하는지 여부는 다음과 같다.

구 분		내 용
공급자가 판매장려금을 지급하는 경우	현금으로 지급하는 경우	과세표준에서 공제하지 않음
	현물로 지급하는 경우	사업상증여로 보아 추가로 과세표준에 포함
공급자가 판매장려금을 수령하는 경우		과세표준에 포함하지 않음

사례 4-2 판매장려금

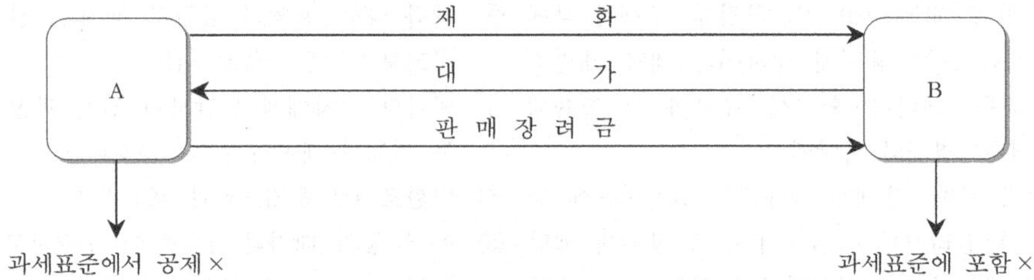

예제 4-1 | 과세표준(1)

다음 자료를 이용하여 과세사업자 ㈜A의 20×1년 제1기 예정신고기간(20×1.1.1.~ 20×1.3.31.)의 부가가치세의 과세표준은 얼마인가? 단, 아래에 제시된 금액들은 부가가치세를 포함하지 않는 것이다.

(1) 1월 5일: ㈜B에게 5월 10일에 판매대금을 받기로 하고 제품을 5,000,000원에 판매하였다.
(2) 1월 20일: 직전과세기간에 발생한 ㈜C에 대한 매출채권을 ㈜C가 조기변제함에 따라 500,000원의 매출할인이 발생하였다.
(3) 2월 3일: 상품을 인도하기 전에 ㈜D로부터 판매대금 중 1,000,000원을 선수금으로 수령하고, 수령한 대가에 대하여 세금계산서를 발급하였다.
(4) 2월 15일: 사업을 위하여 ㈜E에게 시가 500,000원(원가: 300,000원)의 견본품을 무상으로 제공하였다.
(5) 3월 15일: 업무와 관련하여 ㈜F로부터 시가 100,000원의 비품을 기증받았다.
(6) 3월 30일: 국가에 시가 1,000,000원(원가: 500,000원)에 상당하는 제품을 무상으로 기증하였다.
(7) 3월 31일: ㈜A가 생산한 제품(시가: 300,000원)을 ㈜G가 생산한 제품(시가: 500,000원)과 교환하였다.

해설

거래일자	과세표준	비 고
1. 5.	₩5,000,000	인도기준
1.20.	(500,000)	매출할인이 발생한 과세기간의 매출에서 차감함
2. 3.	1,000,000	선수령한 대가에 대하여 세금계산서의 발급시 인정함
2.15.	–	견본품은 재화의 공급이 아님
3.15.	–	기증받은 재화는 공급과 무관함
3.30.	–	국가에 무상 기증한 것은 과세표준에서 제외함
3.31.	300,000	제공한 재화의 시가가 과세표준이 됨
계	₩5,800,000	

1.2 재화의 수입 ★★★

① 재화를 수입하는 자가 관세법에 따라 관세를 신고·납부하는 경우에는 재화의 수입에 대한 부가가치세를 함께 신고·납부해야 하며, 관세를 신고·납부하는 경우가 아니면 세관장이 수입자에게 부가가치세를 징수한다.

> 재화의 수입에 대한 부가가치세의 과세표준 = 관세의 과세가격 + 관세 + 개별소비세, 주세, 교통·에너지·환경세 + 교육세, 농어촌특별세

② 사업자가 보세구역내에 보관된 재화를 보세구역이외의 국내에 있는 다른 사업자에게 공급하는 경우 재화의 수입 및 재화·용역의 공급이 동시에 발생하게 된다. 해당 거래의 공급가액 중 수입재화에 해당하는 금액은 재화의 수입으로 보아 세관장이 부가가치세를 징수하며, 공급가액 중 수입재화를 초과하는 금액은 재화·용역의 공급으로 보아 보세구역내의 사업자가 부가가치세를 징수한다.

구 분	공급자	과세표준
재 화 의 수 입	세관장	관세의 과세가격 + 관세 + 개별소비세, 주세, 교통·에너지·환경세 + 교육세, 농어촌특별세
재화·용역의 공급	보세구역내의 사업자	공급가액 – 세관장의 과세표준

* 다만, 세관장이 부가가치세를 징수하기 전에 같은 재화에 대한 선하증권이 양도되는 경우에는 해당 재화를 공급하는 자의 과세표준은 선하증권의 양수인으로부터 받은 대가로 할 수 있다.

예제 4-2 | 재화의 수입

보세구역내에서 제조업을 영위하고 있는 일반과세자인 A는 외국에서 수입한 원재료로 생산한 제품을 보세구역 밖에서 사업을 하고 있는 B에게 80,000,000원(공급가액)에 공급하였다. 수입한 원재료의 관세의 과세가격은 40,000,000원이고, 관세 10,000,000원, 개별소비세 8,000,000원, 교육세 1,000,000원, 농어촌특별세 1,000,000원이 과세된다고 가정할 때 세관장이 징수할 부가가치세와 A가 거래징수할 부가가치세는 각각 얼마인가?

해설 1. 세관장이 징수할 부가가치세

(₩40,000,000 + ₩10,000,000 + ₩8,000,000 + ₩1,000,000 + ₩1,000,000) × 10% = ₩6,000,000

2. A가 거래징수할 부가가치세

(₩80,000,000 − ₩6,000,000 ÷ 10%) × 10% = ₩2,000,000

2 재화의 공급의제에 의한 과세표준

2.1 일반적인 경우(판매목적으로 다른 사업장에 반출하는 경우는 제외함) ★★★★★

구 분		과세표준
비상각자산		해당 재화의 시가
감가상각자산	건물·구축물	취득가액[1] × {1 − 체감률(5%) × 경과된 과세기간의 수[2]} ☞ 간주시가
	기타의 감가상각자산	취득가액[1] × {1 − 체감률(25%) × 경과된 과세기간의 수[2]} ☞ 간주시가

[1] 매입세액을 공제받은 해당 재화의 가액이므로 취득세 등은 취득가액에서 제외함

[2] 과세기간의 개시일후에 감가상각자산을 취득하거나 해당 재화가 공급된 것으로 의제하는 경우에는 그 과세기간의 개시일에 해당 재화를 취득하거나 해당 재화가 공급된 것으로 봄

2.2 감가상각자산을 면세사업에 일부 전용한 경우 ★★★★

과세사업에 사용한 감가상각자산을 일부 면세사업에 사용한 경우에는 간주시가에 해당 과세기간의 총공급가액에 대한 면세공급가액의 비율을 곱하여 과세표준을 계산한다.

$$\text{과세표준} = \text{간주시가} \times \frac{\text{면세전용일이 속하는 과세기간의 면세공급가액}}{\text{면세전용일이 속하는 과세기간의 총공급가액}}$$

한편, 총공급가액 중 면세공급가액의 비율이 5%미만인 경우에는 과세표준이 없는 것으로 본다.

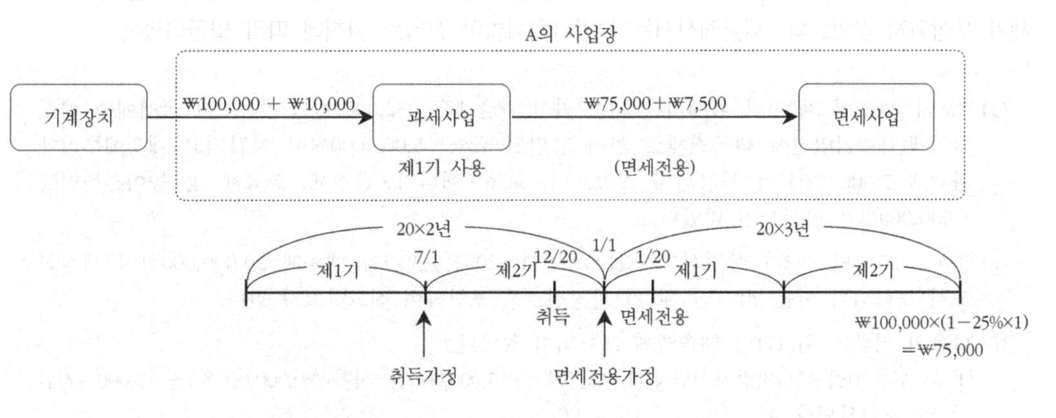

∴ 이미 공제받은 매입세액을 면세사업에 사용하는 경우 감가기간을 고려하여 추징함

2.3 판매목적으로 다른 사업장에 반출한 경우 ★★★

구 분	과세표준
원 칙	해당 재화의 취득가액
취득가액에 일정액을 가산하여 공급하는 경우	그 공급가액(이윤가산액을 가산함)
개별소비세, 주세, 교통·에너지·환경세가 부과되는 재화인 경우	개별소비세, 주세, 교통·에너지·환경세의 과세표준 + 개별소비세, 주세, 교통·에너지·환경세 +교육세, 농어촌특별세

예제 4-3 | 과세표준(2)

다음은 기계장비 제조업을 영위하고 있는 일반과세자인 ㈜A의 20×1년 제2기 과세기간의 최종3월(20×1.10.1.~20×1.12.31.)의 거래와 관련된 자료이다. 20×1년 제2기의 부가가치세의 확정신고시 신고해야 할 부가가치세의 과세표준은 얼마인가? 단, 제시된 자료의 금액에는 부가가치세가 포함되지 않았으며, 세금계산서는 부가가치세법이 정하는 원칙에 따라 발급되었음

(1) ㈜A의 20×1년 제2기의 과세기간 최종3월의 매출액은 232,000,000원이다. 이 금액에는 매출할인액(약정기일전에 대금결제로 인해 할인된 금액) 5,000,000원이 차감되고 매출에누리와 환입액 7,000,000원이 차감되지 않았으며, 교통·에너지·환경세, 교육세 및 농어촌특별세 5,000,000원은 포함되지 않았다.

(2) ㈜A는 20×1년 제2기 예정신고기간(20×1.7.1.~20×1.9.30.)의 매출액 20,000,000원이 예정신고시 누락되어 이를 20×1년 제2기 확정신고시 포함하여 신고하고자 한다.

(3) 다음의 거래는 위 (1)의 매출액에 포함되지 않았다.

① ㈜A는 10월 4일 지방자치단체에 제품(원가: 15,000,000원, 시가: 20,000,000원)을 17,000,000원에 공급하였다.

② ㈜A는 11월 26일 국가에 제품(원가: 15,000,000원, 시가: 20,000,000원)을 무상으로 기부하였다.

③ ㈜A는 대주주인 갑(특수관계인)에게 사업용인 공장건물을 20×1년 10월 1일부터 3년간 임대하였으며 그 대가로 20×1년 제2기의 과세기간 최종3월의 임대료(3개월분) 3,000,000원(시가: 5,000,000원)을 받았다.

④ ㈜A는 12월 3일 중국 소재 C회사(㈜A와는 특수관계인이 아님)와 신용장(L/C)방식에 의한 제품수출계약을 체결하고 12월 9일에 제품을 선적하였으며, 동 제품의 수출계약금액은 $15,000이다. 이 수출계약금액 중에 $8,000를 12월 5일에 선수금으로 수령하여 9,600,000원으로 환가하였으며, 나머지 $7,000은 12월 23일에 수령하여 원화로 환가하였다.

* 기준환율: 12월 3일(₩1,150/$), 12월 9일(₩1,250/$), 12월 23일(₩1,300/$)

해설

구 분	과세표준
매출액	₩232,000,000
매출할인액	–
매출에누리와 환입	(7,000,000)
교통·에너지·환경세·교육세 및 농어촌특별세	5,000,000
예정고지누락분	20,000,000
지방자치단체에 저가공급	17,000,000
국가에 무상공급(면세)	–
부동산임대용역(저가공급)	5,000,000
공급시기 전 외화수령액($8,000×1,150)	9,600,000
공급시기 때 외화환가액($7,000×1,250)	8,750,000
계	₩290,350,000

예제 4-4 | 과세표준(3)

내국법인인 (주)A의 20×1년 4월 1일부터 20×1년 6월 30일까지의 부가가치세의 과세표준을 계산하면 얼마인가? 단, (주)A는 주사업장총괄납부를 하고 있으며, 각 금액에는 부가가치세가 포함되어 있지 않다.

거래일자	거래내용
4. 3.	거래처 B에 전액 외상매출한 제품 ₩50,000,000
4. 25.	4월 3일 거래처 B에 매출한 제품의 환입액 ₩100,000
5. 2.	지방자치단체에 무상기증한 제품(원가: ₩3,000,000, 시가: ₩3,750,000)
5. 24.	세금계산서 발급없이 직매장에 반출한 제품(원가: ₩1,000,000, 시가: ₩1,250,000)
6. 5.	대가를 받지 아니하고 거래처 C에 증여한 견본품(원가: ₩400,000, 시가: ₩500,000)
6. 12.	매입세액을 공제받은 후 대표자 개인용도로 사용한 제품(원가: ₩2,000,000, 시가: ₩2,500,000)
6. 23.	미국의 거래처 D에 제품을 직수출하기 위하여 6월 23일 선적함. 6월 1일 수출대금 $50,000 중 $10,000(6월 2일 ₩10,000,000에 환가함)을 수령하고 잔액은 전액 외상으로 함(기준환율 6월 23일 $1: ₩1,100, 6월 30일 $1: ₩1,120)

해설

거래일자	과세표준	비 고
4. 3.	₩50,000,000	
4. 25.	(100,000)	
5. 2.	–	
5. 24.	–	재화의 공급의제가 아님
6. 5.	–	재화의 공급의제가 아님
6. 12.	2,500,000	
6. 23.	54,000,000	₩10,000,000 + ($40,000 × ₩1,100)
계	₩106,400,000	

예제 4-5 | 재화의 공급의제

다음 자료의 [Case 1]과 [Case 2]가 독립적이라고 가정할 때, 부가가치세과세표준은 각각 얼마인가? 단, 과세사업만을 영위하는 (주)A의 기계장치(취득시 매입세액 공제받음)에 대한 명세는 다음과 같다.

종 류	취득일	취득가액
기계장치	20×1. 1. 20.	₩5,000,000

[Case 1]

(주)A는 20×2년 5월 20일 사업을 확장하여 면세사업을 겸영하게 됨에 따라 위 기계장치(겸영당시 시가: ₩2,000,000)를 과세사업과 면세사업에 공통으로 사용하게 되었다. (주)A의 과세기간별 공급가액에 대한 명세는 다음과 같다.

구 분	과세공급가액	면세공급가액	합 계
20×1년 제2기	₩45,000,000	–	₩45,000,000
20×2년 제1기	48,000,000	₩32,000,000	80,000,000

[Case 2]

(주)A는 20×2년 10월 18일 폐업하였다. 폐업할 당시 잔존하는 재화는 기계장치(폐업당시 시가 ₩2,000,000)뿐이다.

해설 [Case 1] 면세일부전용 : $₩5,000,000 \times (1-25\% \times 2) \times \frac{3,200만원}{8,000만원} = ₩1,000,000$

[Case 2] 폐업시 잔존재화 : $₩5,000,000 \times (1-25\% \times 3) = ₩1,250,000$

3 과세표준계산의 특례

3.1 공통사용재화의 공급 ★★★★★

① 과세사업과 면세사업(부가가치세가 과세되지 않는 재화 또는 용역을 공급하는 사업도 포함함)에 공통으로 사용되는 재화를 공급하는 경우 그 과세표준은 다음과 같이 계산한다. 이 경우 과세표준의 계산시기는 공통사용재화를 공급한 시점이다.

구 분	과세표준
일반적인 경우	$공급가액 \times \frac{직전과세기간의\ 과세공급가액}{직전과세기간의\ 총공급가액}$
매입세액을 사용면적비율로 안분계산한 경우	$공급가액 \times \frac{직전과세기간의\ 과세사용면적}{직전과세기간의\ 총사용면적}$

* 휴업 등으로 인하여 직전과세기간의 공급가액비율 또는 사용면적비율이 없는 경우에는 해당 재화의 공급일에 가장 가까운 과세기간의 공급가액비율 또는 사용면적비율을 적용한다.

② 공통사용재화에 대한 과세표준 안분계산을 생략할 수 있는 경우는 다음과 같다. ☞ 전액이 과세표준임

㉠ 직전과세기간의 총공급가액 중 면세공급가액비율이 5% 미만인 경우. 다만, 해당 재화의 건별 공급가액이 5천만원 이상인 경우는 제외함

㉡ 재화의 건별 공급가액이 50만원 미만인 경우

㉢ 신규로 사업을 개시하여 직전과세기간이 없는 경우

사례 4-3 공통사용재화와 공통매입세액

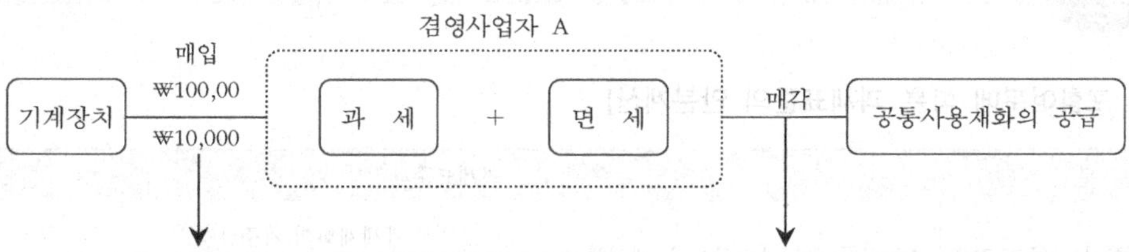

$공통매입세액공제 = 공통매입세액 \times \left(\frac{해당과세기간의\ 과세공급가액}{해당과세기간의\ 총공급가액}\right)$ ❶

$과세표준 = 공급가액 \times \left(\frac{직전과세기간의\ 과세공급가액}{직전과세기간의\ 총공급가액}\right)$ ❷

❶ 안분계산배제(전액을 매입세액공제액으로 함)

① 해당과세기간의 면세공급가액비율이 5%미만. 단, 공통매입세액*이 500만원이상인 경우 안분계산함

② 공통매입세액*이 5만원미만

③ 신규사업자가 동일과세기간에 매입하고 매각한 경우

* 해당과세기간 중 공통매입세액의 합계액이 기준임

❷ 안분계산배제(전액을 과세표준으로 함)

① 직전과세기간의 면세공급가액비율의 5%미만. 단, 건별공급가액이 5천만원이상인 경우 안분계산함

② 건별공급가액이 50만원미만

③ 신규사업자

3.2 부동산의 일괄공급 ★★★★★

사업자가 토지와 함께 건물 등을 공급하는 경우 그 건물 등의 과세표준은 다음의 순서에 의한 가액으로 계산한다. 사업자가 실지거래가액으로 구분한 토지와 건물 또는 구축물 등의 가액이 안분계산한 금액과 100분의 30 이상 차이가 있는 경우(다만, 다른 법령에서 정하는 바에 따라 가액을 구분한 경우이거나 건물이 있는 토지를 취득하여 건물을 철거하고 토지만 사용하는 경우 등에 해당하는 경우는 제외)도 아래와 같이 계산한다.

<table>
<tr><th colspan="3">구 분</th><th colspan="2">과세표준</th></tr>
<tr><td colspan="3">실지거래가액의 구분이 분명한 경우</td><td colspan="2">실지거래가액</td></tr>
<tr><td rowspan="4">실지거래가액의 구분이 불분명한 경우*</td><td colspan="2">감정가액[1]이 있는 경우</td><td colspan="2">감정가액비율로 안분계산함</td></tr>
<tr><td rowspan="3">감정가액[1]이 없는 경우</td><td>기준시가[2]가 모두 있는 경우</td><td colspan="2">기준시가비율로 안분계산함</td></tr>
<tr><td rowspan="2">기준시가[2]가 일부 없는 경우</td><td>1차안분</td><td>장부가액(장부가액이 없는 경우에는 취득가액)비율로 기준시가가 있는 자산과 없는 자산으로 안분계산함</td></tr>
<tr><td>2차안분</td><td>기준시가로 안분계산함(1차안분에 의하여 계산된 기준시가 있는 자산을 기준시가로 안분계산함)</td></tr>
<tr><td colspan="3">위 규정을 적용할 수 없거나 적용하기 곤란한 경우</td><td colspan="2">국세청장이 정하는 바에 따라 안분계산함</td></tr>
</table>

[1] 공급시기가 속하는 과세기간의 직전과세기간의 개시일부터 공급시기가 속하는 과세기간의 종료일까지 감정평가업자가 평가한 감정가액을 말함

[2] 공급계약일 현재의 가액을 말함

참고사항

[부가가치세의 포함여부에 따른 과세표준의 안분계산]

구 분	과세표준
부가가치세가 포함되지 않은 경우	총공급가액(부가가치세를 제외함) × $\dfrac{\text{과세재화의 기준금액}}{\text{면세재화의 기준금액} + \text{과세재화의 기준금액}}$
부가가치세가 포함된 경우	총공급가액(부가가치세를 포함함) × $\dfrac{\text{과세재화의 기준금액}}{\text{면세재화의 기준금액} + \text{과세재화의 기준금액} \times 110\%}$

사례 4-4 토지, 건물, 구축물의 일괄양도금액이 ₩150,000,000인 경우

구 분	토 지	건 물	구 축 물	합 계
취 득 가 액	₩50,000,000	₩50,000,000	₩30,000,000	₩130,000,000
장 부 가 액	50,000,000	30,000,000	20,000,000	100,000,000
기 준 시 가	54,000,000	36,000,000	–	90,000,000
감 정 가 액	–	–	–	–

[Case 1] 부가가치세가 포함되지 않은 경우

구 분	장부가액비율	기준시가비율	안분비율	과세여부	과세표준
토 지	80%	60%	48%	×	₩150,000,000 × 48% = ₩72,000,000
건 물		40%	32%	○	₩150,000,000 × 32% = ₩48,000,000
구축물	20%	–	20%	○	₩150,000,000 × 20% = ₩30,000,000
계	100%	100%	100%		₩150,000,000

[Case 2] 부가가치세가 포함된 경우(단, 구축물의 기준시가는 ₩24,000,000이라고 가정함)

구 분	기준시가	부가가치세	과세표준
토 지	₩54,000,000	–	$₩150,000,000 \times \frac{₩54,000,000}{₩114,000,000 + ₩6,000,000} = ₩67,500,000$
건 물	36,000,000	₩3,600,000	$₩150,000,000 \times \frac{₩36,000,000}{₩114,000,000 + ₩6,000,000} = ₩45,000,000$
구축물	24,000,000	2,400,000	$₩150,000,000 \times \frac{₩24,000,000}{₩114,000,000 + ₩6,000,000} = ₩30,000,000$
계	₩114,000,000	₩6,000,000	

예제 4-6 | 부동산의 일괄공급

(주)서울은 20×1년 5월 10일에 부가가치세의 과세사업에 사용하던 토지와 건물 및 기계장치를 15억원(부가가치세는 별도임)에 매매계약을 체결하였다. 그런데 매매계약서상에 토지와 건물 및 기계장치 각각의 가액을 구분하지 않아 실지거래가액이 불분명하다. 위 재화의 매매계약일 현재 취득가액 등이 다음 자료와 같을 때 부가가치세과세표준은 얼마인가?

구 분	취득가액	장부가액	기준시가[1]	감정가액[1]
토 지	₩250,000,000	₩250,000,000	₩350,000,000	₩400,000,000
건 물	500,000,000	450,000,000	400,000,000	–
기 계 장 치	450,000,000	300,000,000	–	–
계	₩1,200,000,000	₩1,000,000,000	₩750,000,000	₩400,000,000

[1] '기준시가'는 소득세법 규정에 의한 것이고, '감정가액'은 감정평가법인이 평가한 감정평가가액임

해설 1. 장부가액에 의한 1차배분

① 기준시가가 있는 자산(토지와 건물): 15억원 $\times \frac{₩700,000,000}{₩1,000,000,000} = ₩1,050,000,000$

② 기준시가가 없는 자산(기 계 장 치): 15억원 $\times \frac{₩300,000,000}{₩1,000,000,000} = ₩450,000,000$

2. 기준시가에 의한 2차배분

① 토 지: $₩1,050,000,000 \times \frac{₩350,000,000}{₩750,000,000} = ₩490,000,000$

② 건 물: $₩1,050,000,000 \times \frac{₩400,000,000}{₩750,000,000} = ₩560,000,000$

3. 과세표준: ₩560,000,000 + ₩ 450,000,000 = ₩1,010,000,000

3.3 부동산의 임대용역 ★★★★★

구 분	과세표준
임 대 료 (세금계산서의 발급의무 ○)	① 원칙: 약정액(약정일) ② 예외: 2과세기간이상에 걸쳐 부동산임대용역을 공급하고 그 대가를 선불 또는 후불로 받은 경우(월할계산) 선불 또는 후불로 받은 금액 $\times \frac{\text{해당과세기간의 임대월수}}{\text{총계약기간의 월수}}$ (초월산입, 말월불산입)
간 주 임 대 료 (세금계산서의 발급의무 ×)	보증금 등의 적수[1] × 정기예금이자율 $\times \frac{1}{\text{365일(또는 366일)}}$ [1] 계약에 의해 전세금 또는 임대보증금을 월세에 충당한 때에는 그 금액을 제외한 가액을 전세금 또는 임대보증금으로 함 ① 부가가치세는 원칙적으로 임대인이 부담하나, 임대인과 임차인간의 약정에 의하여 임차임이 부담하는 것으로 할 수 있다.

구 분	과세표준
	② 간주임대료에 대한 과세표준은 임차인이 해당 부동산을 사용하거나 사용하기로 한 때를 기준으로 계산한다. ③ 임차부동산을 다시 임대한 경우에는 임차시 지급한 보증금 중 다음의 금액을 보증금 등의 적수에서 차감한다. $\text{차감액} = \text{임차시 지불한 보증금의 총액} \times \dfrac{\text{재임대한 부동산의 면적}}{\text{임차한 부동산의 총면적}}$ ④ 기부채납한 지하도건설비의 공제: 국가 · 지방자치단체의 소유로 귀속되는 지하도의 건설비를 전액부담한 자가 지하도로 점용허가(1차 무상점용기간에 한함)를 받아 대여하는 경우에 다음의 건설비상당액은 보증금 등 적수에서 차감하여 계산한다. $\text{차감액} = \text{기부채납한 지하도의 건설비} \times \dfrac{\text{보증금을 받고 임대한 면적}}{\text{임대가능면적}}$
관 리 비 (세금계산서의 발급의무 ○)	부동산임대와 관련하여 받는 관리비는 과세표준에 포함. 단, 임차인이 부담해야 할 보험료 · 수도료 및 공공요금을 별도로 구분징수하여 납입을 대행하는 경우에는 과세표준에 포함하지 않음

3.4 겸용주택임대용역 ★★★★★

과세되는 부동산임대용역과 면세되는 주택임대용역을 함께 공급하여 그 임대료 등의 구분이 불분명한 경우에는 다음과 같이 과세표준을 계산한다.

구 분	내 용
[1단계]	건물과 토지의 과세면적비율을 계산함
[2단계]	총임대료(= 임대료 + 간주임대료 + 관리비)를 계산함
[3단계]	총임대료를 기준시가의 비율로 건물임대료와 토지임대료로 배분한 후 건물과 토지의 과세면적비율로 안분하여 과세표준을 계산함 과세표준 = ① + ② ① $\text{건물의 과세표준} = \text{총임대료} \times \dfrac{\text{건물의 기준시가}}{\text{건물의 기준시가} + \text{토지의 기준시가}} \times \dfrac{\text{건물의 과세면적}}{\text{건물면적}}$ ② $\text{토지의 과세표준} = \text{총임대료} \times \dfrac{\text{토지의 기준시가}}{\text{건물의 기준시가} + \text{토지의 기준시가}} \times \dfrac{\text{토지의 과세면적}}{\text{건물면적}}$

한편, 과세표준을 세금계산서의 발급분(세금계산서란 기재분)과 면제분(기타란 기재분)으로 다음과 같이 구분한다.

구 분	내 용
세금계산서란 기재분	$총과세표준 \times \frac{임대료 + 관리비}{총임대료}$
기 타 란 기 재 분	$총과세표준 \times \frac{간주임대료}{총임대료}$

참고사항

[법인세법, 소득세법, 부가가치세법상 간주임대료]

<table>
<tr><th rowspan="2">구 분</th><th colspan="2">법인세법</th><th colspan="2">소득세법</th><th rowspan="2">부가가치세법</th></tr>
<tr><th>추계결정</th><th>일 반</th><th>추계결정</th><th>일 반</th></tr>
<tr><td>적용대상자의 요건유무</td><td>모든 부동산 임대업법인</td><td>부동산임대업이 주업인 차입금 과다법인</td><td>모든 부동산 임대사업자</td><td>모든 부동산 임대사업자</td><td>모든 부동산임대 사업자</td></tr>
<tr><td>주택임대보증금의 포함여부</td><td>포 함</td><td>제 외</td><td>제 외[1]</td><td>제 외[1]</td><td>제 외</td></tr>
<tr><td>건설비상당액 적수의 차감여부</td><td>×</td><td>○</td><td>×</td><td>○</td><td>×</td></tr>
<tr><td>금융수익의 차감여부</td><td>×</td><td>○[2]</td><td>×</td><td>○[3]</td><td>×</td></tr>
<tr><td rowspan="2">계산산식</td><td colspan="2">① 추 계
$보증금적수 \times 이자율 \times \frac{1}{365일^{*}}$
* 또는 366일</td><td colspan="2">① 추 계
주택이외 : $보증금적수 \times 이자율 \times \frac{1}{365일^{*}}$
주택 : $(보증금-3억)적수 \times 60\% \times 이자율 \times \frac{1}{365일^{*}}$
* 또는 366일</td><td rowspan="2">$보증금적수 \times 이자율 \times \frac{1}{365일^{*}}$
* 또는 366일</td></tr>
<tr><td colspan="2">② 일 반
$\left(보증금적수 - 건설비적수\right) \times 이자율 \times \frac{1}{365일^{*}} - 금융수익$
* 또는 366일</td><td colspan="2">② 일 반
주택이외 : $\left(보증금적수 - 건설비적수\right) \times 이자율 \times \frac{1}{365일^{*}} - 금융수익$
주택 : $(보증금-3억)적수 \times 60\% \times 이자율 \times \frac{1}{365일^{*}} - 금융수익$
* 또는 366일</td></tr>
</table>

[1] 3주택(기준시가 3억원이하의 국민주택은 제외함)이상 소유자는 주택의 임대보증금 중 3억원초과분에 대하여 간주임대료를 계산함
[2] 이자수익, 배당금수익, 유가증권처분이익과 신주인수권처분이익임
[3] 이자수익과 배당금수익임

예제 4-7 | 겸용주택

(주)A가 다음의 겸용주택을 B에게 임대한 경우, (주)A가 20×1년 제1기 예정신고시 신고해야 할 과세표준은 얼마인가?

(1) 과세되는 상가임대용역과 면세되는 주택임대용역에 대한 임대료의 구분이 불분명하다.

(2) 20×1년 제1기의 예정신고기간종료일 현재 계약기간 1년의 정기예금이자율은 4%이며, 20×1년은 366일이다.

(3) 임대계약기간은 20×1. 1. 1. ~ 12. 31.이다.

(4) 임대보증금은 ₩366,000,000이며, 월임대료는 ₩3,000,000이다.

구 분	건 물	토 지
상 가(과세분)	80㎡	240㎡
주 택(면세분)	20㎡	80㎡
20×1년 제1기 예정신고기간종료일 현재 감정평가가액	4억원	4억원
20×1년 제1기 예정신고기간종료일 현재 기준시가	3억원	1억원

해설 1. 임대수익 : ①+②=₩12,640,000

① 월임대료 : ₩3,000,000×3=₩9,000,000

② 간주임대료 : $₩366,000,000 \times \frac{91일}{366일} \times 4\% = ₩3,640,000$

2. 건물과 토지로 안분계산함

① 건물 : $₩12,640,000 \times \frac{3억}{3억+1억} = ₩9,480,000$

② 토지 : $12,640,000 \times \frac{1억}{3억+1억} = ₩3,160,000$

3. 상가와 주택으로 안분계산함 : ① + ②=₩9,954,000

① 건물 중 상가분 : ₩9,480,000×80%=₩7,584,000

② 토지 중 주택분 : ₩3,160,000×75%=₩2,370,000

4 대손세액공제

4.1 요 건

(1) 대손사유

사업자가 부가가치세의 과세대상 재화·용역을 공급한 후 법인세법 및 소득세법상 대손사유로 인하여 해당 외상매출금 기타채권의 전부 또는 일부가 대손되어 회수할 수 없는 경우여야 한다.

* 회생계획인가결정에 따라 채권을 출자전환하는 경우(채권의 장부가액과 주식의 시가와의 차액) 대손세액공제 가능

(2) 대손확정기한

대손세액공제는 사업자가 과세대상 재화·용역을 공급한 후 그 공급일로부터 10년이 경과된 날이 속하는 과세기간에 대한 확정신고기한까지 대손사유로 인하여 확정되는 대손세액(결정·경정으로 증가된 과세표준에 대하여 부가가치세액을 납부한 경우 해당 대손세액을 포함함)에 한한다.

4.2 처리방법

① 사업자가 부가가치세가 과세되는 재화 또는 용역을 공급하고 파산·강제집행 등의 대손세액의 공제사유로 외상매출금 기타 매출채권의 전부 또는 일부가 대손되어 회수할 수 없는 경우에는 다음 산식에 의한 대손세액을 그 대손이 확정된 날이 속하는 과세기간의 매출세액에서 차감할 수 있다.

$$\text{대손세액} = \text{대손금액(부가가치세를 포함함)} \times \frac{10}{110}$$

② 대손세액은 대손이 확정된 과세기간의 확정신고시에만 공제하므로 예정신고시에는 이를 적용받을 수 없음에 유의해야 한다.

구 분	공급하는 사업자	공급받는 사업자
대손이 확정된 경우	매출세액에서 차감	매입세액에서 차감*
대손금을 회수한 경우	매출세액에 가산	매입세액에 가산

* 공급하는 사업자가 대손의 확정으로 대손세액을 매출세액에서 차감받는 경우에는 공급자의 관할세무서장은 대손세액 공제의 사실을 공급받는 사업자의 관할세무서장에게 통지해야 함. 만약, 공급받는 사업자가 대손세액을 매입세액에서 차감하지 않은 경우 공급받는 사업자의 관할세무서장이 결정 또는 경정해야 함 ☞ **이 경우 신고불성실가산세와 납부지연가산세를 적용하지 않음**

참고사항

[대손세액의 회계처리(총액법)]

구 분	공급하는 사업자	대손세액처리방법	
		공 급 자	공급받는 자
공 급 시	(차) 매출채권 ××× (대) ⎧ 매 출 ××× ⎩ 부가가치세예수금 ×××	매출세액의 발생	매입세액의 발생
대 손 확 정 시	(차) ⎧ 대손상각비 ××× ⎩ 부가가치세예수금 ××× (대) 매출채권 ×××	대손세액을 매출세액에서 차감함	대손세액을 매입세액에서 차감함
대손금회수시	(차) 현 금 ××× (대) ⎧ 추심이익 ××× ⎩ 부가가치세예수금 ×××	대손세액을 매출세액에 가산함	대손세액을 매입세액에 가산함

사례 4-5 대손세액공제

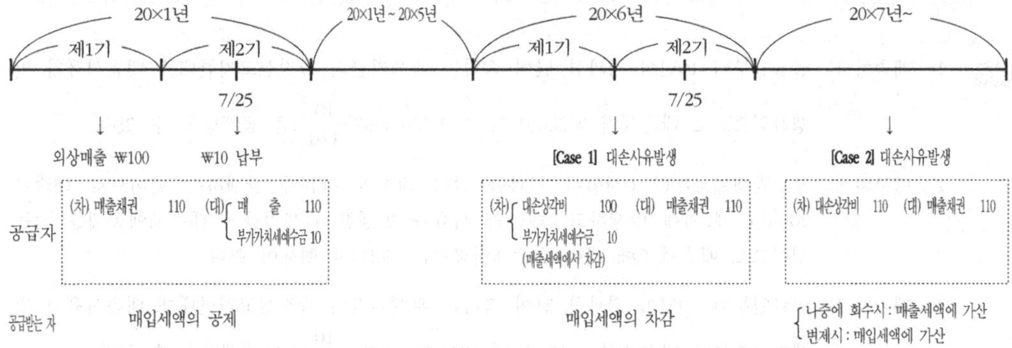

예제 4-8 | 대손세액공제

전자제품을 제조 및 판매하는 중소기업으로서 내국법인인 (주)A의 20×4년 제1기 과세기간의 부가가치세의 신고와 관련된 자료이다. 확정신고와 함께 법령으로 정하는 바에 따라 대손금액이 발생한 사실을 증명하는 서류를 제출하는 경우 공제받을 수 있는 대손세액은 각각 얼마인가? 단, 대손금액에는 부가가치세가 포함되어 있으며, (주)A는 채무자의 재산에 저당권을 일체 설정하지 않았다.

구 분	대손사유 및 대손금액
매출처 B	20×1년 3월 5일에 제품을 외상매출하고, 20×4년 2월 1일 「채무자 회생 및 파산에 관한 법률」에 따른 면책결정에 따라 회수불능으로 확정된 외상매출금 : ₩2,200,000
매출처 C	20×3년 10월 5일에 제품을 외상매출하고, 공급대가로 받은 것으로 20×4년 2월 25일 부도 발생한 어음상의 채권 : ₩5,500,000
매출처 D	20×1년 8월 1일에 제품을 외상매출하고, 20×4년 4월 7일에 채무자의 강제집행으로 회수할 수 없게 된 외상매출금 : ₩1,100,000

해설

1. 매출처 B: 공급일부터 10년이 경과한 날이 속하는 과세기간의 확정신고기한내에 대손사유가 발생하였으므로 대손세액 ₩200,000(=₩2,200,000×$\frac{10}{110}$)을 공제받을 수 있다.
2. 매출처 C: 부도발생일로부터 6개월이 경과한 날이 대손의 사유가 발생하는 날이므로 대손은 20×4년 제2기에 발생하고, 대손의 사유가 발생한 과세기간에 대손세액공제를 하는 것이므로 매출처 C에 대한 대손세액공제는 제2기에 행해야 한다.
3. 매출처 D: 공급일부터 10년이 경과한 날이 속하는 과세기간의 확정신고기한내에 대손사유가 발생하였으므로 대손세액 ₩100,000(=₩1,100,000×$\frac{10}{110}$)을 공제받을 수 있다.

CHAPTER 05

세금계산서

1 개 요

세금계산서란 거래징수의무자인 사업자가 재화 또는 용역을 공급하는 때에 그에 대한 부가가치세를 거래상대방으로부터 징수한 사실을 증명하기 위하여 발급하는 계산서를 말하며, 재화의 수입시 세관장이 수입자로부터 부가가치세를 징수(부가가치세의 납부가 유예되는 때를 포함함)하고 발급하는 수입세금계산서를 포함한다.

1.1 세금계산서의 구분

구 분		발급증빙
과세사업자	일반과세자	법인사업자, 직전공급가액 3억이상 개인사업자: 전자세금계산서
		최종소비자대상업종: 영수증
		위 외의 경우: 세금계산서(전자세금계산서의 발급가능)
	간이과세자	영수증
세관장		수입세금계산서
매입자		매입자발행세금계산서
면세사업자		계산서(최종소비자대상업종: 영수증) ☞ 부가가치세법상 세금계산서를 발급할 수 없음

1.2 세금계산서의 기능

구 분	구체적인 기능
세금영수증	사업자가 과세대상거래에 대한 부가가치세를 징수하였음을 증명함
청구서 · 영수증	외상거래에 따른 청구서, 현금거래에 따른 영수증의 역할을 함
송장	사업자가 공급한 구체적인 재화 또는 용역을 표시함
증빙서류	사업자가 공급받은 재화 또는 용역을 확인할 수 있는 증빙자료임
과세자료	과세관청에 제출되어 근거과세 및 공평과세의 기초자료로 활용됨

2 세금계산서의 종류

2.1 개 요

(1) 작성 및 발급

재화 또는 용역을 공급하고 세금계산서를 공급받는 자에게 교부해야 하는 자는 납세의무자로 등록한 일반사업자이므로 미등록사업자, 간이과세자, 면세사업자, 폐업자는 세금계산서를 발급할 수 없다. 재화 또는 용역을 공급하는 사업자는 세금계산서 2매를 작성하여 공급자용 1매를 보관하고 공급받는자용 1매는 거래상대방에게 발급해야 한다.

(2) 필요적기재사항 및 임의적기재사항

필요적기재사항	임의적기재사항
① 공급자의 등록번호, 성명 또는 명칭	① 공급자의 주소
② 공급받는 자의 등록번호	② 공급받는 자의 상호·성명·주소
③ 공급가액과 부가가치세액	③ 거래종류, 공급품목, 단가와 수량
④ 작성연월일	④ 공급자 및 공급받는 자의 업태·종목
	⑤ 공급연월일 등 필요적 기재사항이외의 기타사항

필요적기재사항을 미기재·부실기재시 ① 세금계산서를 발급한 자는 세금계산서불성실가산세를 적용하고 ② 세금계산서를 발급받는 자는 매입세액을 불공제한다.

2.2 전자세금계산서

부가가치세법에서는 일정규모이상의 사업자에 대하여는 전자세금계산서를 발급하도록 함으로써 종이세금계산서의 수취 및 보관 등에 따른 비용절감과 거래투명성의 제고를 통한 탈세를 방지하도록 하였다.

(1) 발급대상자

① 법인사업자와 직전연도의 사업장별 재화 및 용역의 과세공급가액과 면세수입금액의 합계액이 8천만원 이상인 개인사업자(전자세금계산서의 의무발급개인사업자)는 전자세금계산서를 발급해야 한다.

② 전자세금계산서를 발급해야 하는 사업자가 아닌 사업자도 전자세금계산서를 발급할 수 있다. 한편, 법인사업자, 전자세금계산서의 의무발급개인사업자는 다음에 해당하는 전자적 방법으로 전자세금계산서를 발급해야 한다.

㉠ 전사적 기업자원관리설비를 이용하는 방법
㉡ 실거래사업자를 대신하여 전자세금계산서의 교부업무를 대행하는 사업자의 전자세금계산서의 발급시스템을 이용하는 방법
㉢ 국세청장이 구축한 전자세금계산서의 발급시스템을 이용하는 방법
㉣ 기타 국세청장이 지정하는 전자세금계산서의 발급시스템을 이용하는 방법

(2) 전자세금계산서의 의무발급기간

사업장별 재화 및 용역의 과세공급가액과 면세수입금액의 합계액이 8천만원 이상인 해의 다음해 제2기의 과세기간과 그 다음해 제1기의 과세기간이다. 다만, 수정신고 등으로 8천만원 이상이 된 경우 수정신고 등 한 날이 속하는 과세기간의 다음과세기간부터 발급한다.

(3) 통지

세무서장은 개인사업자가 전자세금계산서의 의무발급개인사업자에 해당하는 경우에는 전자세금계산서의 발급의무기간이 시작되기 1개월전까지 그 사실을 해당 개인사업자에게 통지해야 한다. 다만, 과세기간 개시 1개월 전까지 납세자가 통지서를 수령하지 못한 경우 통지서를 수령한 날이 속한 달의 다음 다음달 1일부터 의무발급한다.

(4) 전자세금계산서발급명세의 전송기한 및 기재사항

전자세금계산서를 발급하였을 때에는 전자세금계산서발급일의 다음날까지 세금계산서의 필요적 기재사항이 기재된 세금계산서발급명세를 국세청장에게 전송해야 한다. 한편, 국세청장에게 세금계산서발급명세를 공급시기가 속하는 과세기간(예정신고의 경우 예정신고기간) 마지막 날의 다음달 25일까지 전송한 경우에는 예정신고 또는 확정신고시 매출처별세금계산서합계표 및 매입처별세금계산서를 제출하지 않아도 된다.

참고사항 1

[전자세금계산서발급명세의 미전송가산세]

① 지연전송: 전송기한이 경과한 후 공급시기가 속하는 과세기간말의 다음달 25일까지 전송하는 경우

공급가액 × 0.3%

② 미전송: 전송기한이 경과한 후 공급시기가 속하는 과세기간말의 다음달 25일까지 전송하지 않은 경우

공급가액 × 0.5%

참고사항 2

[세금계산서의 보존]

사업자는 장부와 발급하거나 발급받은 세금계산서(또는 영수증)를 그 거래사실이 속하는 과세기간에 대한 확정신고를 한 날부터 5년간 보존해야 한다. 다만, 전자세금계산서를 발급한 사업자가 국세청장에게 세금계산서발급명세를 전송한 경우에는 그렇지 않다.

2.3 영수증

세금계산서의 필요적 기재사항 중 공급받는 자의 등록번호와 부가가치세액을 따로 기재하지 않은 약식세금계산서를 말하는 것으로서 승차권, 입장권, 신용카드매출전표, 금전등록기영수증 등이 이에 해당한다.

참고사항

[세금계산서와 영수증]

구 분	세금계산서	영 수 증
기 재 금 액	공급가액 및 부가가치세를 구분기재함	공급대가를 기재함
매입세액공제의 적용여부	매입세액공제 ○	매입세액공제 ×
미발급시 가산세의 적용여부	가 산 세 ○	가 산 세 ×

* 일반과세자로서 영수증발급대상자가 신용카드기 또는 직불카드기 등 기계적장치(금전등록기는 제외함)에 의하여 영수증을 발급하는 때에는 영수증에 공급가액과 세액을 별도로 구분하여 기재해야 함

영수증의 발급의무자

① 간이과세자 중 다음의 어느 하나에 해당하는 자(이하 특정 간이과세자)

㉠ 직전 연도의 공급대가의 합계액(직전 과세기간에 신규로 사업을 시작한 개인사업자의 경우 환산한 금액)이 4천800만원 미만인 자

㉡ 신규로 사업을 시작하는 개인사업자로서 간이과세자로 하는 최초의 과세기간 중에 있는 자

② 일반과세자 중 다음과 같은 최종소비자업종을 영위하는 사업자

㉠ 소매업

㉡ 음식점업(다과점업을 포함함), 숙박업

㉢ 미용·욕탕 및 유사서비스업, 여객운송업(전세버스운송업은 제외함), 입장권을 발행하여 영위하는 사업

㉣ 변호사·공인회계사·세무사·등 전문직 인적용역을 공급하는 사업(사업자에게 공급하는 경우는 제외함)

ⓜ 우정사업조직이 소포우편물을 방문접수하여 배달하는 용역을 공급하는 사업
ⓑ 의료용역 중 부가가치세가 과세되는 진료용역 및 수의사가 제공하는 애완동물 등 진료용역
ⓢ 교육용역 중 무도학원 및 자동차운전학원
ⓞ 「전자서명법」에 따른 공인인증기관이 공인인증서를 발급하는 용역
ⓙ 주로 사업자가 아닌 소비자에게 재화 또는 용역을 공급하는 법소정의 사업
ⓒ 전자적용역을 공급하는 국외사업자에 대한 특례규정에 따라 간편사업자등록을 한 사업자가 국내에 전자적용역을 공급하는 사업

참고사항

[공급받는 사업자가 사업자등록증을 제시하고 세금계산서의 발급을 요구하는 일정한 경우]

[원칙] 세금계산서의 발급 o

[예외] 세금계산서의 발급 × ☞ 단, 감가상각자산 또는 해당사업외의 역무인 경우 세금계산서의 발급 ○

① 간이과세자
② 미용·욕탕 및 유사서비스업, 여객운송업(전세버스운송업는 제외함), 입장권을 발행하여 영위하는 사업, 의료용역 중 부가가치세가 과세되는 진료용역 및 수의사가 제공하는 애완동물 등 진료용역, 교육용역 중 무도학원 및 자동차운전학원, 전자적용역을 공급하는 국외사업자에 대한 특례규정에 따라 간편사업자등록을 한 사업자가 국내에 전자적용역을 공급하는 사업

다만, 공급받는 사업자의 세금계산서의 발급요구에 대해 영수증발급의무자가 신용카드매출전표 등을 발급한 경우에는 세금계산서를 발급할 수 없다.

2.4 신용카드, 현금영수증

부가가치세법상의 간이과세자와 영수증발급의무자가 신용카드가맹점으로 가입하여 신용카드매출전표 등을 발급하는 경우에는 영수증으로 인정되고 세액공제의 혜택이 주어진다. 신용카드매출전표 등은 영수증으로 보기 때문에 이를 발급받은 사업자는 매입세액공제를 받을 수 없으나 부가가치세액이 별도로 기재된 신용카드매출전표 등을 발급받아 보관하고 수령명세서를 제출하는 경우에는 매입세액공제를 받을 수 있다. 다만, 상기와 같이 간이과세자 등이 발급한 신용카드매출전표와 매입세액불공제대상 신용카드매출전표는 매입세액공제를 받을 수 없다. ☞ 신용카드발행세액공제에 대해서는 후술함

2.5 금전등록기

영수증발급의무자는 금전등록기를 설치하고 공급대가를 기재한 계산서를 발급할 수 있다. 신용카드와는 달리 세액공제나 매입세액공제는 적용되지 않는다.

3 세금계산서의 발급시기와 수정세금계산서 및 발급의무의 면제

3.1 세금계산서의 발급시기 ★★★★★

(1) 원칙

세금계산서의 발급시기는 재화 또는 용역의 공급시기로 한다.

(2) 후발급의 특례

사업자가 다음에 해당하는 경우에는 해당 재화 또는 용역의 공급일이 속하는 달의 다음달 10일까지 월합계세금계산서를 발급할 수 있다.

① 거래처별로 달의 1일부터 말일까지의 공급가액을 합계하여 해당월의 말일자를 작성연월일자로 하여 세금계산서를 발급하는 경우

② 거래처별로 달의 1일부터 말일까지의 기간 이내에서 사업자가 임의로 정한 기간의 공급가액을 합계하여 그 기간의 종료일자를 작성연월일자로 하여 세금계산서를 발급하는 경우

③ 관계증빙서류 등에 의하여 실제거래사실이 확인되는 경우로서 해당 거래일자를 작성연월일자로 하여 세금계산서를 발급하는 경우

사례 5-1 후발급의 특례

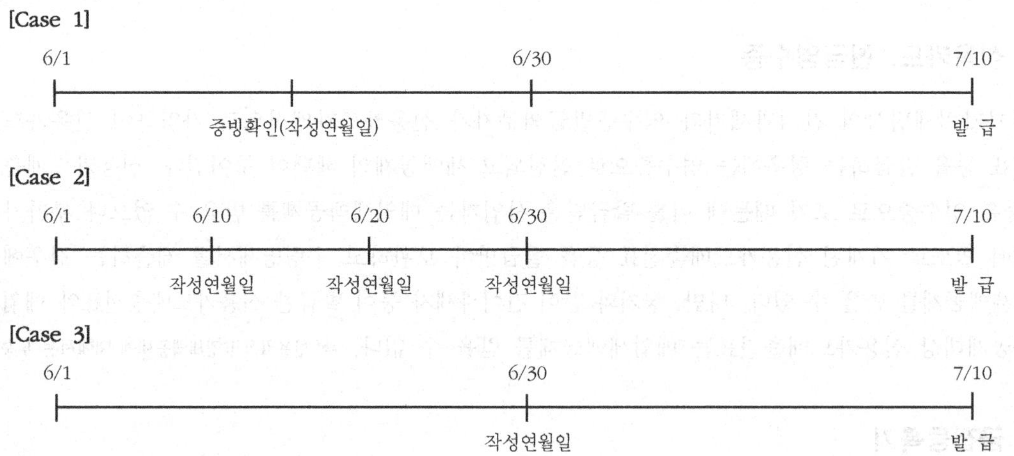

(3) 선발행세금계산서의 특례

① 사업자가 재화 또는 용역의 공급시기가 도래하기 전에 대가의 전부 또는 일부를 받고, 이와 동시에 받은 대가에 대하여 세금계산서 또는 영수증을 발급할 수 있다.

② 사업자가 재화 또는 용역의 공급시기가 도래하기 전에 세금계산서를 발급하고 그 세금계산서의 발급일로부터 7일이내에 대가를 받는 경우에는 정당한 세금계산서를 발급한 것으로 본다.

③ 공급자가 7일이 경과한 후 대가를 지급받더라도 적법한 세금계산서로 인정되는 요건은 다음의 어느 하나에 해당하는 경우이다.

㉠ 거래 당사자 간의 계약서·약정서 등에 대금 청구시기(세금계산서 발급일을 말함)와 지급시기를 따로 적고, 대금 청구시기와 지급시기 사이의 기간이 30일 이내인 경우

㉡ 세금계산서 발급일이 속하는 과세기간(공급받는 자가 조기환급을 받은 경우에는 세금계산서 발급일부터 30일 이내)에 재화 또는 용역의 공급시기가 도래한 경우

④ 사업자가 공급시기가 도래하기 전에 대가의 지급없이 세금계산서를 발급받아 관할세무서장으로부터 경정 등에 의해 사실과 다른 세금계산서로 매입세액이 불공제된 후 정당한 공급시기에 세금계산서를 발급받은 때에는 이를 정당한 세금계산서로 본다.

3.2 수정세금계산서 ★★

세금계산서를 발급한 후 다음에 정하는 사유가 발생한 경우에는 수정세금계산서를 발급할 수 있다.

사 유	절 차
당초 공급한 재화가 환입된 경우	재화가 환입된 날을 작성일자로 기재하고 비고란에 당초세금계산서의 작성일자를 부기한 후 붉은색 글씨로 쓰거나 부의 표시를 하여 발급함
계약의 해제로 인하여 재화 또는 용역이 공급되지 않은 경우	계약이 해제된 때에 그 작성일자는 계약해제일을 기재하고 비고란에 당초세금계산서 작성일자를 부기한 후 붉은 색 글씨로 쓰거나 부의 표시를 하여 발급함
계약의 해지 등에 따라 공급가액에 추가 또는 차감되는 금액이 발생한 경우	증감사유가 발생한 날을 작성일자로 기재하고 추가되는 금액은 검은색 글씨로 쓰고, 차감되는 금액은 붉은색 글씨로 쓰거나 부의 표시를 하여 발급함
재화 또는 용역을 공급한 후 공급시기가 속하는 과세기간종료일 25일이내에 내국신용장이 개설되거나 구매확인서가 발급된 경우	내국신용장 등이 개설된 때에 그 작성일자는 당초세금계산서 작성일자를 기재하고 비고란에 내국신용장 개설일 등을 부기하여 영세율 적용분은 검은색 글씨로 세금계산서를 작성하여 발급하고, 추가하여 당초에 발급한 세금계산서의 내용대로 세금계산서를 붉은색 글씨로 또는 부의 표시를 하여 작성하고 발급함

사 유	절 차
필요적 기재사항 등이 착오로 잘못 기재된 경우	처음에 발급한 세금계산서의 내용대로 세금계산서를 붉은색 글씨로 쓰거나 부(負)의 표시를 하여 발급하고, 수정하여 발급하는 세금계산서는 검은색 글씨로 작성하여 발급함. 다만, 세무조사의 통지를 받은 경우 등에 해당하는 경우로서 과세표준 또는 세액을 경정할 것을 미리 알고 있는 경우는 제외함
필요적 기재사항 등이 착오외의 사유로 잘못 기재된 경우	재화 및 용역의 공급일이 속하는 과세기간에 대한 확정신고기한 다음날부터 1년까지 세금계산서를 작성하되, 처음에 발급한 세금계산서의 내용대로 세금계산서를 붉은색 글씨로 쓰거나 부의 표시를 하여 발급하고, 수정하여 발급하는 세금계산서는 검은색 글씨로 작성하여 발급함. 다만, 세무조사의 통지를 받은 경우 등에 해당하는 경우로서 과세표준 또는 세액을 경정할 것을 미리 알고 있는 경우는 제외함
착오로 전자세금계산서를 이중으로 발급한 경우	당초에 발급한 세금계산서의 내용대로 부의 표시를 하여 발급함
면세 등 발급대상이 아닌 거래 등에 대하여 발급한 경우	처음에 발급한 세금계산서의 내용대로 붉은색 글씨로 쓰거나 부의 표시를 하여 발급함
세율을 잘못 적용하여 발급한 경우	처음에 발급한 세금계산서의 내용대로 세금계산서를 붉은색 글씨로 쓰거나 부의 표시를 하여 발급하고, 수정하여 발급하는 세금계산서는 검은색 글씨로 작성하여 발급함. 다만, 과세표준 또는 세액을 경정할 것을 미리 알고 있는 경우는 제외함

참고사항

[자동차제조업 등의 영수증발급의 취소후 세금계산서의 발급허용]

자동차제조업 및 자동차판매업을 영위하는 사업자가 영수증을 발급하였으나, 공급을 받는 사업자가 해당 재화를 공급받은 날이 속하는 과세기간의 다음달 10일까지 사업자등록증을 제시하고 세금계산서의 발급을 요구하는 때에는 영수증발급대상거래에서 제외한다. 이 경우 당초 발급된 영수증은 처음부터 발급되지 않은 것으로 보며, 세금계산서의 비고란에 영수증취소분이라고 표시하여 발급한다.

사례 5-2 수정세금계산서

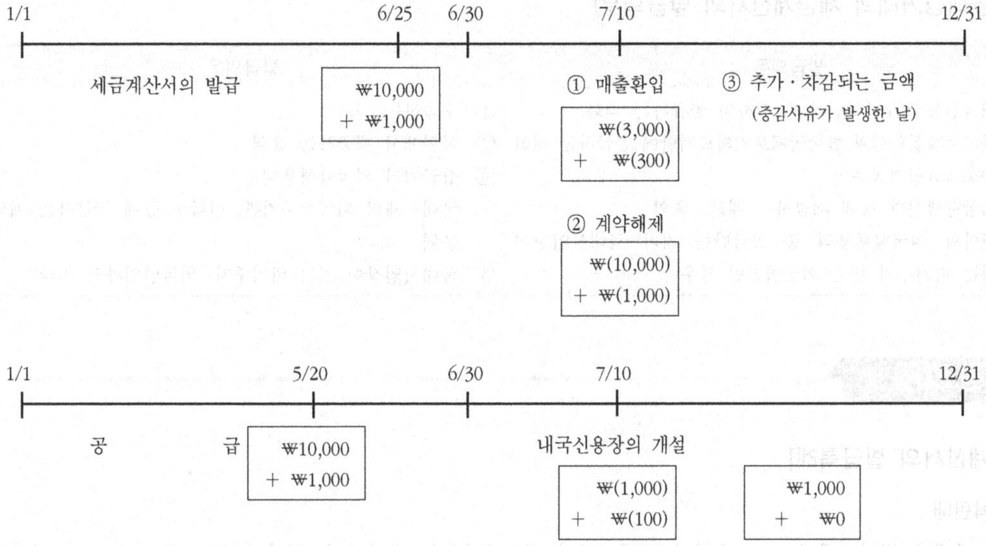

3.3 세금계산서 및 영수증발급의무의 면제 ★★★★

① 택시운송, 노점, 행상 또는 무인판매기를 이용하여 재화를 공급하는 사업

② 미용·욕탕 및 유사서비스업을 영위하는 자가 공급하는 재화 또는 용역

③ 소매업을 영위하는 자가 공급하는 재화 또는 용역 ☞ 단, 공급받는 자가 세금계산서의 발급요구시 발급함

④ 재화의 공급의제에 해당하는 재화 ☞ 단, 판매목적 타사업장 반출의 경우 발급함

⑤ 부동산임대보증금에 대한 간주임대료 ☞ 단, 일반적인 임대료의 경우 발급함

⑥ 영세율적용대상이 되는 재화 또는 용역 ☞ 일부의 영세율적용거래는 발급함

⑦ 공인인증기관이 「전자서명법」에 따른 공인인증서를 발급하는 용역 ☞ 단, 공급받는 자가 세금계산서의 발급을 요구하지 않는 경우에 한함

⑧ 전자적용역을 공급하는 국외사업자에 대한 특례규정에 따라 간편사업자등록을 한 사업자가 국내에 전자적용역을 공급하는 사업

⑨ 국내사업장이 없는 비거주자·외국법인에게 공급하는 것 ☞ 단, 발급을 요구하는 경우 발급함

참고사항 1

[영세율대상거래의 세금계산서의 발급의무]

발급의무 ○	발급의무 ×
① 내국신용장(구매확인서)에 의하여 공급하는 재화 ② 한국국제협력단과 한국국제보건의료재단에 공급하는 재화 ③ 수출재화임가공용역 ④ 외국항행선박 등에 제공하는 재화·용역 ⑤ 선박의 외국항행용역 중 공급받는 자가 국내사업장이 있는 비거주자 또는 외국법인인 경우	① 수출하는 재화 ② 국외에서 제공하는 용역 ③ 항공기의 외국항행용역 ④ 국내주재의 외국정부기관, 미국군 등에 공급하는 재화·용역 ⑤ 국내사업장이 없는 비거주자, 외국법인과의 거래

참고사항 2

[세금계산서의 발급특례]

1. 위탁판매

위탁판매나 대리판매의 경우 수탁자나 대리인이 세금계산서를 발급하며, 위탁자 또는 본인이 직접 재화를 인도하는 경우에는 위탁자 또는 본인이 세금계산서를 발급할 수 있다. 이 경우 수탁자 또는 대리인의 등록번호를 함께 기재해야 한다. 사업자가 위탁 또는 대리에 의하여 재화를 공급하는 경우에는 수탁자 또는 대리인이 위탁자 또는 본인의 명의로 세금계산서를 발급해야 한다. 다만, 위탁자 또는 본인을 알 수 없는 경우에는 위탁자(본인)는 수탁자(대리인)에게, 수탁자(대리인)는 거래상대방에게 공급한 것으로 보아 각각 세금계산서를 발급한다.

* 위탁매입: 공급자가 위탁자 또는 본인을 공급받는 자로 하여 세금계산서를 발급함

2. 리스거래

납세의무가 있는 사업자가 시설대여업자(리스회사)로부터 시설 등을 임차하고 해당 시설 등을 공급자 또는 세관장으로부터 직접 인도받는 경우에는 공급자 또는 세관장이 해당 사업자에게 직접 세금계산서를 발급할 수 있다.

3. 합병

합병기일~합병등기일의 기간동안 발생한 거래에 대해서는 합병법인 명의로 세금계산서를 발급·수취할 수 있다.

4 세금계산서합계표의 제출

4.1 과세사업자의 제출의무

① 사업자가 세금계산서를 발급하였거나 발급받은 때에는 매출처별세금계산서합계표와 매입처별세금계산서합계표를 해당 예정신고 또는 확정신고와 함께 제출해야 한다. 다만, 전자세금계산서를 발급하거나 발급받고 전자세금계산서발급명세를 해당 재화 또는 용역의 공급시기가 속하는 과세기간(예정신고의 경우에는 예정신고기간) 마지막 날의 다음달 25일까지 국세청장에게 전송한 경우에는 해당 예정신고 또는 확정신고시 매출·매입처별세금계산서합계표를 제출하지 않을 수 있다.

② 예정신고를 하는 사업자가 각 예정신고와 함께 「매출·매입처별세금계산서합계표」를 제출하지 못한 경우에는 해당 예정신고기간이 속하는 과세기간의 확정신고와 함께 제출할 수 있다.

4.2 과세사업자외의 자의 제출의무

① 부가가치세의 신고·납부의무가 없는 국가·지방자치단체·지방자치단체조합·면세사업자 등이 세금계산서를 발급받은 때에는 매입처별세금계산서합계표를 해당 과세기간 종료후 25일이내에 사업장 관할세무서장에게 제출해야 한다.

② 세금계산서를 발급한 세관장은 사업자의 경우를 준용하여 매출처별세금계산서합계표를 해당 세관의 소재지를 관할하는 세무서장에게 제출해야 한다.

CHAPTER 06

매입세액의 계산

	구 분	금 액	세 액
	세금계산서수령분의 매입세액		×××❶
+	예정신고누락분 매입세액		×××
+	매입자발행세금계산서에 의한 매입세액		×××
+	기타공제매입세액		
	신용카드매출전표 등의 수령분	×××	
	의제매입세액	×××	
	재활용폐자원 등의 매입세액	×××	
	재고매입세액	×××	
	변제대손세액	×××	
	과세전용매입세액	×××	×××❷
−	공제받지 못할 매입세액		
	매입세액불공제	×××❸	
	공통매입세액의 면세사업분	×××❸	
	대손처분받은 세액	×××	(×××)
=	매입세액		×××

❶ 모든 세금계산서의 수령분을 기재함(총액기재)
❷ 공제가능한 금액만 기재함
❸ 세금계산서의 수령분 중 불공제되는 금액을 기재함

1 일반적인 매입세액공제

1.1 세금계산서상 매입세액 ★★★

구 분	내 용
① 자기의 사업을 위한 매입세액일 것	업무와 무관한 매입세액 및 면세사업을 위한 매입세액은 불공제함
② 과세사업에 사용되었거나 사용될 재화 또는 용역일 것	매입한 과세기간에 사용되지 않은 재화 또는 용역의 매입세액도 공제함 * 매입세액의 공제시기는 사용한 과세기간이 아니라 매입한 과세기간임
③ 세금계산서에 의하여 입증된 매입세액일 것	세금계산서를 미수취하거나 세금계산서를 수취하더라도 매입처별세금계산서합계표를 미제출한 매입세액은 불공제함 * 세금계산서를 미수취하더라도 신용카드매출전표 등을 발급받아 보관하고 수령명세서를 제출하는 경우에는 매입세액, 의제매입세액 등을 공제함

참고사항

[매입자발행세금계산서에 의한 매입세액공제의 특례]

1. 대 상

세금계산서의 발급의무가 있는 일반과세자 또는 특정 간이과세자가 재화 또는 용역을 공급하고 부가가치세법에 따른 거래시기에 세금계산서를 발급하지 않은 경우 그 재화 또는 용역을 공급받는 자(면세사업자를 포함한 모든 사업자)는 관할세무서장의 확인을 받아 매입자발행세금계산서를 발행할 수 있고 매입자발행세금계산서는 공제할 수 있는 매입세액으로 본다(사업자별로 거래건당 5만원 이상인 거래).

2. 절 차

매입자는 과세기간 종료일로부터 1년 이내에 관할세무서에 서면으로 거래사실확인신청서와 거래증빙서류를 함께 제출해야 하며 관할세무서장은 신고일로부터 익월말까지 거래사실을 확인하여 매입자에게 통보해야 한다. 따라서 재화·용역의 공급시기에 매입세액으로 공제되는 것이나, 과세기간의 마지막달(6월, 12월)에 신고된 경우에는 경정청구절차를 통해 매입세액공제가 가능하다.

1.2 공제받지 못할 매입세액 ★★★★★

(1) 개 요

구 분	내 용
조 세 정 책 (법인세법상 손금)	① 면세사업(비과세사업) 관련 매입세액(∴매출로 과세되지 않을 것이므로 미리 불공제함) ② 기업업무추진비 관련 매입세액 ③ 비영업용소형승용차의 구입과 임차 및 유지에 관한 매입세액 ④ 토지조성 관련 매입세액 ⑤ 영수증을 발급받은 경우의 매입세액(∴ 세금계산서의 미수취) ⑥ 간주임대료에 대하여 부담한 매입세액(∴세금계산서의 발급불가) * 임차인이 부담하는 간주임대료에 대한 부가가치세는 공제되지 않음
의무불이행 · 업무무관 (법인세법상 손금불산입)	① 사업자등록전 매입세액 ㉠ 사업자등록증발급일까지 매입거래분에 대하여 관련매입세액을 공제받기 위해서는 해당 사업자 또는 대표자의 주민등록번호를 기재한 세금계산서를 발급받은 경우에는 매입세액을 공제함 ㉡ 공급시기가 속하는 과세기간이 끝난 후 20일이내에 등록신청한 경우 그 과세기간내 매입세액은 공제함 ② 세금계산서의 미수령 · 부실기재분 매입세액(시기경과후 수령도 포함함) 단, 공급가액이 사실과 다른 경우에는 실제가액과의 차액 ③ 매입처별세금계산서합계표의 미제출 · 부실기재분 매입세액(나중에 제출한 경우도 포함함) ④ 사업과 직접 관련없는 매입세액(공동경비 중 법정기준 초과분 포함함)

(2) 비영업용소형승용차의 구입과 임차 및 유지에 관한 매입세액

① 비영업용은 운수업, 자동차판매업, 자동차임대업, 운전학원업과 이와 유사한 업종에서 승용차를 직접 영업에 사용하는 것 이외의 목적으로 사용하는 것을 말한다. 따라서 일반적인 회사의 업무에 사용하는 업무용차량은 비영업용에 해당한다.

② 소형승용차란 개별소비세의 과세대상이 되는 승용차로 주로 사람의 수송을 목적으로 제작된 다음의 차량을 말한다.

㉠ 정원 8인이하의 승용자동차(배기량 1,000cc이하는 제외함)

㉡ 2륜자동차

㉢ 캠핑용자동차

③ 승용자동차의 구입시 부가가치세의 매입세액이 공제되는 업종은 운수업, 자동차판매업, 자동차임대업, 운전학원업, 무인경비업(출동차량에 한정함)에 한한다.

(3) 토지조성 관련 매입세액

① 토지의 획득 및 형질변경, 공장부지 및 택지조성에 관련된 매입세액
② 건축물이 있는 토지를 취득하여 건축물을 철거하고 토지만 사용시 철거한 건축물의 취득 및 철거비용에 관련된 매입세액
③ 토지의 가치를 증가시켜 토지의 취득원가를 구성하는 비용에 관련된 매입세액

(4) 세금계산서의 미수령 · 부실기재분 매입세액

다음은 예외적으로 매입세액공제가 허용된다.
① 사업자등록을 신청한 사업자가 등록증발급일까지의 거래에 대하여 사업자 또는 대표자의 주민등록번호를 적어 발급받은 경우
② 발급받은 세금계산서의 필요적 기재사항 중 일부가 착오로 기재되었으나 해당 세금계산서의 그 밖의 필요적 기재사항 또는 임의적 기재사항으로 보아 거래사실이 확인되는 경우
③ 재화 또는 용역의 공급시기이후에 발급받은 세금계산서로서 해당 공급시기가 속하는 과세기간의 확정신고기한까지 발급받은 경우(후발급의 특례에 따라 발급받은 경우를 포함함) ☞ 단, 이 경우에는 매입처별세금계산서합계표불성실가산세가 부과됨
④ 공급시기 이후 세금계산서를 발급받았으나, 실제 공급시기가 속하는 과세기간의 확정신고기한 다음날부터 1년 이내에 발급받은 것으로서 수정신고 · 경정청구하거나, 거래사실을 확인하여 결정 · 경정하는 경우
⑤ 공급시기 이전 세금계산서를 발급받았으나, 실제 공급시기가 6개월 이내에 도래하고 거래사실을 확인하여 결정 · 경정하는 경우
⑥ 전자세금계산서로서 국세청장에게 전송되지 않았으나 그 사실이 확인되는 경우
⑦ 전자세금계산서의 발급대상사업자로부터 발급받은 전자세금계산서외의 세금계산서로서 재화나 용역의 공급시기가 속하는 과세기간의 확정신고기한까지 발급(후발급의 특례규정에 따라 발급받은 경우를 포함함)받았고, 그 거래사실도 확인되는 경우
⑧ 지점이 공급한 재화에 대해 본점을 공급하는 자로 기재하거나 공급받은 재화를 실제로 사용하는 사업장(제조장)이 아닌 동일 사업자가 운용하는 다른 사업장(본사)을 공급받는 자로 기재하는 등 필요적 기재사항 중 '공급하는 자' 또는 '공급받는 자'가 사실과 다르게 기재된 경우로서 다음의 요건을 모두 충족한 경우
　㉠ 실제 공급하는 자 또는 공급받는 자가 속하는 사업자단위과세 또는 총괄납부범위내의 다른 사업자 중 하나로 잘못 기재(나머지 필요적 기재사항은 모두 사실대로 기재함)
　㉡ 공급하는 자가 당초세금계산서에 근거하여 매출세액을 모두 납부
⑨ 매출에누리에 해당하는 금액을 공급가액에 포함하지 않아야 함에도 불구하고 거래 당사자간 계약에 따라 해당 금액을 판매장려금이나 이와 유사한 금액으로 보고 이를 공급가액에

포함하여 세금계산서를 발급받은 경우

(5) 매입처별세금계산서합계표의 미제출 · 부실기재분 매입세액

다음은 예외적으로 매입세액공제가 허용된다.

① 매입처별세금계산서합계표의 거래처별 등록번호 또는 공급가액이 착오로 사실과 다르게 기재된 경우로서 발급받은 세금계산서에 의하여 거래사실이 확인되는 경우

② 매입처별세금계산서합계표(또는 신용카드매출전표등수령명세서)를 지연제출(예정신고분을 확정신고시 제출하는 것)하는 경우와 수정신고 · 경정청구 · 기한후신고시 제출하는 경우

③ 발급받은 세금계산서 또는 신용카드매출전표 등을 경정시에 경정기관의 확인을 거쳐 제출하는 경우 ☞ 단, 이 경우에는 매입처별세금계산서합계표불성실가산세가 부과됨

참고사항

[신용카드매출전표 등 매입세액]

1. 사업자가 일반과세자(세금계산서의 발급금지업종은 제외함)로부터 재화 또는 용역을 공급받고 부가가치세액이 별도로 구분 가능한 신용카드매출전표 등(직불카드영수증 · 기명식선불카드영수증 · 현금영수증을 포함함)을 발급받은 때에는 다음의 요건을 모두 충족하는 경우에 이를 세금계산서와 동일한 성격의 증빙으로 보아 그 부가가치세액은 공제할 수 있는 매입세액으로 본다. 그리고 이 경우에는 거래상대방이 세금계산서를 요구하더라도 세금계산서를 발급하지 않는다.
   ① 신용카드매출전표 등 수취명세서를 제출할 것
   ② 신용카드매출전표 등의 증빙을 그 거래사실이 속하는 과세기간에 대한 확정신고를 한 날로부터 5년간 보관할 것
2. 다음의 공급자로부터 신용카드매출전표 등을 발급받으면 매입세액을 공제할 수 없다.
   ① 간이과세자
   ② 일반과세자 중 세금계산서의 발급금지업종을 영위하는 사업자

예제 6-1 | 매입세액공제액

다음은 전자제품 제조업을 영위하는 일반과세자인 ㈜A가 20×3년 제2기 예정신고기간(20×3.7.1~20×3.9.30.) 중에 공급받은 재화 및 용역의 거래내역이다. ㈜A의 20×3년 제2기 예정신고기간의 매입세액공제액은 얼마인가? (단, ㈜A는 신용카드매출전표 등 수령명세서와 전자세금계산서 발급명세를 부가가치세법이 정한 원칙에 따라 제출·전송하였음)

(1) 국내매입분으로 세금계산서의 수령내역은 다음과 같다.

일 자	내 역	공급가액	부가가치세
7월 4일	원재료 구입	21,000,000원	2,100,000원
7월 15일	업무와 관련없는 자산 구입	15,000,000원	1,500,000원
8월 17일	업무용 소형승용차 구입(매입세액 불공제분)	20,000,000원	2,000,000원
9월 5일	거래처 체육대회시 증정한 물품구입	5,000,000원	500,000원
9월 12일	케이블TV 회사광고비 지급	2,000,000원	200,000원
9월 27일	건물임차료 지급(간주임대료 미포함)	10,000,000원	1,000,000원
9월 30일	공장부지조성 관련 지출	7,000,000원	700,000원
계		80,000,000원	8,000,000원

(2) 신용카드매출전표의 수령내역은 다음과 같다.

일 자	내 역	공급가액	부가가치세
9월 22일	종업원 명절선물(과세품목) 구입	25,000,000원	2,500,000원
9월 25일	원재료 운반용 트럭 관련 수선비 지출	1,100,000원	110,000원
9월 29일	업무용소형승용차 관련 수선비 지출 (매입세액 불공제분)	1,200,000원	120,000원
계		27,300,000원	2,730,000원

(3) 위의 세금계산서와 신용카드매출전표는 모두 일반과세자로부터 부가가치세법이 정하는 원칙에 따라 발급되었다. 또한 ㈜A는 발급하거나 발급받은 세금계산서 또는 영수증을 부가가치세법에 따라 적법하게 보존하고 있다.

해설

구 분	공급가액	매출세액
세금계산서 수령분	₩80,000,000	₩8,000,000
+ 신용카드매출전표의 수령분	27,300,000	2,730,000
− 공제받지 못할 매입세액		
업무와 관련없는 자산구입	(15,000,000)	(1,500,000)
업무용 소형승용차 구입	(20,000,000)	(2,000,000)
거래처 체육대회시 증정한 물품구입	(5,000,000)	(500,000)
공장부지조성 관련 지출	(7,000,000)	(700,000)
업무용 소형승용차 관련 수선비	(1,200,000)	(120,000)
= 매입세액	₩59,100,000	₩5,910,000

2 의제매입세액공제

2.1 의 의

'의제매입세액공제'란 과세사업자가 부가가치세가 면제되는 농산물·축산물·수산물 또는 임산물(면세농산물)을 공급받아 이를 원재료로 하여 제조 또는 가공한 재화 또는 창출한 용역의 공급시 과세되는 경우 면세로 공급받은 농산물 등의 가액의 일부를 매입세액으로 보아 매출세액에서 공제하는 것을 말한다. 이는 면세재화를 원재료로 하여 재화 또는 용역을 공급하여 공급가액이 과세될 경우 발생하는 누적효과를 제거하기 위해 마련된 것이다.

사례 6-1 의제매입세액

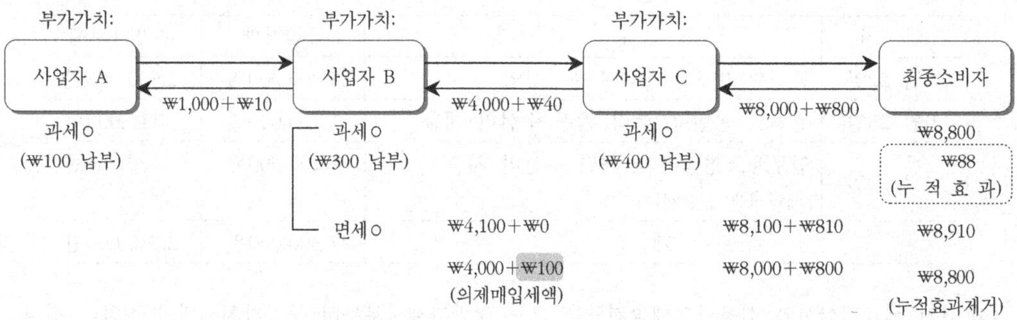

2.2 요 건

① 과세사업자로서 면세농산물 등(예: 미가공식료품 및 비식용 농·축·수·임산물)을 원재료로 하여 제조·가공한 재화 또는 창출한 용역의 공급이 과세되는 경우(면세포기에 의하여 영세율이 적용되는 경우 제외)일 것

② 증빙서류를 제출할 것: 의제매입세액공제신고서와 면세농산물 등을 공급받은 사실을 증명하는 다음의 서류를 예정신고 또는 확정신고시 제출해야 하며, 제조업을 영위하는 사업자가 농·어민으로부터 면세농산물 등을 직접 공급받은 경우에는 의제매입세액공제신고서만 제출하더라도 공제가능하다.

㉠ 매입처별계산서합계표

㉡ 매입자발행계산서합계표

㉢ 신용카드매출전표 등 수령명세서

2.3 계 산

$$\text{의제매입세액} = \text{면세농산물 등의 매입가액} \times \frac{2}{102}\left(\text{음식점업: } \frac{4}{104}, \frac{6}{106} \text{ 또는 } \frac{8}{108}\text{[1]}\right)$$

[1] 개인음식업자 중 연매출 4억원 이하인 자는 공제율 9/109
* 과자점업, 도정업, 제분업, 떡방앗간을 운영하는 개인 제조업자는 공제율 6/106

(1) 면세농산물 등의 매입가액

구 분	내 용
국 내 매 입 분	운임 등의 부대비용을 제외한 매입가액 (∴세금계산서수령분 매입세액공제) * 면세사업자가 농산물 등을 공급할 때 운임을 함께 받는 경우: 포함 (∴세금계산서의 수령 ×)
수 입 분	관세의 과세가격

(2) 공제율

구 분	의제매입세액공제율
일반적인 경우, 과세유흥장소	$\frac{2}{102}$
중소기업 및 개인사업자의 제조업	$\frac{4}{104}$
음 식 점 업	$\frac{6}{106}$ (개인사업자 : $\frac{8}{108}$[1])

[1] 개인음식업자 중 연매출 4억원 이하인 자는 공제율 9/109
* 과자점업, 도정업, 제분업, 떡방앗간을 운영하는 개인 제조업자는 공제율 6/106

(3) 면세농산물 등이 과세사업과 면세사업에 공통으로 사용되는 경우

1) 실지귀속이 구분되는 경우

과세사업에 사용되었거나 사용될 부분만 공제한다.

2) 실지귀속이 구분되지 않는 경우

해당 과세기간의 공급가액비율로 안분계산한다. ☞ **차기이월 원재료는 실지귀속이 구분되지 않는 경우로 봄**

$$\text{의제매입세액} = \text{면세농산물 등의 매입가액} \times \frac{2}{102}\left(\text{음식점업: } \frac{4}{104}, \frac{6}{106} \text{ 또는 } \frac{8}{108}\left(\frac{9}{109}\right)\right) \times \frac{\text{해당과세기간의 과세공급가액}}{\text{해당과세기간의 총공급가액}}$$

* 예정신고시에는 예정신고기간(3개월)의 공급가액을 기준으로 안분계산하고, 확정신고시 해당과세기간(6개월) 전체의 공급가액을 기준으로 정산함

(4) 의제매입세액의 공제한도

<table>
<tr><th colspan="2">구 분</th><th colspan="2">의제매입세액의 공제한도[2]</th></tr>
<tr><td colspan="2">법 인</td><td colspan="2">50%</td></tr>
<tr><td rowspan="4">개 인</td><td>과세표준[1] (6개월)</td><td>음식점업</td><td>기 타</td></tr>
<tr><td>2억원 초과</td><td>60%</td><td>55%</td></tr>
<tr><td>1억원 ~ 2억원</td><td>70%</td><td rowspan="2">65%</td></tr>
<tr><td>1억원 이하</td><td>75%</td></tr>
</table>

[1] 매출액은 해당 사업자가 공급하는 면세농산물 등과 관련된 사업의 과세표준을 말함

[2] 공제한도의 적용방법은 예정신고나 조기환급신고시 의제매입세액공제한도를 적용하지 않고, 확정신고시 한도를 적용하여 예정신고나 조기환급신고시 공제받은 의제매입세액을 빼서 확정신고시 한도액을 계산함

(5) 의제매입세액공제의 정산특례

1) 대 상

다음의 요건을 모두 충족한 제조업자로 한다.

① $\frac{\text{제1기 과세기간에 매입한 면세농산물 등의 가액}}{\text{1역년에 매입한 면세농산물 등의 가액}}$ 이 75%이상

② 해당과세기간이 속하는 1역년 동안 계속하여 제조업을 영위할 것

2) 제2기 과세기간의 의제매입세액

Min[①, ②] − 제1기 공제액

① 1역년 면세농산물 등 매입가액 × 공제율

② 1역년의 면세농산물 관련 과세표준 × 적용률[1] × 공제율 ☞ **한도액**

[1] 적용률은 다음과 같다.

<table>
<tr><th colspan="2">구 분</th><th>적 용 률</th></tr>
<tr><td colspan="2">법인사업자</td><td>50%</td></tr>
<tr><td rowspan="2">개인사업자</td><td>1역년 면세농산물 관련 과세표준이 4억원초과</td><td>55%</td></tr>
<tr><td>1역년 면세농산물 관련 과세표준이 4억원이하</td><td>65%</td></tr>
</table>

예제 6-2 | 의제매입세액(1)

다음은 복숭아도매업과 복숭아통조림제조업을 겸영하고 있는 중소기업이 아닌 (주)A의 공급 및 매입내역이다. 이 자료를 이용하여 (주)A의 20×2년 제1기 과세기간의 의제매입세액공제액을 계산하면 얼마인가? (단, 의제매입세액을 공제받기 위한 제반 요건은 충족되었다고 가정함)

(1) 20×1년 제2기와 20×2년 제1기 과세기간의 공급가액(전액 국내매출)은 다음과 같다.

구 분	20×1년 제2기분	20×2년 제1기분
복 숭 아 도 매 업	30,000,000원	76,500,000원
복숭아통조림제조업	120,000,000원	127,500,000원
합 계	150,000,000원	204,000,000원

(2) 20×2년 제1기 과세기간의 복숭아 매입세액은 80,000,000원으로 과세기간 중 사용내역은 다음과 같다(단, 20×2년 1월 1일 현재 복숭아의 기초재고는 없다고 가정함).

① 판매한 복숭아(원가상당액): 18,800,000원

② 통조림제조에 소비한 금액: 51,000,000원

③ 과세기간 종료일 현재 복숭아 재고액: 10,200,000원

해설 의제매입세액공제액 : Min[①, ②] = ₩1,125,000

구 분	계산과정	금 액
① 통조림제조에 사용	$₩51,000,000 \times \frac{2}{102}$	₩1,000,000
기말재고액	$₩10,200,000 \times \frac{₩127,500,000}{₩204,000,000} \times \frac{2}{102}$	125,000
계		₩1,125,000

② 한 도 액: $₩127,500,000 \times 50\% \times \frac{2}{102} = ₩1,250,000$

2.4 공제시기

면세농산물 등을 공급받은 날이 속하는 예정신고기간 또는 확정신고기간별로 매출세액에서 매입세액으로 공제된다. ☞ 의제매입세액의 공제시점은 사용시점이 아니라 매입시점이므로 당기 매입가액 중 아직 사용하지 않은 재고금액도 공제가능함

2.5 재계산

의제매입세액의 공제를 받은 후 다음의 사유가 발생한 경우에는 그 공제한 의제매입세액을

납부세액에 가산하거나 환급세액에서 공제해야 한다.

① 면세농산물 등을 그대로 양도 또는 인도하는 경우

② 면세농산물 등을 면세사업 또는 기타의 목적을 위하여 사용하거나 소비하는 경우

사례 6-2 과세사업자의 경우

1\. 20×1년 제1기 : 과일 1,000kg 매입

통조림제조	$700kg \times \frac{2}{102}$	= ×××(의제매입세액공제)
소　비	200kg ⟶	공제 ×
기말재고	$100kg \times \frac{2}{102}$	= ×××(의제매입세액공제)

2\. 20×1년 제2기(재계산) : 100kg
- 통조림제조: 80kg
- 소　비: 20kg → $20kg \times \frac{2}{102}$ = ×××(매입세액에서 차감함)

사례 6-3 겸영사업자의 경우

1\. 20×1년 제1기 : 과일 1,000kg 매입

통조림제조	$700kg \times \frac{2}{102}$	= ×××(의제매입세액공제)
소　비	200kg	공제 ×
기말재고	$100kg \times 70\% \times \frac{2}{102}$	= ×××(의제매입세액공제)

↑ 당해 과세공급가액비율 (70%)

2\. 20×1년 제2기
- ① 100kg (재계산○)
  - 통조림제조 : 60kg
  - 도매 · 소비 : 40kg
  - → $100kg \times (70\% - 60\%) \times \frac{2}{102}$ = ×××(매입세액에서 차감함)
- ② 100kg (재계산×)
  - 통조림제조 : 80kg
  - 도매 · 소비 : 20kg
  - → 과세비율의 증가시 추가공제를 하지 않음(∴매입세액공제시기의 대원칙에 위배됨)

예제 6-3 | 의제매입세액(2)

다음 〈자료〉는 과일통조림제조업과 과일도매업을 겸영하는 일반과세자 (주)민연(중소기업에 해당하지 않음)의 20×1년 제1기 과세기간(1월 1일 ~ 6월 30일) 및 제2기 과세기간(7월 1일 ~ 12월 31일)의 공급 및 매입내역이다. (주)민연의 20×1년 제1기 및 제2기 과세기간의 의제매입세액공제액을 계산하시오. (의제매입세액공제한도는 검토하지 말 것)

〈자 료〉

(1) 20×1년 제1기 과세기간의 공급가액 총액은 100,000,000원이며, 이 중 과일통조림제조업의 공급가액은 40,000,000원이고 과일도매업의 공급가액은 60,000,000원이다.

(2) 20×1년 제1기 과세기간 동안 면세사업자로부터 매입한 과일의 매입가액은 50,000,000원이며(적절한 증빙에 의해 확인됨), 그 사용 내역은 다음과 같다.

구 분	금 액
과일통조림제조에 사용	15,300,000원
과일로 판매	24,500,000원
20×1년 6월 30일 현재의 재고자산	10,200,000원
계	50,000,000원

(3) 20×1년 제2기 과세기간의 공급가액 총액은 120,000,000원이며, 이중 과일통조림제조업의 공급가액은 60,000,000원이고 과일도매업의 공급가액은 60,000,000원이다.

(4) 20×1년 제2기 과세기간 동안 면세사업자로부터 매입한 과일의 매입원가는 60,000,000원이며(적절한 증빙에 의해 확인됨), 그 사용내역은 다음과 같다. 단 20×1년 1기말의 재고자산 중 ₩5,100,000이 통조림제조에 사용되었다.

구 분	금 액
과일통조림제조에 사용	20,400,000원
과일로 판매	30,420,000원
20×1년 12월 31일 현재의 재고자산	9,180,000원
계	60,000,000원

해설 1. 제1기의 의제매입세액공제액

① 과세사업에 사용 : $₩15,300,000 \times \frac{2}{102} = ₩300,000$

② 6월 30일의 재고자산 : $₩10,200,000 \times \frac{2}{102} \times \frac{₩40,000,000}{₩100,000,000} = ₩80,000$

③ 의제매입세액 : ₩300,000 + ₩80,000 = ₩380,000

2. 제2기의 의제매입세액공제액

① 과세사업에 사용 : $₩20,400,000 \times \frac{2}{102} = ₩400,000$

② 12월 31일의 재고자산 : $₩9,180,000 \times \frac{2}{102} \times \frac{₩60,000,000}{₩120,000,000} = ₩90,000$

③ 전기재고분의 추징액 : 전기 과세공급가액비율은 40%로 ₩4,080,000 사용될 것으로 예상했으나 실제 ₩5,100,000으로 과세공급가액이 증가하였으므로 이 경우 의제매입세액 재계산을 배제하므로 전기재고분의 추징액은 없다.

④ 의제매입세액 : ₩400,000 + ₩90,000 = ₩490,000

3 과세전용매입세액

3.1 개 요

과세전용매입세액은 당초 면세사업에 사용 또는 소비되어 매입세액이 공제되지 않는 감가상각자산을 과세사업용으로 전환하여 사용 또는 소비하는 경우 당초 공제받지 못한 매입세액 중 일부를 매입세액으로 공제하는 것을 말한다. 이는 과세사업용 재화를 면세사업에 사용시 이미 공제받은 매입세액을 추징하도록 하는 재화의 공급의제규정과의 형평성 때문에 적용하는 것이다.

사례 6-4 과세전용매입세액

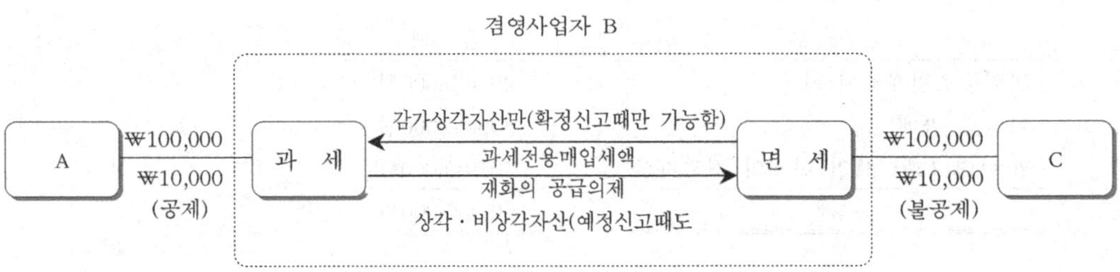

한편, 면세사업용 감가상각자산을 과세사업용으로 전환함에 따른 매입세액을 공제받기 위한 요건은 다음과 같다.

① 면세사업에 사용하기 위한 자산에 해당하여 면세사업 관련 매입세액으로 불공제된 감가상각자산일 것

② 해당 감가상각자산의 취득일이 속하는 과세기간이후에 과세사업에 전용하거나 과세사업과 면세사업에 겸용으로 사용 또는 소비할 것

③ 과세사업 또는 과세사업과 면세사업에 공통으로 사용·소비하는 날이 속하는 과세기간에 대한 확정신고시 「과세사업전환 감가상각자산신고서」에 의해 사업장관할세무서장에게 신고할 것

3.2 계 산

구 분	과세전용매입세액
과세사업에 전부 전용한 경우	매입세액불공제액 × (1 − 체감율 × 경과된 과세기간의 수)
과세사업에 일부 전용한 경우	매입세액불공제액 × (1 − 체감율 × 경과된 과세기간의 수) × 당기과세공급가액비율

위 산식에 적용되는 체감율과 경과된 과세기간의 수는 재화의 공급의제에 대한 과세표준계산 규정을 준용한다. 또한, 과세사업에 일부전용한 경우로서 과세공급가액의 비율이 5%미만인 경우에는 공제세액이 없는 것으로 본다. 한편, 과세사업의 공급가액 또는 면세사업의 공급가액이 없는 경우에는 다음과 같이 처리한다.

(1) 안분계산

공통매입세액의 안분계산규정을 준용하여 다음의 순서로 안분계산한다. 한편, 건물의 경우 '③ → ① → ②'의 순서로 적용한다.

① 총매입가액(공통매입가액은 제외함)에 대한 과세사업 관련 매입가액비율

② 총예정공급가액에 대한 과세사업 관련 예정공급가액비율

③ 총예정사용면적에 대한 과세사업 관련 예정사용면적비율

(2) 정산

공급가액 또는 사용면적이 확정되는 과세기간의 확정신고시 다음의 방법으로 정산한다.

1) 당초 매입가액 또는 예정공급가액비율로 공제매입세액을 안분계산한 경우

$$\text{가산·공제세액} = \text{과세사업에 전부전용시 공제액} \times \frac{\text{공급가액이 확정되는 과세기간의 과세공급가액}}{\text{공급가액이 확정되는 과세기간의 총공급가액}} - \text{기공제매입세액}$$

2) 당초 예정사용면적비율로 공제매입세액을 안분계산한 경우

$$\text{가산·공제세액} = \text{과세사업에 전부전용시 공제액} \times \frac{\text{사용면적이 확정되는 과세기간의 과세사용면적}}{\text{사용면적이 확정되는 과세기간의 총사용면적}} - \text{기공제매입세액}$$

예제 6-4 | 과세전용매입세액

과세사업과 면세사업을 함께 영위하는 일반과세자 甲은 20×4. 12. 26. 감가상각자산인 기계장치를 200,000,000원(부가가치세를 포함하지 않음)에 취득하여 면세사업에만 사용하였다. 甲이 20×5. 4. 20.부터 그 기계장치를 과세사업에 공통으로 사용한 경우, 20×5년 제1기 과세기간에 매입세액으로 공제할 수 있는 금액은 얼마인가? (단, 기계장치의 취득시 매입세액공제의 요건은 충족하였지만, 매입세액공제를 받지 못했으며, 주어진 자료 이외의 다른 사항은 고려하지 않음)

(1) 20×5년 제1기에 과세사업의 공급가액은 없음
(2) 20×5년 제1기 총매입가액은 2,000,000,000원이고 과세사업에 관련된 매입가액은 500,000,000원임
(3) 20×5년 제1기 총예정공급가액은 5,000,000,000원이고, 과세사업에 관련된 예정공급가액은 1,000,000,000원임
(4) 20×5년 제1기 총예정사용면적은 1,000㎡이고, 그 중 과세사업에 관련된 예정사용면적은 400㎡임

해설 1. 과세전용매입세액 : $₩20,000,000 \times (1 - 25\% \times 1) \times \frac{5억}{20억} = ₩3,750,000$

2. 과세사업 또는 면세사업의 공급가액이 없는 경우에는 공통매입세액의 안분계산규정을 준용하여 다음의 순서로 안분계산한다(단, 건물의 경우 ③이 우선함).
① 총매입가액(공통매입가액의 제외함)에 대한 과세사업관련 매입가액비율
② 총예정공급가액에 대한 과세사업관련 예정공급가액비율
③ 총예정사용면적에 대한 과세사업관련 예정사용면적비율

CHAPTER 07

겸영사업자의 세액계산특례

공통매입세액의 안분계산이란 과세사업과 면세사업(비과세사업을 포함함)을 겸영하는 사업자가 과세사업과 면세사업에 공통으로 사용되어 그 실지귀속을 구분할 수 없는 매입세액을 과세사업에 관련된 매입세액과 면세사업에 관련된 매입세액으로 안분계산하는 일련의 과정을 말한다.

사례 7-1 공통사용재화와 공통매입세액

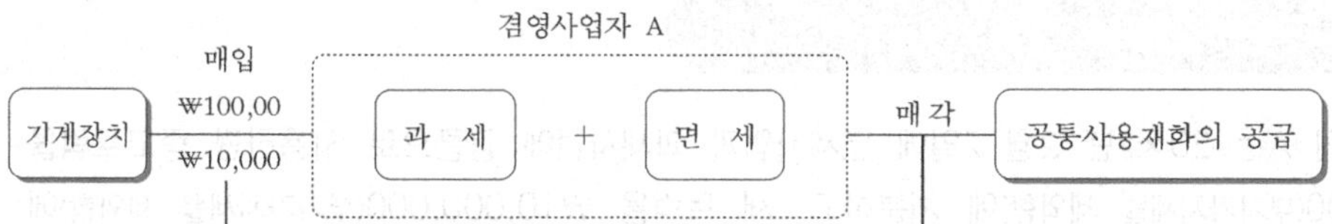

공통매입세액공제= 공통매입세액× $\left(\frac{\text{해당과세기간의 과세공급가액}}{\text{해당과세기간의 총공급가액}}\right)$ ❶

과세표준=공급가액 × $\left(\frac{\text{직전과세기간의 과세공급가액}}{\text{직전과세기간의 총공급가액}}\right)$ ❷

❶ 안분계산배제(전액을 매입세액공제액으로 함)
- ① 해당과세기간의 면세공급가액비율이 5%미만. 단, 공통매입세액* 이 500만원이상인 경우 안분계산함
- ② 공통매입세액*이 5만원미만
- ③ 신규사업자가 동일과세기간에 매입하고 매각한 경우

* 해당과세기간 중 공통매입세액의 합계액이 기준임

❷ 안분계산배제(전액을 과세표준으로 함)
- ① 직전과세기간의 면세공급가액비율의 5%미만. 단, 건별공급가액이 5,000만원이상인 경우 안분계산함
- ② 건별공급가액이 50만원미만
- ③ 신규사업자

1 원 칙

공통매입세액은 원칙적으로 실지귀속에 따라 구분한다. 그러나 실지귀속을 구분할 수 없는 경우에는 다음 산식에 의하여 계산한다.

$$면세사업\ 관련\ 매입세액(불공제) = 공통매입세액 \times \frac{해당과세기간의\ 면세공급가액}{해당과세기간의\ 총공급가액}$$

* 예정신고기간중에 매입한 자산에 대해서 예정신고를 하는 경우 예정신고기간(3개월)의 공급가액을 기준으로 안분계산하고 확정신고시에 해당 과세기간(6개월)의 공급가액으로 정산해야 한다.

한편, 다음의 경우에는 안분계산을 생략하고 공통매입세액을 전액 공제한다.

① 해당과세기간의 총공급가액 중 면세공급가액비율이 5%미만인 경우. 다만, 공통매입세액이 5백만원이상인 경우는 제외함

② 해당과세기간의 공통매입세액합계액이 5만원미만인 경우

③ 해당과세기간에 신규로 사업을 개시한 사업자가 해당과세기간에 공급한 공통사용재화에 대한 매입세액

예제 7-1 | 공통사용재화의 공급 및 공통매입세액

일반과세자인 A는 20×2년 2월 2일에 면세사업과 과세사업에 공통으로 사용하던 중고트럭을 ₩5,000,000(부가가치세를 제외함)에 처분하고, 새 트럭을 ₩10,000,000(부가가치세를 제외함)에 구입하였다. 다음의 매출액 자료를 이용하여 20×2년 제1기에 부가가치세의 예정신고시 중고트럭의 처분에 따른 부가가치세의 매출세액과 새 트럭의 구입에 따른 부가가치세의 매입세액 중 공제대상매입세액을 계산하면?

기 간	과세사업부문 매출액	면세사업부문 매출액
20×1년 1월~ 6월	₩60,000,000	₩40,000,000
20×1년 7월~12월	40,000,000	60,000,000
20×2년 1월~ 3월	30,000,000	70,000,000

해설

1. 부가가치세의 매출세액 : $₩5,000,000 \times \frac{₩40,000,000}{₩100,000,000} \times 10\% = ₩200,000$

2. 공제대상매입세액 : $₩10,000,000 \times 10\% \times \frac{₩30,000,000}{₩100,000,000} = ₩300,000$

2 해당 과세기간에 매입한 재화를 동일 과세기간에 공급한 경우 (예외 1)

$$\text{면세사업 관련 매입세액(불공제)} = \text{공통매입세액} \times \frac{\text{직전과세기간의 면세공급가액}}{\text{직전과세기간의 총공급가액}}$$

* 신규사업자의 경우 안분계산의 생략사유에 해당하므로 안분계산을 생략하고 전액을 공제함

해당 과세기간에 매입한 재화를 해당 과세기간에 공급하여 매입과 공급이 동일한 과세기간인 경우 시간상으로는 매입이 공급보다 먼저 발생하였지만, 안분계산의 공급이 매입보다 먼저 발생한다. 왜냐하면 공급의 안분계산은 공급시기이고 매입의 안분계산은 과세기간의 종료후 부가가치세의 신고시점이기 때문이다. 따라서 해당 과세기간에 매입한 재화를 해당 과세기간에 공급하는 경우 공급의 안분계산에 먼저 적용한 기준을 매입의 안분계산에 적용하는 것이다. ☞ 이렇게 하지 않으면 차익거래가 발생할 수 있음

사례 7-2 공통사용재화와 공통매입세액

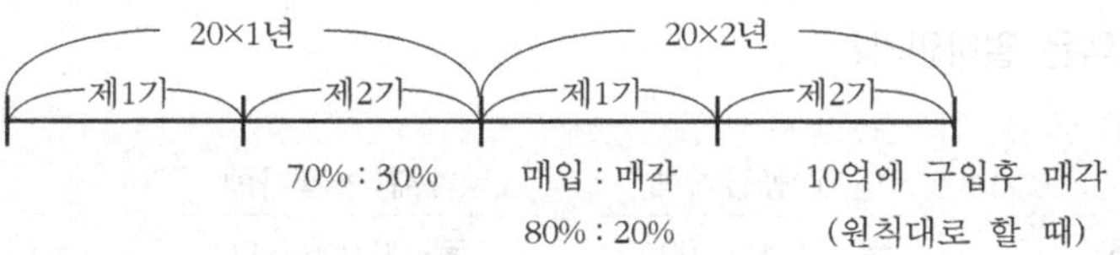

	매출세액	₩70,000,000
−	매입세액	80,000,000
=	환 급	△₩10,000,000

3 공급가액이 없는 경우 (예외 2)

해당 과세기간 중 과세사업, 면세사업의 공급가액이 없는 경우 다음의 순서로 공통매입세액을 안분한다.

① 총매입가액(공통매입가액은 제외함)에 대한 면세사업에 관련된 매입가액비율

② 총예정공급가액에 대한 면세사업에 관련된 예정공급가액비율

③ 총예정사용면적에 대한 면세사업에 관련된 예정사용면적비율

* 건물을 신축 또는 취득한 경우로서 예정사용면적을 구분할 수 있는 경우 ③의 방법을 우선 적용함

한편, 공급가액이 없음에 따라 공급가액이외의 방법으로 안분계산한 경우에는 공급가액 또는 사용면적이 확정되는 과세기간에 다음의 방법으로 정산한다.

당초 안분계산기준	정산기준
매입가액비율 예정공급가액비율	과세사업과 면세사업의 공급가액이 확정되는 과세기간의 공급가액비율
예정사용면적비율	과세사업과 면세사업의 사용면적이 확정되는 과세기간의 사용면적비율

* 건물 등에 대하여 예정사용면적비율을 적용하여 공통매입세액 안분계산을 한 경우에는 그 후 과세사업과 면세사업의 공급가액이 모두 있게 되어 일반적인 공통매입세액의 안분규정에 따라 공통매입세액을 계산할 수 있는 경우에도 과세사업과 면세사업의 사용면적이 확정되기 전의 과세기간까지는 예정사용면적비율을 적용함. 또한 과세사업과 면세사업의 사용면적이 확정되는 과세기간에 확정사용면적비율에 따라 공통매입세액을 정산함

예제 7-2 | 공통매입세액(1)

(주)태백은 면세사업과 과세사업을 같이 영위하고 있다. 20×1년 10월 20일에 ₩15,000,000(공급가액임)을 면세와 과세사업에 공통으로 사용하기 위해 기계장치를 매입하여, 20×1년 12월 20일에 ₩10,000,000(공급가액임)에 매각하였다. 해당 20×1년 2기 확정신고시 동 기계장치의 구입과 관련하여 공제되는 매입세액은 얼마인가?

과세기간	면세 공급가액	과세 공급가액
20×1. 1. 1.~ 3. 31.	₩100,000,000	₩400,000,000
20×1. 4. 1.~ 6. 30.	200,000,000	300,000,000
20×1. 7. 1.~ 9. 30.	400,000,000	400,000,000
20×1. 10. 1.~12. 31.	100,000,000	600,000,000

해설 ₩15,000,000×10%×70%=₩1,050,000

해당 과세기간에 매입하여 해당 과세기간에 공급한 경우 부가가치세과세표준을 직전과세기간의 공급가액비율로 안분하였기 때문에 매입세액도 직전과세기간의 공급가액비율로 안분계산한다.

예제 7-3 | 공통매입세액(2)

다음은 20×1년 제1기에 신규로 사업을 개시한 (주)민연의 부가가치세의 과세자료이다. 20×1년 제1기에 (주)민연이 매입세액으로 공제받을 수 있는 금액을 계산하면?

(1) 20×1년 제1기의 매입세액
① 과세사업과 관련된 매입세액 : ₩8,000,000
② 면세사업과 관련된 매입세액 : 5,000,000
③ 공통매입세액 : 8,000,000*
* 20×1년 제1기에 구입하여 20×1년 제1기에 공급한 재화의 매입세액 ₩1,000,000이 포함됨

(2) 20×1년 제1기의 공급가액
① 과세공급가액 : ₩200,000,000(80%)
② 면세공급가액 : 50,000,000(20%)

해설

	구 분		매입세액
	과세사업관련 매입세액		₩8,000,000
+	공통매입세액		
	해당 과세기간에 공급한 재화 :	₩1,000,000*	
	기타 공통매입세액 : ₩7,000,000 × 80% =	5,600,000	6,600,000
=	계		₩14,600,000

* 공통사용재화를 공급하는 날이 속하는 과세기간에 신규로 사업을 개시한 경우에는 안분계산을 생략하고 전액을 과세표준으로 하기 때문에 이에 대한 매입세액도 안분계산을 생략하고 전액을 공제되는 매입세액으로 함

예제 7-4 | 공통매입세액(3)

다음의 자료에 따라 (주)A가 사업용 건물과 관련하여 20×3년 제1기, 20×3년 제2기 및 20×4년 제1기 과세기간에 공제할 수 있는 부가가치세매입세액을 계산하면 얼마인가?

(1) (주)A는 정육점을 운영하기 위해 20×1년 7월 1일에 면세사업자로 사업자등록을 하고 사업용건물(1,000㎡)의 건설공사를 시작하였다.

(2) (주)A의 사업용건물은 20×2년 4월 1일에 완공된 후 정육점에 사용되었는데, 동 건물의 신축과 관련된 매입세액은 총 1억원이다.

(3) (주)A는 사업용건물에서 과세사업인 음식점을 겸영하기 위해 20×3년 4월 1일에 사업자등록정정신고를 하였고, 20×4년 4월 1일부터 음식점을 운영하였다.

(4) 과세기간별 공급가액 및 사업용건물의 사용면적자료는 다음과 같다. 단, 20×3년 제1기와 제2기 과세기간의 음식점의 공급가액 및 사용면적은 예정공급가액과 예정사용면적이다.

과세기간	구 분	정육점	음식점	합 계
20×3년 제1기	공급가액	35억원	65억원	100억원
	사용면적	450㎡	550㎡	1,000㎡
20×3년 제2기	공급가액	45억원	105억원	150억원
	사용면적	350㎡	650㎡	1,000㎡
20×4년 제1기	공급가액	40억원	160억원	200억원
	사용면적	300㎡	700㎡	1,000㎡

해설 1. 20×3년 제1기 : 과세사업의 공급가액이 없으므로 예정사용면적으로 안분계산함
₩100,000,000 × (1 − 5%×2기) × 55%(과세사업의 예정사용면적비율) = ₩49,500,000

2. 20×3년 제2기 : 사용면적이 확정되지 않았으므로 정산하지 않음

3. 20×4년 제1기 : 20×3년 제1기에 안분계산한 금액에 대해서 확정된 사용면적으로 정산함
₩100,000,000 × (1 − 5%×2기)×70% − ₩49,500,000 = ₩13,500,000

4 납부세액 또는 환급세액의 재계산

4.1 개 요

납부세액 또는 환급세액의 재계산이란 과세사업과 면세사업에 공통으로 사용되는 감가상각자산의 취득과 관련하여 발생한 매입세액을 안분계산한 이후의 과세기간에 과세·면세비율이 증감한 경우 면세사업에 관련된 매입세액을 재계산하여 증감사유가 발생된 과세기간의 납부세액 또는 환급세액에 공제하거나 가산하는 것을 말한다.

사례 7-3 재계산

20×1년 제1기 2월 5일에 기계장치(공통매입세액)를 ₩30,000,000에 구입하고, 20×2년 제2기 11월 20일에 동 기계장치를 1억에 매각한 경우의 재계산은 아래와 같다.

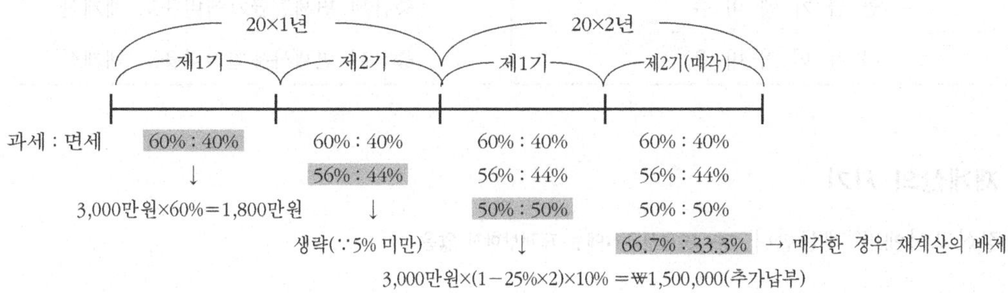

4.2 재계산의 요건

납부세액 또는 환급세액을 재계산하는 요건은 다음과 같다.

① 과세사업과 면세사업에 공통으로 사용되고 있는 감가상각자산일 것

② 공통매입세액의 안분계산규정에 의해 매입세액을 공제받은 경우일 것

③ 해당 과세기간의 면세비율과 해당 감가상각자산의 취득일이 속하는 과세기간(그 후의 과세기간에 재계산을 한 때에는 그 재계산한 과세기간)의 면세비율의 차이가 5% 이상일 것

4.3 재계산의 방법

납부세액 또는 환급세액의 재계산요건에 해당되는 경우 다음 산식에 의하여 계산한 금액을 납부세액 또는 환급세액에 가산하거나 공제한다.

(1) 건물 또는 구축물

공통매입세액×[1 − 체감률(5%)×경과된 과세기간의 수]×증감된 면세비율

(2) 기타의 감가상각자산

공통매입세액×[1 − 체감률(25%)×경과된 과세기간의 수]×증감된 면세비율

위에서 증감된 면세비율은 취득일이 속하는 과세기간 또는 재계산한 과세기간의 면세비율과 해당 과세기간의 면세비율의 차이이다.

당초 안분계산기준	재계산방법
공 급 가 액 비 율	증감된 면세공급가액비율로 재계산
사 용 면 적 비 율	증감된 면세사용면적비율로 재계산

4.4 재계산의 시기

확정신고시에만 계산한다. ☞ 예정신고시에는 재계산하지 않음

4.5 재계산의 배제

① 재화의 공급의제에 해당하는 경우: 재화의 공급의제는 당초에 공제받은 매입세액을 정산하는 절차이므로 이를 다시 재계산하면 유사한 규정을 이중으로 적용하는 결과이기 때문이다.

② 공통사용재화의 공급에 해당하는 경우: 공통사용재화를 공급하는 경우 직전과세기간의 공급가액비율로 안분계산하는데, 직전과세기간까지의 공통매입세액은 직전과세기간의 공급가액비율에 의하여 안분계산되었으므로 매출세액과 매입세액이 모두 직전과세기간의 비율로 계산되었기 때문이다.

참고사항 1

[정산의 유형]

유 형	5% 미만 차이시
예정신고를 하는 때에는 예정신고기간(3개월)의 면세공급가액비율로 안분계산하고, 확정신고시 당해과세기간(6개월)의 면세공급가액비율로 정산하는 유형	정산 ○
당기 과세사업과 면세사업의 공급가액이 없는 경우 당기에 대용치인 매입가액비율, 예정공급가액비율, 예정사용면적비율로 안분계산하고 확정치가 확정되는 과세기간에 그 차이를 정산하는 유형	정산 ○
공통사용재화의 구입시 구입한 과세기간의 면세비율로 안분계산한 후, 그 후 과세기간의 면세비율이 증감될 때만다 정산하는 유형 ☞ **납부세액의 재계산**	정산 ×

참고사항 2

[정산의 구체적 형태]

구 분	미상각률[1]의 고려여부	비 고
공급의제(예: 면세전용 등)[4]	○	확정치 → 확정치의 정산
의제매입세액공제	×[2]	확정치 → 확정치의 정산
납부세액의 재계산	○	확정치 → 확정치의 정산
공급가액이 없는 경우	×[3]	잠정치 → 확정치의 정산
예정신고기간 중 매입 → 확정신고기간의 정산	×[3]	잠정치 → 확정치의 정산
재고매입세액, 재고납부세액	○	
과세전용매입세액	○	

[1] 매입세액×(1－상각률×경과된 과세기간의 수)
[2] 감가상각자산이 아니므로 미상각률을 고려하지 않음
[3] 과거의 잠정치계산을 소급하여 정산하는 개념이므로 미상각률은 고려하지 않음
[4] 일부의 면세전용후 과세비율의 변동시 재계산함

예제 7-5 | 납부세액의 재계산(1)

서울운수(주)는 20×1년 3월 과세사업과 면세사업에 공통으로 사용하기 위하여 차량점검용 기계장치를 취득하였다. 기계장치의 구입과 관련되는 매입세액이 ₩20,000,000이라고 할 때 다음 자료를 이용하여 20×2년 제1기 확정신고시 납부세액에 가산(공제)되는 금액은 얼마인가? 20×2년

제1기 확정신고전까지 납부세액에 대한 재계산은 정상적으로 이루어졌다.

기 간	시내버스 수입금액(면세)	전세버스 공급가액(과세)
20×1년 1월 ~ 3월	₩50,000,000	₩200,000,000
20×1년 4월 ~ 6월	100,000,000	250,000,000
20×1년 제2기	157,500,000	192,500,000
20×2년 제1기	120,000,000	180,000,000

해설 1. 면세비율

20×1년 제1기	20×1년 제2기	20×2년 제1기
25%	45%	40%

2. 납부(환급)세액의 재계산 : ₩20,000,000 × (1－25%×2) × (40%－45%) = △₩500,000

∴ 납부세액에 ₩500,000을 공제함

예제 7-6 | 납부세액의 재계산(2)

(주)민연은 20×1년 9월 15일에 건물을 ₩330,000,000(부가가치세를 포함함)에 취득하여 과세사업과 면세사업에 공통으로 사용하던 중 20×3년 11월 20일에 ₩500,000,000(부가가치세를 포함함)에 매각하였다. 과세기간별 면세공급가액비율이 다음과 같은 경우 20×2년 제2기부터 20×3년 제2기까지 납부세액 재계산으로 인하여 납부세액에 가산하거나 납부세액에서 공제할 금액은?

구 분	20×1년 제2기	20×2년 제1기	20×2년 제2기	20×3년 제1기	20×3년 제2기
면세공급가액비율	50%	60%	62%	54%	60%

해설 1. 20×2년 제2기: 면세공급가액의 비율이 5% 이상 증감되지 않았으므로 재계산을 생략함

2. 20×3년 제1기: ₩30,000,000 × (1－5%×3) × (54%－60%) = △₩1,530,000

3. 20×3년 제2기: 공통사용재화를 공급하는 경우에는 재계산을 배제함

CHAPTER 08

차가감납부세액 및 납부절차

	매출세액	… 과세표준×세율, 예정신고누락분, 대손세액공제
−	매입세액	… 세금계산서상 매입세액, 기타공제매입세액
	납부(환급)세액	
−	경감·공제세액	… 신용카드매출전표 등 발급세액공제, 전자신고세액공제, 전자세금계산서 발급 전송에 대한 세액공제 등
−	예정신고미환급세액 ❶	
−	예정고지세액 ❷	
+	가산세	
=	(지방소비세차감전) 차가감납부세액	
	× 74.7% ❸	
=	(지방소비세차감후) 차가감납부세액	

❶ 일반환급의 경우 예정신고기간에 대한 환급세액은 이를 환급하지 않고 확정신고시 납부세액에서 차감함

❷ 개인사업자와 직전 과세기간 공급가액의 합계액이 1억5천만원 마민인 법인사업자가 예정신고기간에 대하여 예정고지납부한 경우 확정신고시 해당과세기간 전체(6개월)에 대하여 신고하고 예정고지납부세액을 기납부세액의 성격으로 보아 납부세액에서 차감함

❸ 부가가치세의 25.3%가 지방소비세로 부과됨에 따라 납부세액에서 경감·공제세액을 빼고 가산세를 더한 세액의 74.7%를 부가가치세로 함

1 차가감납부세액의 계산

1.1 계산구조

납부세액이란 사업자가 부가가치세 과세표준신고와 함께 정부에 납부해야 할 부가가치세액을 말하며, 공급한 재화 또는 용역에 대한 매출세액에서 매입세액을 공제한 금액으로 한다. 다만, 매출세액을 초과하는 매입세액은 환급세액으로 한다.

한편, 위의 납부세액은 그대로 정부에 납부할 세액이 되는 것이 아니라 가산세를 가산하고 예정신고기간의 미환급세액 등을 공제한 금액이 실제로 납부해야 할 세액이 된다.

1.2 세액공제

(1) 신용카드매출전표 등 발급세액공제 ★★★

① 개인사업자(법인 및 각 사업장의 직전연도 재화 또는 용역의 공급가액의 합계액이 10억원을 초과하는 개인사업자는 제외함)인 일반과세자 중 영수증발급대상업종을 영위하는 사업자 및 특정 간이과세자가 과세되는 재화 또는 용역을 공급하고 세금계산서의 발급시기에 신용카드매출전표, 현금영수증 등을 발행하거나, 전자화폐로 결제받는 경우에는 다음의 금액을 납부세액에서 공제한다.

신용카드매출전표 등 발급세액공제액 : Min[①, ②] ① 신용카드매출전표 등 발행금액(VAT포함) × 1.3% ② 연간 1,000만원 ☞ 한도액 예를 들어, 제1기 발급 6억원 : Min[₩6억 × 1.3% = ₩7,800,000, ₩10,000,000] = ₩7,800,000 제2기 발급 3억원 : Min[₩3억 × 1.3% = ₩3,900,000, ₩2,200,000] = ₩2,200,000

② 개인사업자 등 대상사업자가 공제받는 금액이 납부할 세액을 초과하는 때에는 그 초과부분은 없는 것으로 한다. 여기에서 납부할 세액이란 납부세액에서 공제 또는 가산할 세액(가산세는 제외함)을 공제하거나 가산한 세액을 말한다.

(2) 전자세금계산서 발급 전송에 대한 세액공제

직전연도 공급가액(면세공급가액 포함)이 3억원 미만인 개입사업자 또는 해당연도에 신규로 사업을 시작한 개인사업자가 전자세금계산서를 2027년 12월 31일까지 발급(전자세금계산서 발급명세를 그 발급일의 다음날까지 국세청장에게 전송한 경우로 한정한다)하는 경우에는 해당 과세기간의 부가가치세 납부세액에서 공게할 수 있다.

세액공제액 = Min[①발급건수 × 200원, ② 연간 100만원]

(3) 전자신고세액공제 ☞ 확정신고시에만 적용함

납세자가 직접 전자신고방법에 의하여 부가가치세의 신고를 하는 경우에는 해당 납부세액에서 1만원을 공제하거나 환급세액에 가산한다. 이때, 매출가액과 매입가액이 없는 일반과세자에 대해서는 전자신고세액공제를 적용하지 않는다.

한편, 간이과세자의 경우에는 납부세액에서 전자신고세액공제이외의 세액공제를 차감한 후의 금액을 한도로 공제하므로 환급은 불가능하다.

참고사항

[신용카드매출전표 등 관련한 세제상 혜택]

구 분	신용카드매출전표 등 발행세액공제	신용카드매출전표 등 매입세액공제
취 지	영수증발급대상사업자의 과세재원의 포착	증빙의 이중발행해소를 통한 납세편의의 도모
적용대상자	공급하는 사업자	공급받는 사업자
공 제 요 건	① 영수증발급사업자(간이과세자를 포함함) ② 개인사업자	① 공급하는 사업자가 일반과세자(세금계산서의 발급금지업종은 제외함)일 것 ② 공급가액과 부가가치세가 구분가능할 것 ③ 신용카드매출전표 등 수취명세서를 제출할 것 ④ 증빙을 5년간 보관할 것
공 제 금 액	공급대가 × 1.3%	공급대가 $\times \frac{10}{100}$

예제 8-1 | 차가감납부세액

다음은 일반과세자로 과세유흥장소가 아닌 음식점을 운영하는 개인사업자인 진선미씨의 20×1년 7월 1일부터 20×1년 12월 31일까지 부가가치세 관련 자료이다. 진선미씨가 20×1년 제2기 부가가치세 확정신고시 전자신고를 하는 경우 납부할 세액은 얼마인가?

(1) 신용카드매출전표의 발행금액이 ₩220,000,000이고, 조세특례제한법의 규정에 의한 현금영수증의 발행금액이 ₩110,000,000이다.
(2) 현금으로 대가를 받고 조세특례제한법의 규정에 의한 현금영수증을 발행하지 않은 음식용역의 공급가액이 ₩10,000,000이다.
(3) 부가가치세의 과세대상인 재화나 용역을 공급받고 발급받은 세금계산서 등의 매입세액이 ₩10,000,000인데 동 매입세액은 전액공제대상이다.
(4) 원재료인 쌀, 채소 등 면세농산물의 구입금액이 ₩60,750,000이고, 모두 계산서나 신용카드매출전표를 적법하게 수령하였다.
(5) 20×1년 제2기의 예정신고기간에 대한 예정고지세액이 ₩5,000,000이다.
(6) 20×1년 제1기의 부가가치세의 확정신고시 신용카드매출전표 등 발행세액으로 ₩6,900,000을 공제받았다.
(7) 전자신고세액공제액은 ₩10,000이고, 신고절차는 적법하게 이행할 예정이고 개인사업자의 연매출액은 4억원을 초과한다.

해설 1. 매출세액: ① + ② = ₩31,000,000

① 신용카드매출전표 등 발행금액: (₩220,000,000 + ₩110,000,000) × $\frac{10}{110}$ = ₩30,000,000

② 일반공급분: ₩10,000,000 × 10% = ₩1,000,000

2. 매입세액: ① + ② = ₩14,500,000

① 일반매입분: ₩10,000,000

② 의제매입세액: ₩60,750,000 × $\frac{8}{108}$ = ₩4,500,000

3. 공제세액: ① + ② = ₩3,110,000

① 전자신고세액공제: ₩10,000

② 신용카드매출전표 등 발급세액공제: Min[₩330,000,000×1.3%, ₩3,100,000]=₩3,100,000

4. 납부세액: ₩31,000,000 －₩14,500,000－₩3,110,000－₩5,000,000=₩8,390,000

2 가산세

2.1 국세기본법상 가산세 ★★★

구분		내용
(1) 무신고가산세[1]	① 일반무신고	납부세액×20%
	② 부정행위로 무신고[2]	납부세액×40%
(2) 과소신고·초과환급신고가산세[1],[3]	① 일반과소신고	일반과소신고납부세액 등*×10% * (과소신고분 납부세액 − 부정과소신고 납부세액) + (초과신고분 환급세액 − 부정초과신고 환급세액)
	② 부정과소신고[2]	(부정과소신고납부세액＋부정초과신고환급세액)×40%
(3) 납부지연실가산세[4]		미납부·미달납부세액(또는 초과환급세액) × 기간* × $\frac{2.2}{10,000}$ ＋ 납세고지서 납부기한까지 미납세액 × 3% * ① 미납부 또는 미달납부한 경우: 납부기한의 다음날부터 자진납부일(또는 고지일)까지의 일수 ② 초과환급받은 경우: 환급받은 날의 다음날부터 자진납부일(또는 고지일)까지의 일수
(4) 대리납부불이행에 대한 원천징수납부 등 불성실가산세		미납세액 × Min[3% ＋기간* × $\frac{2.2}{10,000}$, 10%] * 납부기한의 다음날부터 자진납부일(또는 고지일)까지의 일수

1 영세율과세표준을 무신고하거나 과소신고한 경우에는 다음의 가산세액을 무신고가산(또는 과소신고 · 초과환급신고가산세)에 가산함

무신고 및 과소신고한 영세율과세표준 × 0.5%*   * 국제거래에서 발생한 부정행위를 무신고, 과소신고 · 초과환급신고한 경우에는 각각 60%

2 부정행위는 법인세법의 경우와 같음

3 부가가치세의 과소신고 · 초과환급신고가산세는 부가가치세법에 따른 사업자가 아닌 자가 환급세액을 신고한 경우에도 적용함

위에서 과세기간을 잘못 적용하여 신고납부한 경우에는 실제 신고납부한 날에 그 금액의 범위에서 당초 신고납부했어야 할 과세기간에 대한 부가가치세를 자진납부한 것으로 본다(부정무신고, 부정과소신고의 경우는 제외함). 한편, 부가가치세법에 따른 사업자가 납부기한까지 어느 사업장에 대한 부가가치세를 다른 사업장에 대한 부가가치세에 더하여 신고납부한 경우에는 납부지연가산세를 적용할 때 부가가치세를 납부한 것으로 본다.

참고사항 1

[대리납부제도]

1. 개 요

'대리납부'란 국내에 사업장이 없는 비거주자 또는 외국법인과 국내사업장이 있는 비거주자 또는 외국법인으로부터 용역(국내사업장과 관련 없는 용역을 제공하는 경우에 한함) 또는 무체물을 공급받는 경우 해당 용역 등을 공급받은 자가 그 대가를 지급하는 시점에 국외의 공급자를 대리하여 부가가치세를 징수 · 납부하는 것을 말한다.

한편, 부가가치세의 대리납부시 제출하는 대리납부신고서는 과세표준에 대한 신고가 아니므로 수정신고 또는 경정청구의 대상에 해당되지 않으며, 수정신고시 적용되는 가산세의 감면 등이 적용되지 않는다. 다만, 과다하게 납부한 대리납부세액에 대하여는 국세기본법에 따라 환급청구를 할 수 있다.

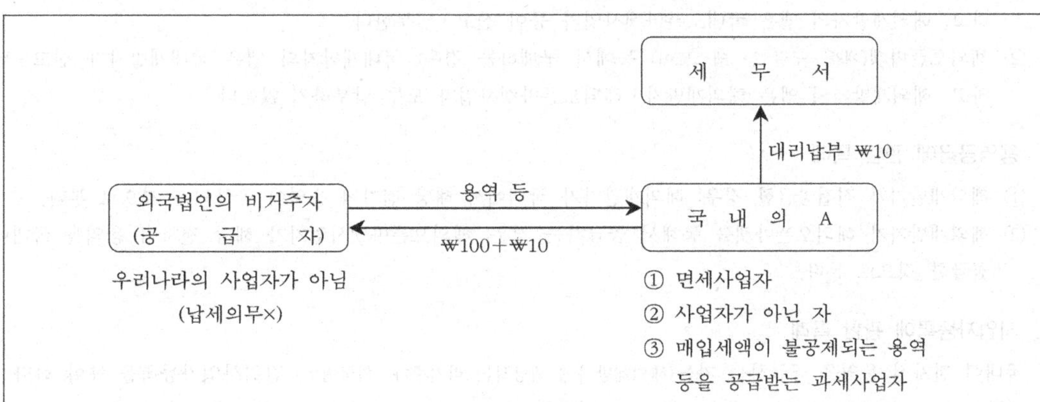

2. 대리납부의 적용요건

① 용역의 제공자가 국내사업장이 없는 비거주자 또는 외국법인이거나, 국내사업장이 있더라도 국내사업장과 관련없는 비거주자 또는 외국법인이어야 한다.

② 해당 용역이 부가가치세가 과세되는 용역이어야 한다.

③ 해당 용역이 국내에서 사용 또는 소비되어야 한다.

④ 제공받은 용역을 부가가치세가 과세되지 않는 사업에 사용 또는 소비되어야 한다.

참고사항 2

[사업양도자의 부가가치세 대리납부]

사업의 양도(이에 해당하는지 여부가 분명하지 아니한 경우를 포함함)에 따라 그 사업을 양수받는 자는 그 대가를 지급하는 때에 그 대가를 받은 자로부터 부가가치세를 징수하여 그 대가를 지급하는 날이 속하는 달의 다음 달 25일까지 사업장 관할 세무서장에게 납부할 수 있다.

참고사항 3

[전자적용역을 공급하는 국외사업자에 관한 특례]

1. 의 의

해외개발자가 해외에서 직접 전자적용역을 공급하거나 해외오픈마켓을 통하여 공급하는 경우 해외개발자 또는 해외오픈마켓사업자가 간편하게 사업자등록을 하여 부가가치세를 납부할 수 있도록 하는 제도이다. 이는 국내개발자와 해외개발자간 과세형평을 제고하고 부가가치세의 소비지국과세원칙을 구현하기 위함이다. 현행 부가가치세의 규정은 아래와 같다.

① 국내오픈마켓(예: SKT, KT 등 앱스토어) 등에서 구매하는 경우: 국내개발자의 앱은 국내개발자가 신고·납부하고, 해외개발자의 앱은 국내오픈마켓사업자 등이 신고·납부한다.

② 해외오픈마켓(애플·구글 등 앱스토어) 등에서 구매하는 경우: 국내개발자의 앱은 국내개발자가 신고·납부하고, 해외개발자의 앱은 해외개발자·해외오픈마켓사업자 모두 납부하지 않는다.

2. 용역공급에 관한 특례

① 해외개발자가 직접공급한 경우: 해외개발자가 국내에서 해당 전자적 용역이 공급되는 것으로 본다.

② 해외개발자가 해외오픈마켓을 통해서 공급하는 경우: 해외오픈마켓사업자가 해당 전자적 용역을 국내에서 공급한 것으로 본다.

3. 사업자등록에 관한 특례

국내에 전자적 용역을 공급하는 자는(해외개발자에 해당하는 비거주자·외국법인) 간편사업자등록을 해야 한다.

① 등록신청: 사업개시일부터 20일이내에 국세정보통신망에 접속하여 ㉠ 사업자 및 대표자의 이름과 연락처, ㉡ 용역을 제공하는 사업장이 소재하는 국외 사업자 등록과 관련된 정보, ㉢ 사업개시일 등 기획재정부령이 정하는 것에 대한 입력을 하는 간편사업자등록을 해야 한다.

② 등　　록: 등록신청을 받은 국세청장은 간편사업자등록을 하고 간편사업자등록번호를 부여한 후 사업자에게 통지해야 한다.

③ 간편사업자등록을 한 자가 국내에서 폐업한 경우(사실상 폐업한 경우를 포함) 국세청장은 간편사업자등록을 말소할 수 있다.

4. 신고 · 납부 등에 관한 특례

간편사업자등록을 한 자는 부가가치세의 예정신고 · 납부 및 확정신고 · 납부를 해야 한다.

① 신　　고: 사업자는 사업자명 및 간편사업자등록번호, 총공급가액, 공제받을 매입세액 및 납부할 세액을 기재하는 방식으로 부가가치세예정신고 및 확정신고를 해야 한다. 여기에서 총공급가액인 대가를 외국통화나 그 밖의 외국환으로 받은 경우에는 과세기간종료일(예정신고기간의 종료일)의 기준환율을 적용하여 환가한 금액을 과세표준으로 할 수 있다.

② 납　　부: 국세청장이 정하는 바에 따라 외국환은행의 계좌에 납입하는 방식으로 해야 한다.

③ 납세지: 사업자의 신고 · 납부의 효율과 편의를 고려하여 국세청장이 지정해야 한다.

④ 기　　타: 세금계산서의 발급의무를 면제하고 미신고 · 납부시 신고불성실가산세 및 납부지연가산세를 적용한다.

5. 국외사업자가 공급시 부가가치세 과세대상이 되는 전자적 용역의 범위

① 게임, 음성, 동영상 파일, 전자문서, 소프트웨어 등 저작물

② 클라우드 컴퓨팅, 광고를 게재하는 용역, 중개용역

6. 기타사항

① 자료보관: 간편사업자등록을 한 자는 전자적 용역의 공급에 대한 거래명세(등록사업자의 과세사업 또는 면세사업에 대하여 용역을 공급하는 경우의 거래명세를 포함한다)를 그 거래사실이 속하는 과세기간에 대한 확정신고 기한이 지난 후 5년간 보관하여야 한다.

② 제출요구: 국세청장은 부가가치세 신고의 적정성을 확인하기 위하여 간편사업자등록을 한 자에게 전자적 용역 거래명세서를 제출할 것을 요구할 수 있다.

③ 자료제출: 간편사업자등록을 한 자는 제7항에 따른 요구를 받은 날부터 60일 이내에 전자적 용역 거래명세서를 국세청장에게 제출하여야 한다.

2.2 부가가치세법상 가산세 ★★★★

(1) 개 요

구 분		가산세액
등록불성실가산세	미등록 : 사업개시일로부터 20일이내에 사업자등록신청을 하지 않은 경우(전자적 용역을 공급하는 국외사업자의 간편사업자등록 포함)	공급가액* × 1% * 사업개시일부터 등록을 신청한 날의 직전일까지의 공급가액
	명의위장등록 : 타인명의* 로 사업자등록을 하고 실제사업을 영위하는 것으로 확인되는 경우 * 여기서 타인이란 자기의 계산과 책임으로 사업을 영위하지 않는 자를 말하며, 배우자는 타인으로 보지 않음	공급가액* × 2% * 사업개시일부터 실제사업을 영위하는 것으로 확인되는 날의 직전일까지의 공급가액
세금계산서 불성실가산세	세금계산서의 발급시기경과후 공급시기가 속하는 과세기간*에 대한 확정신고기한내 발급하는 경우 * 후발급의 특례규정에 따라 발급하는 경우에는 그 과세기간말의 다음달 10일	공급가액 × 1%
	세금계산서의 필요적 기재사항의 전부 또는 일부가 착오 또는 과실로 적혀있지 않거나 사실과 다른 경우(부실기재), 이 경우 고의로 공급가액을 일부 부풀린 경우(*)	공급가액 × 1%(*는 2%)
	공급시기가 속하는 과세기간* 에 대한 확정신고기한까지 미발급한 경우 * 후발급의 특례규정에 따라 발급하는 경우에는 그 과세기간말의 다음달 10일	공급가액 × 2%* * 전자세금계산서의 발급의무자가 과세기간내 종이세금계산서를 발급시 가산세: 1%
	가공의 세금계산서를 발급하는 경우 및 발급받는 경우(납세지 관할 세무서장이 징수)	공급가액* × 3% * 가공의 세금계산서를 발급받는 경우에는 세금계산서에 기재된 금액. 이 경우 세금계산서는 세금계산서 또는 신용카드매출전표, 현금영수증을 포함함
	실제공급자 · 실제공급받는 자가 아닌 자의 명의로 세금계산서를 발급한 경우 및 발급받은 경우 * 둘 이상의 사업장을 보유한 사업자가 재화 또는 용역을 공급한 사업장이 아닌 자신의 다른 사업장 명의로 세금계산서를 발급한 경우는 1%	공급가액 × 2% * 이 경우 세금계산서는 세금계산서 또는 신용카드매출전표, 현금영수증을 포함함

구 분		가산세액
매출처별세금계산서합계표제출불성실가산세	미제출[1]·부실기재[2] [1] 미제출에는 수정신고 또는 경정시 제출한 경우를 포함하며, [2] 부실기재에는 착오기재를 제외함	공급가액×0.5%
	지연제출 * 예정신고시 제출해야 할 합계표를 확정신고와 함께 제출하는 경우	공급가액×0.3%
매입처별세금계산서합계표제출불성실가산세	공급시기이후에 발급받은 세금계산서로서 해당 공급시기가 속하는 과세기간의 확정신고기한까지 발급받은 경우로서 매입세액공제를 받는 경우 * 후발급의 특례규정에 따라 발급받은 경우를 포함	공급가액×0.5%
	공급시기 이후 세금계산서를 발급받았으나, 실제 공급시기가 속하는 과세기간의 확정신고기한 다음날부터 6개월 이내에 발급받은 것으로서 수정신고·경정청구하거나, 거래사실을 확인하여 결정·경정하는 경우	공급가액×0.5%
	공급시기 이전 세금계산서를 발급받았으나, 실제 공급시기가 30일 이내에 도래하고 거래사실을 확인하여 결정·경정하는 경우	공급가액×0.5%
	경정시 경정기관의 확인을 거쳐 제출한 경우	공급가액×0.5%
	매입세액을 과다기재한 경우 * 착오기재를 제외함	공급가액×0.5%
전자세금계산서발급명세미전송가산세	전자세금계산서발급명세의 전송기한*이 경과한 후 공급시기가 속하는 과세기간에 대한 확정신고기한까지 국세청장에게 세금계산서 발급명세를 전송하는 경우(지연전송) * 발급일의 다음날	공급가액×0.3%
	전자세금계산서 발급명세 전송기한*이 경과한 후 공급시기가 속하는 과세기간말에 대한 확정신고기한까지 국세청장에게 세금계산서발급명세를 전송하지 않은 경우(미전송) * 발급일의 다음날	공급가액×0.5%
현금매출명세서 및 부동산임대공급가액명세서제출불성실가산세	현금매출명세서 등을 제출하지 않거나 제출한 수입금액이 사실과 다르게 기재된 경우	제출하지 않는 수입금액 또는 제출한 수입금액과 실제수입금액과의 차액 × 1%

(2) 중복적용의 배제

구 분	내 용
미등록가산세가 적용되는 경우	세금계산서불성실가산세[1] 및 매출처별세금계산서합계표불성실가산세, 전자세금계산서발급명세미전송가산세를 미적용함
세금계산서불성실가산세*가 적용되는 경우 * 공급가액의 2%	미등록가산세, 매출처별세금계산서합계표불성실가산세 및 매입처별세금계산서합계표불성실가산세를 미적용함
매출처별세금계산서합계표불성실가산세가 적용되는 경우	세금계산서불성실가산세[1] 및 전자세금계산서발급명세미전송가산세를 미적용함[2]
세금계산서불성실가산세*가 적용되는 경우 * 공급가액의 1%	전자세금계산서발급명세미전송가산세를 미적용함
예정신고분에 대하여 신고관련 가산세 및 납부지연가산세가 적용되는 경우	확정신고와 관련한 신고관련 가산세 및 납부지연가산세를 미적용함
원천징수납부 등 불성실가산세가 적용되는 경우	납부지연가산세를 미적용함
공급가액 과다기재 세금계산서 발급 · 수취 가산세(2%) 적용시	사실과 다른 세금계산서 발급 가산세(1%)를 미적용함

[1] 공급가액의 1% 적용분임

[2] 매출처별세금계산서합계표불성실가산세(1% 또는 0.5%)와 세금계산서지연발급가산세(1%)가 중복시 세금계산서지연발급가산세를 적용함

(3) 가산세의 한도

다음에 해당하는 가산세에 대하여는 그 의무위반의 종류별로 각각 1억원(중소기업: 5천만원)을 한도로 한다. 다만, 해당 의무를 고의적으로 위반한 경우에는 그렇지 않다.

① 미등록가산세(간이과세자의 미등록가산세를 포함함)

② 세금계산서불성실가산세(2%의 가산세율을 적용받는 경우는 제외함)

③ 매출처별세금계산서합계표제출불성실가산세

④ 매입처별세금계산서합계표제출불성실가산세

⑤ 현금매출명세서 및 부동산임대공급가액명세서제출불성실가산세

예제 8-2 | 가산세

다음의 자료에 따라 과세사업자인 (주)A의 20×1년 제1기 과세기간에 대한 부가가치세의 부과고지세액(미달납부세액 및 가산세)은 얼마인가?

(1) (주)A는 20×1년 제1기 부가가치세 확정신고시 신고·납부기한일인 20×1년 7월 25일에 다음과 같이 신고하고 납부할 세액을 납부하였다.

과세표준	매출세액	매입세액	차가감하여 납부할 세액
₩500,000,000	₩50,000,000	₩28,000,000 (전액 세금계산서를 교부받은 것임)	₩22,000,000

(2) 관할세무서장의 세무조사 결과 다음의 사실들이 확인되었다. 단, 주어진 자료의 금액은 부가가치세가 포함되지 않은 금액이다.

① (주)A는 20×1년 5월 1일에 (주)갑에게 기계장치를 ₩50,000,000에 판매하고 세금계산서를 교부하지 않았고, 부당한 방법으로 과세표준에서 누락하였다.

② 매입세액에는 20×1년 6월 1일에 지출한 기업업무추진비 ₩10,000,000에 관련된 매입세액도 포함되어 있고, (주)A는 동 매입세액을 부당한 방법이 아니라 단순한 착오로 공제하였다.

(3) (주)A에 대한 부과고지세액의 납세고지일은 20×2년 6월 1일이다.

해설 1. 미달납부세액: ① + ② = ₩6,000,000

① 매출세액의 누락(부당): ₩50,000,000 × 10% = ₩5,000,000

② 매입세액의 공제(일반): ₩10,000,000 × 10% = ₩1,000,000

2. 신고불성실가산세: ₩5,000,000 × 40% + (₩6,000,000 − ₩5,000,000) × 10% = ₩2,100,000

3. 납부지연가산세: ₩6,000,000 × $\frac{2.2}{10,000}$ × 312일(20×1. 7. 26. ~ 20×2. 6. 1.) = ₩411,840

4. 세금계산서미발급가산세: ₩50,000,000 × 2% = ₩1,000,000

5. 부과고지세액: ₩6,000,000 + ₩2,100,000 + ₩411,840 + ₩1,000,000 = ₩9,511,840

3 부가가치세의 신고납부, 환급절차 및 결정·경정

3.1 예정신고와 납부

(1) 법인사업자인 경우

사업자는 예정신고기간의 종료후 25일이내에 예정신고기간에 대한 과세표준과 납부세액 또는 환급세액을 사업장의 관할세무서장에게 신고·납부해야 한다. 다만, 조기환급신고에 있어서 이미 신고한 내용은 예정신고의 대상에서 제외한다. 단, 직전 과세기간 과세표준 1.5억 미만 법인(이하 특정법인)도 예정고지한다. 한편, 예정신고기간 및 신고기한은 다음과 같다.

구 분		신고기간	신고기한
제1기의 예정신고	계속사업자	1. 1. ~ 3. 31.	4. 25.
	신 규 자	개시일(등록일) ~ 3. 31.	
제2기의 예정신고	계속사업자	7. 1. ~ 9. 30.	10. 25.
	신 규 자	개시일(등록일) ~ 9. 30.	

(2) 개인사업자인 경우

1) 원칙: 고지납부

개인사업자 및 특정법인에 대하여는 각 예정신고기간마다 직전과세기간에 대한 납부세액(신용카드매출전표 등 발행세액공제, 전자세금계산서의 발급·전송에 대한 세액공제 및 전자신고세액공제를 뺀 금액)의 50%에 상당하는 금액(1천원 미만의 단수가 있을 시에는 단수금액을 절사함)을 결정하여 해당 예정신고기한까지 징수한다.

구 분	고지서 발부기간	징수기한
제1기의 예정신고기간	4. 1. ~ 4. 10.	4. 25.
제2기의 예정신고기간	10. 1. ~ 10. 10.	10. 25.

1 징수해야 할 금액이 50만원미만, 간이과세자에서 해당 과세기간의 개시일 현재 일반과세자로 변경된 경우, 국세징수법의 재난 등으로 인한 납부기한 등의 연장 사유로 관할 세무서장이 징수하여야 할 금액을 사업자가 납부할 수 없다고 인정되는 경우에는 이를 징수하지 않음

2 예정신고기간에 대하여 고지납부한 경우 확정신고시 해당 과세기간전체(6개월분)에 대하여 신고하고 예정고지납부세액을 기납부세액의 성격으로 보아 확정신고납부세액에서 공제함

2) 예외: 신고납부

개인사업자라 할지라도 다음의 경우에는 예정신고·납부할 수 있다.

① 휴업 또는 사업부진으로 인하여 예정신고기간의 공급가액 또는 납부세액이 직전과세기간의 공급가액 또는 납부세액의 3분의 1에 미달하는 사업자

② 각 예정신고기간분에 대해 조기환급을 받고자 하는 사업자

참고사항

[중간예납 및 예정신고]

구 분	법 인 세	소 득 세	부가가치세
법인사업자	자진납부(①, ② 중 선택) ① 전기납부실적기준 ② 당기중간예납기간의 실적기준	–	신고납부(당기예정신고기간)
개인사업자	–	① 원칙: 고지납부(전기납부실적기준) ② 예외: 자진납부선택 또는 의무(당기중간예납기간의 실적기준)	① 원칙: 고지납부(전기납부실적기준) ② 예외: 신고납부의 선택(당기 예정신고기간)
신규사업자	중간예납의무 없음	중간예납의무 없음	① 법인사업자: 예정신고의무 있음 ② 개인사업자: 예정신고 및 예정고지납부의무 없음

3.2 확정신고와 납부

사업자는 각 과세기간에 대한 과세표준과 납부세액 또는 환급세액을 그 과세기간의 종료후 25일(폐업하는 경우에는 폐업일이 속하는 달의 다음달 25일)이내에 각 사업장의 관할세무서장에게 신고·납부해야 한다. 다만, 예정신고 및 조기환급신고에 있어서 이미 신고한 내용은 확정신고대상에서 제외한다. 한편, 확정신고기간 및 신고기한은 다음과 같다.

구 분		신고기간	신고기한
제1기 확정신고	계속사업자	1월 1일 ~ 6월 30일	7월 25일
	신 규 자	개시일(등록일) ~ 6월 30일	
	폐 업 자	1월 1일 ~ 폐업일	폐업일이 속하는 달의 다음달 25일

구 분		신고기간	신고기한
제2기 확정신고	계속사업자	7월 1일 ~ 12월 31일	다음해 1월 25일
	신 규 자	개시일(등록일) ~ 12월 31일	
	폐 업 자	7월 1일 ~ 폐업일	폐업일이 속하는 달의 다음달 25일

참고사항 1

[확정신고시에만 적용되는 사항]

① 대손세액공제
② 일반환급
③ 납부세액 및 환급세액의 재계산
④ 전자신고세액공제
⑤ 가산세
⑥ 과세전용매입세액
⑦ 의제매입세액의 한도계산

참고사항 2

[재화의 수입에 대한 신고와 납부]

재화를 수입하는 자가 관세법에 따라 관세를 신고·납부하는 경우에는 재화의 수입에 대한 부가가치세를 함께 신고·납부해야 한다.

참고사항 3

[재화의 수입에 대한 부가가치세의 납부유예]

1. 납부유예의 신청
   ① 세관장은 매출액에서 수출액이 차지하는 비율 등 일정한 중소사업자가 물품을 제조·가공하기 위한 원재료 등 재화의 수입에 대하여 부가가치세의 납부유예를 미리 신청하는 경우에는 해당 재화를 수입할 때 부가가치세의 납부를 유예할 수 있다. 이 경우 납부유예의 적용요건은 아래와 같다.
      ㉠ 제조업을 주된 사업으로 하는 조세특례제한법상 중소기업
      ㉡ 직전연도의 수출(영세율)에 대한 공급가액이 총공급가액의 30%이상이거나 매출액 50억 이상
      ㉢ 3년이상 계속사업을 하고, 2년이상 체납이 없을 것 등
   ② 중소사업자는 ①의 적용요건의 충족여부를 관할세무서장에게 확인요청 할 수 있다. 이 경우 관할세무서장은 법인세의 과세표준 및 세액신고서 등을 기준으로 해당 중소사업자에게 확인서를 발급해야 한다.
   ③ 수출비중이 30% 이상인 중견기업도 적용한다.

2. 납부유예세액의 정산 및 납부

납부를 유예받은 중소사업자는 납세지의 관할세무서장에게 예정신고 또는 확정신고 등을 할 때 그 납부가 유예된 세액을 해당 재화의 매입세액에서 차감하는 방법으로 정산하거나 납부해야 한다. 이 경우 납세지의 관할세무서장에게 납부한 금액은 세관장에게 납부한 것으로 본다.

3. 납부유예의 취소

세관장은 부가가치세의 납부가 유예된 중소사업자가 아래의 어느 하나 사유에 해당하는 경우에는 그 납부의 유예를 취소할 수 있다. 이 경우 세관장은 해당 중소사업자에게 그 취소사실을 통지해야 한다.

① 국세를 체납한 경우

② 조세범처벌법 또는 관세법의 위반으로 국세청장 등으로부터 고발된 경우

③ 납부유예의 적용요건을 충족하지 못한 중소기업자에게 납부유예를 승인한 사실을 세관장이 알게 된 경우

3.3 환 급

(1) 일반환급

일반환급이란 각 과세기간별로 해당 과세기간에 대한 환급세액을 확정신고기한의 경과후 30일이내에 사업자에게 환급하는 것을 말한다. 일반환급의 경우 예정신고기간의 환급세액은 환급되지 않고 예정신고시의 미환급세액은 확정신고시 납부세액에서 차감하며, 잔액이 있을 경우에는 확정신고기한 경과후 30일이내에 환급받게 된다.

(2) 조기환급

조기환급이란 각 과세기간별 · 예정신고기간별 또는 조기환급기간별(매월 또는 매2월)로 환급세액을 확정신고기한 · 예정신고기한 또는 조기환급신고기한 경과후 15일이내에 환급하는 것을 말한다. 여기에서 조기환급대상은 ① 영세율을 적용받는 경우, ② 사업설비(감가상각자산)를 신설 · 취득 · 확장 또는 증축하는 경우, ③ 법원의 인가결정을 받은 회생계획 또는 기업개선계획의 이행을 위한 약정 및 특별약정을 이행중인 사업자이다. 조기환급신고를 한 부분은 예정신고 및 확정신고의 대상에서 제외한다. 한편, 조기환급세액은 영세율이 적용되는 공급분에 관련된 매입세액 또는 시설투자에 관련된 매입세액 · 국내공급분에 대한 매입세액을 구분하지 않고 사업장별로 해당 매출세액에서 매입세액을 공제하여 계산한다.

사례 8-1 각 과세기간별, 예정신고기간별, 조기환급기간(매월, 매2월)별 조기환급

(일반환급: 30일내)

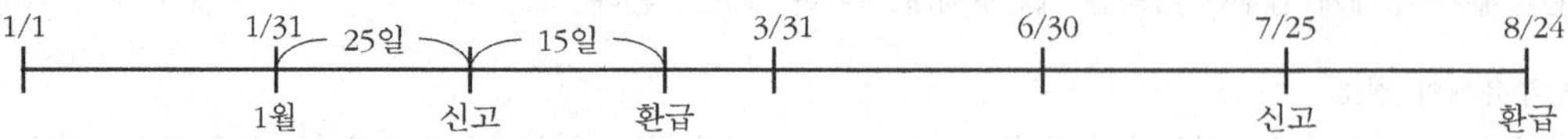

① 매월(1월+1월+1월), (1월+1월+1월)

② 매2월(2월+1월), (2월+1월)

③ 예정신고기간(3월), (3월)

3.4 결정 · 경정

(1) 결정 · 경정권자

일반적으로 부가가치세과세표준과 납부세액의 결정 또는 경정은 각 사업장의 관할세무서장이 행하나, 국세청장이 특히 중요하다고 인정하는 경우에는 관할지방국세청장 또는 국세청장이 이를 결정 또는 경정할 수 있다.

(2) 결정 · 경정의 방법

원칙적으로 실지조사방법에 의하고 장부 기타증빙서류를 이용하여 과세표준과 세액을 계산할 수 없는 경우에는 추계조사방법에 의한다.

(3) 경정시 매입세액의 공제여부

사업자가 경정시 경정기관의 확인을 거쳐 세금계산서를 제출하는 경우에도 매입세액은 공제하나, 매입처별세금계산서합계표불성실가산세가 적용된다.

참고사항 1

[현금매출명세서의 제출]

예식장업, 부동산중개업, 보건업(병원 · 의원에 한함), 산후조리원, 변호사업, 심판변론인업, 변리사업, 법무사업, 공인회계사업, 세무사업, 의사업, 한의사업, 약사업 등의 사업을 하는 사업자는 현금매출명세서를 예정신고 또는 확정신고와 함께 제출해야 한다.

참고사항 2

[수시부과의 결정]

① 납세지 관할 세무서장 등은 사업자가 과세기간 중에 다음의 어느 하나에 해당하는 경우에는 수시로 그 사업자에 대한 부가가치세를 부과(수시부과)할 수 있다.

> ㉠ 거래 사실과 다른 세금계산서(가공, 위장, 공급가액 과다기재)를 발급하거나 발급받은 경우
> a. 재화 또는 용역의 공급 없이 세금계산서 등을 발급하거나 발급받은 경우
> b. 재화 또는 용역을 공급하거나 공급받고 실제 공급하거나 공급받는 자가 아닌 자의 명의로 세금계산서 등을 발급하거나 발급받은 경우
> c. 재화 또는 용역을 공급하고 세금계산서 등의 공급가액을 과다하게 기재하여 발급하거나 발급받은 경우
>
> ㉡ 아래 사유로 부가가치세를 포탈할 우려가 있는 경우
> - 사업장의 이동이 빈번한 경우
> - 사업장의 이동이 빈번하다고 인정되는 지역에 사업장이 있을 경우
> - 휴업 또는 폐업 상태에 있을 경우
> - 신용카드 · 현금영수증가맹점 의무 가입 사업자가 미가입한 경우로서 사업규모 · 영업상황 등 감안 시 신고 내용이 불성실한 경우
> - 조기환급 신고의 내용에 오류가 있는 경우

② ①은 해당 과세기간의 개시일부터 해당 사유가 발생한 날까지를 수시부과기간으로 하여 적용한다. 이 경우 해당 사유가 확정신고기한 이전에 발생한 경우로서 사업자가 직전 과세기간에 대하여 확정신고를 하지 아니한 경우에는 직전 과세기간을 수시부과기간에 포함한다.

일반과세자 부가가치세 [ ]예정 [ ]확정 / [ ]기한후과세표준 / [ ]영세율 등 조기환급 신고서

※ 뒤쪽의 작성방법을 읽고 작성하시기 바랍니다. (4쪽 중 제1쪽)

관리번호				처리기간	즉시
신고기간	년 제 기 (월 일 ~ 월 일)				
사업자	상 호 (법인명)		성 명 (대표자명)		사업자등록번호 - -
	생년월일		전화번호	사업장	주소지 / 휴대전화
	사업장 주소			전자우편 주소	

① 신 고 내 용

구 분				금 액	세율	세 액
과세표준 및 매출세액	과세	세금계산서 발급분	(1)		10 / 100	
		매입자발행 세금계산서	(2)		10 / 100	
		신용카드 · 현금영수증 발행분	(3)		10 / 100	
		기타(정규영수증 외 매출분)	(4)		10 / 100	
	영세율	세금계산서 발급분	(5)		0 / 100	
		기 타	(6)		0 / 100	
	예정 신고 누락분		(7)			
	대손세액 가감		(8)			
	합계		(9)		㉮	
매입세액	세금계산서 수취분	일 반 매 입	(10)			
		수출기업 수입분 납부유예	(10-1)			
		고정자산 매입	(11)			
	예정 신고 누락분		(12)			
	매입자발행 세금계산서		(13)			
	그 밖의 공제매입세액		(14)			
	합계 (10)-(10-1)+(11)+(12)+(13)+(14)		(15)			
	공제받지 못할 매입세액		(16)			
	차감계 (15)-(16)		(17)		㉯	
납부(환급)세액 (매출세액㉮ - 매입세액㉯)					㉰	
경감 · 공제세액	그 밖의 경감 · 공제세액		(18)			
	신용카드매출전표등 발행공제 등		(19)			
	합계		(20)		㉱	
소규모 개인사업자 부가가치세 감면세액			(20-1)		㉲	
예정 신고 미환급 세액			(21)		㉳	
예정 고지 세액			(22)		㉴	
사업양수자가 대리납부한 세액			(23)		㉵	
매입자 납부특례에 따라 납부한 세액			(24)		㉶	
신용카드업자가 대리납부한 세액			(25)		㉷	
가산세액 계			(26)		㉸	
차감 · 가감하여 납부할 세액(환급받을 세액)(㉰-㉱-㉲-㉳-㉴-㉵-㉶-㉷+㉸)					(27)	
총괄 납부 사업자가 납부할 세액(환급받을 세액)						

② 국세환급금 계좌신고	거래은행	은행 지점	계좌번호	
③ 폐업 신고	폐업일		폐업 사유	
④ 영세율 상호주의	여[ ] 부[ ]	적용구분	업종	해당 국가

⑤ 과 세 표 준 명 세

업 태	종목	생산요소	업종 코드	금 액
(28)				
(29)				
(30)				
(31)수입금액 제외				
(32)합 계				

「부가가치세법」 제48조 · 제49조 또는 제59조와 「국세기본법」 제45조의3에 따라 위의 내용을 신고하며, **위 내용을 충분히 검토하였고 신고인이 알고 있는 사실 그대로를 정확하게 적었음을 확인합니다.**

년 월 일

신고인: (서명 또는 인)

세무대리인은 조세전문자격자로서 위 신고서를 성실하고 공정하게 작성하였음을 확인합니다.

세무대리인: (서명 또는 인)

세무서장 귀하

첨부서류	뒤쪽 참조

세무대리인	성 명		사업자등록번호		전화번호		생년월일	

※ 이 쪽은 해당 사항이 있는 사업자만 사용합니다.
※ 뒤쪽의 작성방법을 읽고 작성하시기 바랍니다.

사업자등록번호 □□□-□□-□□□□□ *사업자등록번호는 반드시 적으시기 바랍니다.

	구 분				금 액	세율	세 액
예정신고 누락분 명세	(7)매출	과세	세 금 계 산 서	(33)		10 / 100	
			기 타	(34)		10 / 100	
		영세율	세 금 계 산 서	(35)		0 / 100	
			기 타	(36)		0 / 100	
		합 계		(37)			
	(12)매입	세 금 계 산 서		(38)			
		그 밖의 공제매입세액		(39)			
		합 계		(40)			

	구 분			금 액	세율	세 액
(14) 그 밖의 공제 매입세액 명세	신용카드매출전표등 수령명세서 제출분	일 반 매 입	(41)			
		고정자산매입	(42)			
	의 제 매 입 세 액		(43)		뒤쪽 참조	
	재 활 용 폐 자 원 등 매 입 세 액		(44)		뒤쪽 참조	
	과 세 사 업 전 환 매 입 세 액		(45)			
	재 고 매 입 세 액		(46)			
	변 제 대 손 세 액		(47)			
	외국인 관광객에 대한 환급세액		(48)			
	합 계		(49)			

	구 분		금 액	세율	세 액
(16) 공제받지 못할 매입세액 명세	공제받지 못할 매입세액	(50)			
	공통매입세액 중 면세사업등 해당 세액	(51)			
	대 손 처 분 받 은 세 액	(52)			
	합 계	(53)			

	구 분		금 액	세율	세 액
(18) 그 밖의 경감·공제 세액 명세	전 자 신 고 세 액 공 제	(54)			
	전자세금계산서 발급세액 공제	(55)			
	택 시 운 송 사 업 자 경 감 세 액	(56)			
	대리납부 세액공제	(57)			
	현금영수증사업자 세액공제	(58)			
	기 타	(59)			
	합 계	(60)			

	구 분			금 액	세 율	세 액
(26) 가산세액 명세	사 업 자 미 등 록 등		(61)		1 / 100	
	세 금 계 산 서	지연발급 등	(62)		1 / 100	
		지연수취	(63)		5 / 1,000	
		미발급 등	(64)		뒤쪽 참조	
	전자세금계산서 발급명세 전송	지연전송	(65)		3 / 1,000	
		미전송	(66)		5 / 1,000	
	세금계산서 합계표	제출 불성실	(67)		5 / 1,000	
		지연제출	(68)		3 / 1,000	
	신고 불성실	무신고(일반)	(69)		뒤쪽참조	
		무신고(부당)	(70)		뒤쪽참조	
		과소·초과환급신고(일반)	(71)		뒤쪽참조	
		과소·초과환급신고(부당)	(72)		뒤쪽참조	
	납부지연		(73)		뒤쪽참조	
	영세율 과세표준신고 불성실		(74)		5 / 1,000	
	현금매출명세서 불성실		(75)		1 / 100	
	부동산임대공급가액명세서 불성실		(76)		1 / 100	
	매입자 납부특례	거래계좌 미사용	(77)		뒤쪽참조	
		거래계좌 지연입금	(78)		뒤쪽참조	
	신용카드매출전표 등 수령명세서 미제출·과다기재		(79)		5 / 1,000	
	합 계		(80)			

	업태	종목	코드번호	금액
면세사업 수입금액	(81)			
	(82)			
	(83) 수입금액 제외			
			(84) 합계	

계산서 발급 및 수취 명세	(85) 계산서 발급금액	
	(86) 계산서 수취금액	

CHAPTER 09

간이과세

1 개 요

1.1 간이과세제도의 특징 ★★

간이과세자는 직전 연도의 재화와 용역의 공급대가(부가가치세가 포함된 가격)가 10,400만원에 미달하는 개인사업자에 한하며 일반과세자와 비교하여 간이과세의 특징을 살펴보면 다음과 같다.

구 분	간이과세자	일반과세자
납부세액	공급대가 × 10% × 업종별부가가치율	공급가액 × 10% － 세금계산서 등 매입세액
매입세액	매입세액공제를 받을 수 없음 • 매입 공급대가에 0.5%를 곱한 금액을 납부세액을 한도로 공제함	매입세액을 매출세액에서 한도없이 공제함
발급증빙	영수증(예외적으로 세금계산서의 발급○)	세금계산서 또는 영수증
신고의무	예정신고는 없으며 (예정부과) 확정신고만 적용함	예정신고(예정고지) 및 확정신고 모두 적용함
환 급	환급받을 수 없음	일반환급, 조기환급도 모두 가능함
과세기간	1. 1. ~ 12. 31.	제1기: 1. 1. ~ 6.30., 제2기: 7. 1. ~ 12.31.

1.2 간이과세자의 범위 ★★★

직전 연도의 공급대가가 10,400만원(휴업하거나 신규사업자의 경우에는 12월로 환산한 금액기준) 미만인 개인사업자는 간이과세를 적용하는데 다음의 사업을 영위하는 자는 직전 연도의 공급대가와 관계없이 간이과세를 적용받을 수 없다.

(1) 간이과세의 적용배제

① 간이과세가 적용되지 않는 다른 과세사업장을 보유하고 있는 사업자

② 일반과세자로부터 사업을 양수한 사업자 ☞ 다만, 간이과세배제업종에 해당하지 않는 경우로서 사업을 양수한 이후 공급대가합계액이 10,400만원에 미달하는 경우에는 간이과세자가 될 수 있음

③ 2이상의 사업장을 운영하는 경우에는 2이상의 사업장 공급대가합계액이 10,400만원 이상인 경우

④ 전전년도기준 복식부기의무자가 경영하는 사업

⑤ 다음의 사업을 영위하는 자

㉠ 광업, 제조업*, 도매업 및 상품중개업(소매업의 겸영을 포함하고, 재생용재료수집 및 판매업은 제외함)

* 제조업 중 주로 최종소비자에게 직접 재화를 공급하는 사업으로서 과자점업 · 도정업 · 제분업 · 양복점업 · 양장점업 및 자기가 공급하는 재화의 50%이상을 최종소비자에게 공급하는 사업으로서 국세청장이 정하는 것은 간이과세의 적용이 가능함

㉡ 부동산매매업, 법소정*의 부동산임대업, 법소정의 과세유흥장소를 영위하는 사업

* 특별시 · 광역시 및 시의 지역에 소재하는 부동산임대사업장을 영위하는 사업으로서 국세청장이 정하는 규모이상의 사업을 말함

㉢ 변호사업, 심판변론인업, 변리사업, 법무사업, 공인회계사업, 세무사업, 의사업, 한의사업, 약사업 등

㉣ 전기 · 가스 · 증기 · 수도업, 건설업(최종소비자 대상 예외), 전문 · 과학 · 기술서비스업, 사업시설 관리 · 사업지원 및 임대서비스업(최종소비자 대상 제외) ☞ 21.7.1 이후 적용

㉤ 사업장소재지역, 사업의 종류, 규모 등을 감안하여 국세청장이 정하는 기준에 해당하는 사업

㉥ 직전연도 공급대가 합계액(둘 이상인 경우 합계액)이 4,800만원 이상인 과세유흥장소 및 부동산임대업 사업자

(2) 신규사업자 및 미등록사업자에 대한 간이과세의 적용

① 신규로 사업을 개시하는 개인사업자는 직전 연도의 공급대가가 없으므로 사업자등록신청시 간이과세적용신고서를 제출한 경우에 간이과세를 적용한다.

② 사업자등록을 하지 않은 개인사업자는 사업을 개시한 날이 속하는 연도에 있어서 공급대가의 합계액이 10,400만원에 미달한 경우에는 최초의 과세기간에 있어서 간이과세자로 한다.

③ 위 ①, ②의 경우에도 간이과세의 적용배제업종을 영위하는 사업자의 경우에는 일반과세자로 한다.

1.3 과세유형의 변경 ★★

(1) 과세유형의 변경시기

구 분	내 용
일반적인 경우	간이과세자에 대한 규정이 적용되거나 적용되지 않게 되는 기간은 해의 1월 1일부터 12월 31일까지의 공급대가가 10,400만원에 미달하거나 그 이상이 되는 해의 다음해 7월 1일부터 그 다음해의 6월 30일까지로 함
신규사업자의 경우	신규로 사업을 시작한 개인사업자의 경우에는 최초의 과세기간은 선택에 따라 간이과세 또는 일반과세를 적용하고, 최초로 사업을 개시한 해의 다음해의 7월 1일부터 그 다음해의 6월 30일까지로 함
간이과세의 배제사업을 겸영하게 된 경우	① 간이과세배제사업의 개시일이 속하는 과세기간의 다음과세기간부터 간이과세를 적용하지 않음 ② 간이과세 배제사업 폐지일이 속하는 해의 다음 해 7월 1일부터 간이과세 적용
기타의 경우	① 간이과세자가 간이과세포기신고를 한 경우 일반과세를 적용받고자 하는 달이 속하는 과세기간의 다음과세기간부터 해당 사업장외의 사업장에 대하여 간이과세를 적용하지 않음 ② 간이과세자가 일반과세사업장을 신규로 개설한 경우 해당 사업의 개시일이 속하는 과세기간의 다음과세기간부터 간이과세를 적용하지 않음 ③ 결정 또는 경정한 공급대가가 기준금액이상인 개인사업자는 그 결정 또는 결정한 날이 속하는 과세기간까지 간이과세자로 봄

(2) 과세유형의 변경절차

과세유형이 변경되는 경우에 해당 사업자의 관할세무서장은 그 변경되는 과세기간개시 20일전까지 그 사실을 통지해야 하며, 사업자등록증을 정정하여 과세기간의 개시당일까지 발급해야 한다.

① 간이과세자로 변경시: 변경통지에 관계없이 간이과세를 적용한다. 다만, 부동산임대업의 경우에는 예외적으로 변경통지를 받은 날이 속하는 과세기간까지는 일반과세를 적용한다. ☞ 부동산임대업의 경우 바로 적용시 거액의 재고납부세액이 부담되기 때문임

② 일반과세자로 변경시: 변경통지를 받는 날이 속하는 과세기간까지는 간이과세를 적용한다.

(3) 간이과세의 포기

구 분	내 용
취 지	간이과세의 적용에 따른 누적효과를 제거하고 세금계산서를 발급하지 못함에 따른 불이익을 해소하는 데 목적이 있음. 한편, 누적효과를 제거하기 위한 제도는 ① 의제매입세액공제, ② 재활용폐자원 등 매입세액공제, ③ 면세포기, ④ 간이과세포기 등이 있음
포 기 절 차	포기하고자 하는 달의 전달말일까지 간이과세포기신고서를 제출함
간이과세적용의 제 한	① 간이과세를 포기한 사업자는 그 적용받고자 하는 달의 1일부터 3년이 되는 날이 속하는 과세기간까지는 일반과세를 적용함 ② 위에 따라 신고한 개인사업자 중 직전 연도의 공급대가의 합계액이 4천8백만원 이상 10,400만원 미만인 개인사업자 등 대통령령으로 정하는 개인사업자는 위에 따른 과세기간 이전이라도 간이과세자에 관한 규정을 적용받을 수 있다. ③ 간이과세자에 관한 규정을 적용받으려는 개인사업자는 적용받으려는 과세기간 개시 10일 전까지 대통령령으로 정하는 바에 따라 납세지 관할 세무서장에게 신고하여야 한다.

참고사항

[면세포기와 간이과세포기]

구 분	면세포기	간이과세포기
관할세무서장의 승인	불 필 요	불 필 요
포기대상의 제한	다음에 한하여 면세포기를 인정함 ① 영세율이 적용되는 재화·용역 ② 학술연구단체·기술연구단체가 공급하는 재화·용역	제한 없음
포 기 신 청 기 한	언제든지 가능	포기하고자 하는 달의 전달말일
기 타	① 면세포기신고일부터 3년간은 면세를 받지 못함 ② 3년 경과후 다시 면세를 적용받고자 하는 경우 면세적용신고를 해야 함	① 적용받고자 하는 달의 1일부터 3년이 되는 날이 속하는 과세기간까지는 일반과세를 적용(예외 있음) ② 적용받고자 하는 과세기간개시 10일전까지 간이과세적용신고를 해야 함

1.4 계산구조 ★★★★

구 분	금 액	업종별부가가치율	세 율	세 액
과 세 분	×××	×××	$\frac{10}{100}$	×××
+ 영 세 율 적 용 분	×××		$\frac{0}{100}$	–
+ 재 고 납 부 세 액	×××			×××
= 납 부 세 액	×××			×××
– 매입세금계산서 등 수령세액공제	×××			(×××)
– 신용카드매출전표 등 발행세액공제	×××			(×××)
– 전 자 신 고 세 액 공 제	–			(×××)
+ 가 산 세	–			×××
= (지방소비세차감전) 차가감납부할세액				×××
×74.7%				× 74.7%
= (지방소비세차감후) 차가감납부할세액				×××

* 공제세액합계는 납부세액합계를 한도로 공제함 ☞ **환급 ×**

(1) 과세표준 및 납부세액

납부세액 = 과세표준 × 업종별 부가가치율 × 10%(영세율: 0%) + 재고납부세액

1) 과세표준

간이과세자의 과세표준은 부가가치세를 포함한 가격인 공급대가이다.

2) 업종별 부가가치율

구 분	부가가치율
소매업, 재생용 재료수집 및 판매업, 음식점업	15%
제조업, 농업 · 임업 및 어업, 소화물 전문 운송업	20%
숙박업	25%
건설업, 그 밖의 운수업, 창고업, 정보통신업, 그 밖의 서비스업	30%
금융 및 보험관련 서비스업, 전문 · 과학 및 기술 서비스업(인물사진 및 행사용 영상 촬영업 제외), 사업시설관리 · 사업지원 및 임대 서비스업, 부동산 관련 서비스업, 부동산임대업	40%

참고사항

[2이상의 업종에 공통으로 사용하던 재화를 공급한 경우]

간이과세자가 2이상의 업종에 공통으로 사용하던 재화를 공급하여 업종별 실지귀속을 구분할 수 없는 경우에 적용할 부가가치율은 다음 산식에 의하여 계산한 율의 합계액으로 한다. 이 경우 휴업 등으로 인하여 해당 과세기간의 공급가액이 없는 경우에는 그 재화를 공급한 날에 가장 가까운 과세기간의 공급대가에 의하여 계산한다.

$$\text{공통사용재화의 공급시 부가가치율} = \text{해당재화와 관련된 각업종별 부가가치율} \times \frac{\text{해당과세기간의 각업종의 공급대가}}{\text{해당과세기간의 전체업종의 총공급대가}}$$

3) 재고납부세액

일반과세자가 간이과세자로 변경된 경우에 당초 공제받은 매입세액을 취소하여 납부세액에 가산하는 금액을 말한다. ☞ **후술하기로 함**

(2) 공제세액

1) 매입세금계산서 등 수령세액공제

간이과세자가 다른 사업자로부터 세금계산서·신용카드매출전표 등을 발급받아 매입처별세금계산서합계표 또는 신용카드매출전표 등 수령명세서를 사업장관할세무서장에게 제출하는 때에는 다음의 금액을 각 과세기간에 대한 납부세액에서 공제한다. 다만, 그 공제액이 각 과세기간의 납부세액을 초과하는 경우에는 그 초과하는 부분은 없는 것으로 한다. ☞ **환급×**

> 매입세금계산서 등 수령세액공제액 = 세금계산서 등을 발급받은 재화와 용역의 공급대가×0.5%

2) 신용카드매출전표 등 발행세액공제

간이과세자가 과세되는 재화 또는 용역을 공급하고 세금계산서의 발급시기에 신용카드매출전표, 현금영수증 등을 발행하거나, 전자화폐로 결제받는 경우에는 다음의 금액을 납부세액에서 공제한다. 간이과세자가 공제받는 금액이 납부할 세액을 초과하는 때에는 그 초과부분은 없는 것으로 한다.

> 신용카드매출전표 등 발행세액공제액 : Min[①, ②]
> ① 신용카드매출전표 등 발행금액(부가가치세를 포함함)×1.3%
> ② 연간 1,000만원 ☞ **한도액**

3) 전자신고세액공제

간이과세자가 직접 전자신고방법에 의하여 부가가치세의 신고를 하는 경우에는 해당 납부세액에서 1만원을 공제한다. ☞ 환급 ×

4) 전자세금계산서 발급 전송에 대한 세액공제

세액공제액 = MIN[①발급건수 × 200원, ② 연간 100만원]

(3) 가산세

구 분	가산세
(1) 등록불성실가산세	• 미등록 : 공급대가 × 0.5% • 명의위장등록 : 공급대가 × 1%
(2) 세금계산서불성실 가산세	• 발급관련 : 일반과세자와 동일 • 수취관련 : 다음의 가산세만 적용 ① 미수취[1] : 공급대가 × 0.5% ② 경정시 공제[2] : 공급가액 × 0.5%
(3) 매출처별세금계산서합계표불성실 가산세	일반과세자와 동일
(4) 전자세금계산서바급명세전송불성실가산세	일반과세자와 동일
(5) 매출처별세금계산서합계표불성실 가산세	없음
(6) 신고불성실가산세	일반과세자와 동일
(7) 납부지연가산세	일반과세자와 동일

[1] 미수취 : 세금계산서를 발급하여야 하는 사업자로부터 재화 또는 용역을 공급받고 세금계산서를 발급받지 아니한 경우(영수증을 발급하여야 하는 기간에 세금계산서를 발급받지 아니한 경우는 제외)를 말한다.

[2] 경정시 공제 : 세금계산서 등을 발급받고 수취세액공제를 받지 아니한 경우로서 결정 또는 경정 기관의 확인을 거쳐 간이과세자의 납부세액계산 특례규정에 따라 납부세액을 계산할 때 매입세액으로 공제받는 경우를 말한다.

1.5 신고와 납부 ★★

(1) 개 요

① 간이과세자는 과세기간의 과세표준과 납부세액을 그 과세기간이 끝난 후 25일(폐업하는 경우에는 폐업일이 속한 달의 다음달 25일)이내에 정부에 신고하고 납부해야 하며, 일반과세자와는 달리 제1기 확정신고의 납부절차는 없으나 예정부과기간에 대한 고지납부 또는 신고·납부절차는 있음에 유의해야 한다. 따라서 해당 과세기간의 세액을 납부하는 경우 예정부과기간에 대하여 납부한 세액은 공제하고 납부한다.

② 간이과세자는 발급받은 세금계산서에 대한 매입처별세금계산서합계표를 신고와 함께 제출해

야 한다. 만약 제출하지 않은 경우에는 매입세금계산서 등 수취세액공제가 적용되지 않을 뿐이며, 가산세가 부과되지는 않는다.

(2) 예정부과제도

1) 원 칙

예정부과기간(1월 1일부터 6월 30일까지)마다 직전과세기간에 대한 납부세액(신용카드발행세액공제 · 전자신고세액공제 · 세금계산서수취분에 대한 매입세액공제 · 농수산물의제매입세액공제액의 차감, 결정 · 경정이 반영된 금액)의 50%에 해당하는 금액(1천원미만의 단수는 버림)을 납부세액으로 결정(7월 1일부터 7월 10일까지 납세고지서를 발부함)하여 예정부과기간이 끝난 후 25일이내 고지징수한다. ☞ 다만, 징수해야 할 금액이 50만원미만, 간이과세자에서 해당 과세기간의 개시일 현재 일반과세자로 변경된 경우, 국세징수법의 재난 등으로 인한 납부기한 등의 연장 사유로 관할 세무서장이 징수하여야 할 금액을 사업자가 납부할 수 없다고 인정되는 경우에는 이를 징수하지 않음

2) 예 외

휴업 또는 사업부진 등으로 예정부과기간의 공급가액 또는 납부세액이 직전예정부과기간의 공급가액 또는 납부세액의 $\frac{1}{3}$에 미달하는 간이과세자는 예정부과기간의 과세표준과 납부세액을 예정부과기한까지 신고 · 납부할 수 있다. 이때 매입처별세금계산서합계표를 함께 제출해야 하고 제출하지 못하는 경우 해당 과세기간에 신고할 때 제출할 수 있다.

(3) 납부의무의 면제

간이과세자의 해당 과세기간에 대한 공급대가가 4,800만원미만인 경우에는 납부세액의 납부의무를 면제한다. 이 경우 다음의 사항에 주의해야 한다.

① 미등록가산세를 제외한 가산세는 부과하지 않는다. ☞ 미등록가산세는 공급대가의 0.5%와 5만원 중 큰 금액으로 하며 고정사업장이 없는 경우에는 미등록가산세도 부과하지 않음
② 재고납부세액은 면제대상에서 제외하므로 납부할 의무가 있다.
③ 납부의무가 면제되는 사업자가 자진납부한 사실이 확인된 경우에는 납부한 금액을 환급한다.

한편, 해당 과세기간에 신규로 사업을 시작한 간이과세자에 대하여는 그 사업개시일부터 그 과세기간종료일까지의 공급대가의 합계액을 12개월로 환산한 금액을 기준으로 하고, 휴업자 · 폐업자 및 과세기간 중 과세유형을 전환한 간이과세자에 대하여는 그 과세기간개시일부터 휴업일 · 폐업일 및 과세유형전환일까지의 공급대가의 합계액을 12개월로 환산한 금액을 기준으로 한다. 이 경우 1개월 미만의 끝수가 있을 때에는 이를 1개월로 한다.

2 과세유형변경시 세액계산의 특례

2.1 의 의 ★★★

구 분	내 용
재고매입세액	간이과세자가 일반과세자로 과세유형의 변경시 간이과세자가 재고품 및 감가상각자산의 매입당시 부담한 매입세액 중 매입세금계산서 등 수취세액공제로 공제받은 금액외의 공제받지 못한 금액을 추가로 공제하는 제도임
재고납부세액	일반과세자가 간이과세자로 과세유형의 변경시 일반과세자가 재고품 및 감가상각자산의 매입당시 공제받은 매입세액 중 매입세금계산서 등 수취세액공제로 공제받을 금액외의 공제받은 금액을 다시 납부하는 제도임

(1) 대상자산

① 재고품: 상품, 제품(반제품 및 재공품을 포함함), 재료(부재료를 포함함) ☞ 저장품은 대상 ×

② 건설중인자산

③ 감가상각자산

㉠ 건물 · 구축물: 취득후 10년이내의 것

㉡ 기타감가상각자산: 취득후 2년이내의 것

재고매입세액의 경우 매입세액공제대상인 자산인 것에 한하며, 재고납부세액의 경우 매입세액을 공제받은 경우만 해당하되, 사업의 양도에 의하여 사업양수자가 양수한 자산으로서 사업양도자가 매입세액을 공제받은 재화를 포함한다.

(2) 신 고

과세유형이 변경되는 날의 직전과세기간에 대한 신고와 함께 대상자산을 신고해야 한다.

(3) 승 인

신고를 받은 관할세무서장은 재고금액을 조사 · 승인하고 다음의 기한내에 해당 사업자에게 재고매입세액 · 재고납부세액을 통지해야 하며 통지가 없는 경우 신고한 재고금액을 승인한 것으로 간주한다.

구 분	내 용
재 고 매 입 세 액	재고품 등 신고기한 경과후 1월이내
재 고 납 부 세 액	간이과세자로 변경된 날부터 90일이내

2.2 재고매입세액(간이과세자 → 일반과세자) ★★★★★

재고매입세액은 다음의 금액을 그 승인을 얻은 날이 속하는 과세기간의 매출세액에서 공제한다.

구 분	재고매입세액
재 고 품	취득가액[1] $\times \frac{10}{110} \times (1 - 5.5\%)$
건 설 중 인 자 산	건설중인자산 관련 공제대상매입세액 $\times (1 - 5.5\%)$
매입한 감가상각자산	취득가액[1] $\times \frac{10}{110} \times$ (1 − 체감률[3] × 경과된 과세기간의 수) $\times (1 - 5.5\%)$
자가제작 감가상각자산	제작 관련 공제대상매입세액 × (1 − 체감률[3] × 경과된 과세기간의 수) $\times (1 - 5.5\%)$

[1] 장부 또는 세금계산서에 의해 확인되는 금액을 취득가액(부가가치세를 포함함)으로 하며, 장부 또는 세금계산서가 없거나 누락된 경우에는 재고매입세액을 계산하지 않음

[3] 건물 또는 구축물의 경우 10%, 기타감가상각자산의 경우 50%를 적용함

2.3 재고납부세액(일반과세자 → 간이과세자) ★★★★★

재고납부세액은 간이과세자로 변경된 날부터 거래에 대한 납부할 세액에 가산하여 납부한다.

구 분	재고매입세액
재 고 품	취득가액[1] $\times \frac{10}{110} \times (1 - 5.5\%)$
건 설 중 인 자 산	건설중인자산 관련 공제대상매입세액 $\times (1 - 5.5\%)$
매입한 감가상각자산	취득가액[1] $\times \frac{10}{110} \times$ (1 − 체감률[3] × 경과된 과세기간의 수) $\times (1 - 5.5\%)$
자가제작 감가상각자산	제작 관련 공제대상매입세액 × (1 − 체감률[3] × 경과된 과세기간의 수) $\times (1 - 5.5\%)$

[1] 장부 또는 세금계산서에 의해 확인되는 금액을 취득가액(부가가치세 제외)으로 하며, 장부 또는 세금계산서가 없거나 누락된 경우에는 시가에 의함

[3] 건물 또는 구축물의 경우 5%, 기타감가상각자산의 경우 25%를 적용함

참고사항

[간이과세자와 일반과세자]

구 분	간이과세	일반과세
적용대상자	직전 1역년의 공급대가가 10,400만원 미만인 개인사업자	간이과세자이외의 과세사업자
적용배제업종	① 광업·도매업·제조업 ② 부동산매매업·일정한 부동산임대업·과세유흥장소 ③ 일정한 전문자격사업	없 음
세금계산서의 발급	영수증을 발급함(일부 세금계산서 발급)	원칙적으로 세금계산서를 발급함
납부세액의 구조	공급대가×부가가치율×세율	매출세액 – 매입세액
대손세액공제	없 음	있 음
매입세금계산서 등 수취세액공제	매입공급대가×0.5%	매입세액×100%
예정신고납부 및 예정고지	예정부과고지납부 또는 예정부과신고납부	① 법인: 예정신고납부 ② 개인: 예정고지납부 또는 예정신고납부
납세의무의 면제	해당 과세기간의 공급대가가 4,800만원미만인 경우 납부의무를 면제함. 단, 재고납부세액은 면제하지 않음	없 음
포기제도	간이과세를 포기하고 일반과세자가 될 수 있음	없 음

PART 2

부가가치세법 - 문제편

CHAPTER 01

OX 문제

01 부가가치세는 면세로 열거된 것을 제외한 모든 재화나 용역의 소비행위에 대해서 과세하므로 일반소비세에 해당한다.

02 사업자등록 없이 부가가치세가 과세되는 용역을 공급하는 사업자의 경우에도 부가가치세를 신고·납부할 의무가 있다.

03 영세율제도와 면세제도는 거래징수할 매출세액이 없고 매입세액이 환급된다는 점에서 동일하다.

04 현행 부가가치세법은 소비지국 과세원칙에 따라 수출하는 재화에 대해서는 영세율을 적용하여 부가가치세를 과세하지 않는 반면 수입하는 재화에 대하여는 내국물품과 동일하게 부가가치세가 과세된다.

05 현행 우리나가 부가가치세는 일정기간 동안의 매출액에서 매입액을 차감한 금액에 세율을 곱하여 부가가치세를 계산하는 전단계거래액공제법을 채택하고 있다.

06 국내에서 거래되는 재화나 용역의 공급은 공급자가 사업자인지의 여부와 무관하게 과세대상에 포함된다.

07 재화의 수입은 수입자가 사업자인지의 여부와 무관하게 부가가치세를 과세하나, 용역의 수입은 그 실질을 파악하기 어렵기 때문에 과세대상으로 하지 않는다.

08 건설용역의 제공은 용역의 공급으로 보나 건설업자가 건설자재의 전부를 부담하는 경우에는 재화의 공급으로 본다.

09 부가가치세법상 사업자는 영리목적을 가지고 재화 또는 용역을 계속·반복적으로 공급하는 자를 말한다.

10 청산중에 있는 내국법인은 계속등기 여부에 불구하고 사실상 사업을 계속하는 경우에는 납세의무가 있다.

11 영세율의 적용을 받는 사업자는 부가가치세법상 사업자에 해당하지만, 간이과세자와 면세사업자는 부가가치세법상 사업자에 해당하지 않는다.

12 신규사업자인 경우에는 사업자등록일부터 해당 과세기간의 종료일까지를 최초과세기간으로 한다.

13 사업개시전에 사업자등록을 한 자가 사업을 개시하지 아니하게 되는 때에는 사실상 사업을 개시하지 않게 되는 날까지를 과세기간으로 한다.

14 해당 과세기간에 폐업한 사업자는 해당 과세기간 개시일부터 폐업일까지의 부가가치세에 대하여 폐업일부터 25일 이내에 확정신고납부를 하여야 한다.

15 제조업에 있어서 제품의 포장만을 하거나 용기에 충전만을 하는 장소는 사업장으로 보지 아니한다.

16 무인자동판매기를 통하여 재화·용역을 공급하는 사업의 경우에는 그 사업에 관한 업무를 총괄하는 장소를 사업장으로 본다. 단 사업장 외의 장소도 사업자의 신청에 의하여 추가로 사업장으로 등록할 수 있다.

17 직매장은 사업장으로 보지만 하치장은 사업장으로 보지 아니한다.

18 사업자단위 과세의 신청을 한 경우에도 사업자등록은 각 사업장마다 하여야 한다.

19 주사업장 총괄납부사업자는 부가가치세를 주된 사업장에서 총괄하여 납부하지만, 신고는 각 사업장별로 해야 한다.

20 주사업장총괄납부를 적용함에 있어서 법인의 경우에는 본점을, 개인의 경우에는 주사무소를 주된 사업장으로 하여야 한다.

21 사업자단위과세를 적용받고자 하는 법인사업자는 본점 또는 지점을 총괄사업장으로 하여 사업자단위 적용 받으려는 과세기간 개시 20일 전까지 사업자단위과세로 등록하여야 하며, 별도의 승인은 요하지 아니한다.

22 신규사업자로서 사업장이 2 이상인 사업자는 사업개시일부터 20일 이내에 사업자단위로 사업자등록을 신청할 수 있으며, 이 경우 사업자단위과세는 신청일이 속한 과세기간의 다음 과세기간부터 적용된다.

23 사업자는 사업장마다 사업개시일부터 20일 이내에 사업장관할세무서장에게 등록하여야 한다. 다만, 신규로 사업을 개시하고자 하는 자는 사업개시일 전이라도 등록할 수 있다.

24 사업자등록신청을 받은 세무서장은 신청일부터 3일(토요일, 일요일, 공유일, 대체공휴일, 근로자의 날은 제외)이내에 사업자등록증을 발급하여야 한다.

25 세무서장은 사업개시 전 등록신청을 한 자가 사업을 사실상 개시하지 않은 것으로 인정되는 때에는 등록을 거부할 수 있다.

26 사업자가 사업장을 이전하는 때에는 사업자등록 정정신고를 하여야 하며, 정정신고를 받은 세무서장은 정정신청일 당일에 정정된 내용이 반영된 사업자등록증을 재발급하여야 한다.

정답 및 해설

1	2	3	4	5	6	7	8	9	10
○	○	×	○	×	×	○	×	×	○
11	12	13	14	15	16	17	18	19	20
×	×	○	×	○	×	○	×	○	×
21	22	23	24	25	26				
×	×	○	×	○	×				

03 영세율의 경우에는 매입세액이 전액 환급되나 면세의 경우에는 매입세액이 환급되지 않는다. 이러한 점에서 영세율제도를 완전면세제도라고 하고, 면세제도를 부분면세제도라고 한다.

05 현행 우리나가 부가가치세는 전단계세액공제법을 채택하고 있다.

06 공급자가 사업자인 경우에 한하여 과세대상에 포함시킨다.

08 건설업은 건설업자가 주요자재의 전부 또는 일부를 부담하는 경우에도 용역의 공급으로 본다.

09 부가가치세법상 사업자는 영리목적의 유무에 불구하고 사업상 독립적으로 재화 또는 용역을 공급하는 자이다.

11 면세사업자는 부가가치세법상 사업자가 아니지만, 간이과세자는 부가가치세법상 과세사업자에 해당한다.

12 신규사업자인 경우에는 사업개시일부터 해당 과세기간의 종료일까지를 최초 과세기간으로 한다. 다만, 사업개시 전에 사업자등록을 한 경우에는 그 등록일부터 그 날이 속하는 과세기간의 종료일까지를 최초과세기간으로 한다.

14 폐업부가가치세의 확정신고납부는 폐업일이 속한 달의 다음달 25일까지 하여야 한다.

16 사업장 외의 장소를 사업자 신청에 의하여 추가로 사업장으로 등록할 수 있으나 무인자동판매기를 통한 재화·용역의 공급의 경우는 예외로 한다.

18 사업자단위과세의 신청을 한 경우에는 신고·납부, 사업자등록 및 세금계산서 발급 등을 총괄사업장(본점 또는 주사무소)에서 할 수 있다.

20 개인의 경우에는 주사무소만이 주된 사업장이 될 수 있으나 법인의 경우에는 주된 사업장을 본점이나 지점 중 선택하여 정할 수 있다.

21 사업자단위과세는 법인사업자의 경우 본점이 아닌 지점 또는 분사무소는 총괄사업장이 될 수 없다.

22 해당 신청일이 속한 과세기간부터 사업자단위과세가 적용된다.

24 사업자등록신청을 받은 세무서장은 신청일부터 2일(토요일, 일요일, 공휴일, 대체공휴일, 근로자의 날은 제외함)이내에 사업자등록증을 발급하여야 한다.

26 상호변경, 사이버몰의 명칭변경 및 인터넷 도메인이름을 변경하는 때에는 신청일 당일에 재발급을 하여야 하나, 이외의 경우에는 신청일부터 2일 이내에 재발급할 수 있다.

CHAPTER 01

기본문제

01 다음 중 우리나라의 부가가치세에 대한 설명으로 틀린 것은?

① 일반소비세에 해당하므로 면세로 열거된 것을 제외한 모든 재화와 용역의 공급 및 재화의 수입이 과세대상이다.

② 전단계거래액공제법을 채택하고 있으므로 사업자는 매출액에서 매입액을 차감한 금액에 세율을 곱하여 납부세액을 계산한다.

③ 소비지국 과세원칙에 따라 수출하는 상품에 대해서는 영세율을 적용하여 부가가치세를 과세하지 않고 수입하는 상품에 대해서는 내국물품과 동일하게 부가가치세를 과세한다.

④ 부가가치세의 납세의무자는 재화나 용역을 공급하는 사업자이나 조세부담은 최종소비자에게 전가되므로 간접세에 해당한다.

정답및해설 ②

전단계세액공제법을 채택하고 있으므로 사업자는 재화나 용역을 공급할 때 거래징수한 매출세액에서 재화나 용역을 매입할 때 거래징수당한 매입세액을 차감하여 납부세액을 계산한다.

02 부가가치세법상 사업장에 관한 설명으로 옳지 않은 것은?

① 부가가치세는 사업장마다 신고·납부하는 것을 원칙으로 한다.

② 광업에 있어서 광업사무소가 광구 안에 있는 때에는 광업사무소의 소재지를 사업장으로 한다.

③ 제조업에 있어서 따로 제품의 포장만을 하거나 용기에 충전만을 하는 장소도 사업장이 될 수 있다.

④ 건설업과 운수업에 있어서는 사업자가 법인인 경우에는 당해 법인의 등기부상 소재지를 사업장으로 한다.

정답및해설 ③

제조업의 경우 최종제품을 완성하는 장소가 사업장에 해당하지만 제품의 포장만을 하거나 용기에 충전만을 하는 장소는 사업장으로 보지 않는다.

03 부가가치세법상 옳지 않은 것은?

① 하치장설치신고서를 하치장 관할세무서장에게 제출한 경우에는 하치장도 사업장으로 볼 수 있다.

② 재화와 용역을 공급하고 받은 대가에 공급가액과 세액이 별도 표시되지 아니한 경우에는 해당 거래금액의 110분의 100을 과세표준으로 한다.

③ 부동산임대에 따른 간주임대료에 대하여는 세금계산서를 교부하거나 교부받을 수 없다.

④ 재화 또는 용역의 공급대가로 외국통화를 받은 경우 공급시기 도래 후에 원화로 환산하는 것은 공급시기의 기준환율 또는 재정환율에 의하여 환산한 금액을 과세표준으로 한다.

정답및해설 ①

직매장이란 사업자가 자기의 사업과 관련하여 생산 또는 취득한 재화를 직접 판매하기 위하여 특별히 판매시설을 갖춘 장소를 말하는데, 이러한 직매장은 사업장으로 본다. 반면에, 하치장이란 재화의 보관·관리시설만을 갖춘 장소를 말하는데, 이러한 하치장은 판매행위가 이루어지지 않는 장소이므로 사업장으로 보지 않는다.

04 다음은 부가가치세법상 주사업장총괄납부와 관련된 설명이다. 옳은 것은?

① 주된 사업장은 법인이 본점 또는 개인의 주사무소를 원칙으로 하되, 사업자의 신청에 따라 법인과 개인의 지점을 주된 사업장으로 할 수 있다.

② 주사업장총괄납부를 신청한 사업자는 예정신고 또는 확정신고를 하는 경우 종된 사업장의 과세표준과 세액을 주된 사업장의 과세표준과 세액에 합산하여 신고함과 아울러 총괄납부하여야 한다.

③ 주사업장총괄납부를 적용받는 사업자에 대한 과세표준 및 세액의 경정과 그 납세고지는 주사업장관할세무서장이 행한다.

④ 주사업장총괄납부의 포기신고서는 각 사업장에서 납부하고자 하는 과세기간 개시 20일 전에 주된 사업장관할세무서장에게 제출하여야 한다.

정답및해설 ④

① 개인의 경우에는 지점 또는 분사무소를 주된 사업장으로 할 수 없다.
② 주사업장총괄납부이므로 과세표준과 세액의 신고는 각 사업장별로 하여야 한다.
③ 과세표준 및 세액의 경정과 그 납세고지는 각 사업장관할세무서장이 행한다.

05 부가가치세법상 사업자 단위 과세제도에 대한 설명으로 옳은 것은?

① 사업자 단위 과세를 적용받는 경우에는 부가가치세 신고·납부 업무를 수행하는 사업자단위 적용사업장을 본점(주사무소 포함) 또는 지점(분사무소 포함) 중에서 선택하여 지정할 수 있다.

② 사업자 단위 과세제도를 적용하는 경우에도 사업자등록은 각 사업장별로 하고 각 사업장별 등록번호로 세금계산서를 발행하여야 한다.

③ 이미 사업자등록을 마친 사업자가 사업자 단위로 등록하려면 사업자 단위 과세사업자로 적용받으려는 과세기간 개시 20일 전까지 등록하여야 한다.

④ 사업자 단위 과세의 포기는 사업자 단위 과세사업자로 등록한 날로부터 5년이 되는 날이 속하는 과세기간의 다음 과세기간부터 할 수 있다.

정답및해설 ③

① 사업자 단위 과세를 적용받는 경우에는 부가가치세 신고·납부업무를 수행하는 사업자 단위적용사업장을 본점(주사무소 포함)에 한하여 지정할 수 있다.
② 사업자단위과세제도를 적용하는 경우에는 부가가치세의 신고, 납부 뿐만 아니라 사업자 등록, 세금계산서 발급 등 부가가치세법상 제반의 이행의무를 주된 사업장에서 이행하여야 한다.
④ 사업자단위과세를 포기한 경우에는 그 포기한 날이 속하는 과세기간의 다음 과세기간부터 사업자 단위 과세포기신고서에 적은 내용에 따라 각 사업장별로 신고·납부하거나 주사업장 총괄납부를 해야 한다.

06 부가가치세법상 사업자등록에 관한 설명이다. 옳은 것은?

① 신규로 사업을 개시하고자 하는 자는 반드시 사업개시일까지 각 사업장마다 사업자등록을 하여야 한다.

② 세무서장은 사업자등록증을 신청일로부터 2일 이내에 신청자에게 발급하여야 한다. 다만, 국세청장이 필요하다고 인정하는 경우에는 발급기한을 5일에 한하여 연장하고 조사한 사실에 따라 사업자등록증을 발급할 수 있다.

③ 사업자등록신청을 받은 세무서장은 그 신청내용이 사실과 다른 경우 사업자등록을 거부할 수 있다.

④ 사업개시일부터 20일 이내에 사업자등록을 신청하지 않은 때에는 사업자등록신청일까지 미등록가산세를 납부하여야 한다.

정답및해설 ②

① 신규로 사업을 개시하는 자는 사업장마다 사업개시일로부터 20일 이내에 사업장관할세무서장에게 등록하여야 한다. 다만, 신규로 사업을 개시하고자 하는 자는 사업개시일 전이라도 등록할 수 있다.
③ 관할세무서장은 사업개시 전에 등록신청을 한 자가 사실상 사업을 개시하지 않을 것이라고 인정되는 경우에 한하여 등록을 거부할 수 있다.
④ 사업개시일부터 20일 이내에 사업자등록을 신청하지 않은 때에는 사업개시일부터 등록을 신청한 날의 직전일까지의 공급가액에 대해서 미등록가산세를 납부하여야 한다.

07 부가가치세법상 사업자등록에 관한 설명으로 옳지 않은 것은?

① 사업자가 사업자등록을 하지 아니하는 경우에는 관할세무서장이 조사하여 등록시킬 수 있다.
② 사업자등록을 하지 아니한 사업자는 매입세액공제를 받을 수 없지만, 공급시기가 속하는 과세기간이 지난 후 20일 이내에 등록신청한 경우 등록신청일부터 공급시기가 속하는 과세기간개시일(1.1 또는 7.1)까지 역산한 기간 이내의 것은 매입세액을 공제한다.
③ 면세사업자도 부가가치세법상의 사업자등록을 하여야 한다.
④ 사업종류의 변경, 사업장의 이전은 사업자등록의 정정신고 사유이다.

정답및해설 ③

면세사업자는 소득세법 또는 법인세법상 사업자에 해당하므로 소득세법 또는 법인세법상 사업자등록을 하여야 한다.

08 부가가치세법상 사업자등록에 대한 설명으로 옳지 않은 것은?

① 둘 이상의 사업장이 있는 사업자는 사업개시일부터 20일 이내에 주사업장의 관할세무서장에게 등록하여야 한다.
② 둘 이상의 사업장이 있는 사업자는 해당 사업자의 본점 또는 주사무소관할세무서장에게 사업자 단위로 등록할 수 있다.
③ 사업자등록을 한 사업자가 사업자 단위로 등록하려면 사업자단위과세사업자로 적용받으려는 과세기간 개시 20일 전까지 등록하여야 한다.
④ 사업장관할세무서장은 사업자가 폐업하게 되는 경우 지체없이 사업자등록을 말소하여야 한다.

정답및해설 ①

사업자는 사업장마다 사업개시일부터 20일 이내에 사업장관할세무서장에게 등록하여야 한다. 이때 둘 이상의 사업장이 있는 사업자가 사업자 단위 과세사업자라면 본점 또는 주사무소의 관할세무서장에게 등록하여야 하지만 그 외의 경우에는 사업장관할세무서장이 아닌 다른 세무서장에게도 사업자등록을 신청할 수 있으며 이 경우 사업장관할세무서장에게 사업자등록을 신청한 것으로 본다.

CHAPTER 02

OX 문제

01 사업자의 사업용자산이 민사집행법상의 강제경매절차에 의하여 매각된 경우는 부가가치세가 과세된다.

02 재화의 파손으로 인하여 가해자로부터 받는 손해배상금은 부가가치세가 과세된다.

03 용역의 무상공급과 자가공급에 대하여는 부가가치세를 과세할 수 없다.

04 은행차입을 위하여 사업용 건물을 담보로 제공한 경우는 부가가치세가 과세된다.

05 건설업자가 건설용 자재를 일부 부담하는 건설용역은 용역의 공급으로 부가가치세가 과세된다.

06 재화의 수입에는 외국으로부터 우리나라에 들어온 물품을 반입하는 것뿐 아니라 수출신고가 수리된 물품으로서 선적이 완료된 물풀을 다시 우리나라에 반입하는 것도 포함한다.

07 반환의무가 없는 골프장입회금을 수령한 경우는 부가가치세가 과세된다.

08 보세구역에서 보세구역 외의 국내장소로 공급되는 모든 재화는 이를 재화의 수입으로 보아 부가가치세 과세된다.

09 음반과 음악에 수록된 해설책자를 공급하는 경우는 부가가치세가 과세된다.

10 은행이 건물을 처분하는 경우는 부가가치세가 과세된다.

11 완제품을 공장에서 판매목적으로 회사 직영매장에 반출하는 경우는 부가가치세가 과세된다. 단, 이 경우 주사업장총괄납부 또는 사업자단위과세의 적용대상이 아니다.

12 사업자가 1인당 연간 10만원 이내의 경조사와 관련된 재화를 그 종업원에게 대가를 받지 않고 제공한 경우에는 이를 재화의 공급으로 보지 아니한다.

13 과세사업과 관련하여 생산·취득한 재화를 면세사업을 위하여 사용·소비하는 것은 해당 재화의 매입시 매입세액을 공제하였는지 여부에 불문하고 이를 재화의 공급으로 보아 부가가치세를 과세한다.

14 거래처에 판매장려물품을 제공하는 경우는 부가가치세가 과세된다.

15 자기적립마일리지로만 전액을 결제 받고 재화를 공급하는 경우에는 이를 부가가치세가 과세되는 재화의 공급으로 본다.

16 사업자가 자기의 사업과 관련하여 사업장 내에서 그 사용인에게 음식용역을 무상으로 제공하는 경우에는 이를 개인적공급으로 보아 부가가치세를 과세한다.

17 사업자가 사업을 폐업하는 경우 남아있는 재화는 사업자 자신이 자신에게 공급한 것으로 의제하여 부가가치세를 과세하되, 해당 재화의 취득시 매입세액이 공제되지 아니한 경우에는 이를 재화의 공급으로 보지 아니한다.

18 공급시기는 과세기간의 귀속기준이며 공급장소는 과세권의 결정기준이다.

19 장기할부판매 및 중간지급조건판매의 경우에는 대가의 각 부분을 받기로 한 때를 공급시기로 한다.

20 위탁가공무역방식의 수출 및 외국인도수출의 경우에는 외국에서 해당 재화가 인도되는 때를 공급시기로 한다.

21 건설회사가 공사도급계약의 기성고 대금을 약속어음으로 지급받은 경우에는 약속어음의 만기일이 공급시기가 된다.

22 사업자가 재화나 용역의 공급시기가 도래하기 전에 세금계산서를 교부한 경우 세금계산서 교부시기가 공급시기이다.

23 재화의 공급으로 보는 가공의 경우에는 가공이 완료된 때가 공급시기이다.

24 리스거래에 있어서는 해당 사업자가 공급자(리스자산제조회사)로부터 재화를 직접 공급받거나 외국으로부터 직접 수입한 것으로 보아 공급시기를 판단한다.

25 용역의 공급에 있어서는 원칙적으로 해당 용역의 대가를 받기로 한 날을 공급시기로 한다.

26 사업자가 미국에 있는 부동산을 임대하고 임대료를 받는 경우에도 부가가치세가 과세된다.

27 재화의 공급으로서 재화의 이동이 필요한 경우에는 해당 재화의 이동이 시작되는 장소를 재화의 공급장소로 한다.

정답 및 해설

1	2	3	4	5	6	7	8	9	10
×	×	×	×	○	○	○	×	○	×
11	12	13	14	15	16	17	18	19	20
○	○	×	○	×	×	○	○	○	○
21	22	23	24	25	26	27			
×	×	×	○	×	×	○			

01 공매 및 민사집행법의 규정에 따른 강제경매(담보권 실행을 위한 경매 및 민법 · 상법 등 그 밖의 법률에 의한 경매 포함)로 재화를 인도 또는 양도하는 것은 재화의 공급으로 보지 않는다.

02 파손에 따른 손해배상금은 재화의 인도에 대한 대가가 아니므로 과세대상이 아니다.

03 특수간계인에게 사업용부동산을 무상으로 공급하는 경우에는 해당 임대용역의 시가를 공급가액으로 보아 부가가치세가 과세된다.

04 담보의 제공은 재화의 공급으로 보지 않는다.

08 보세구역에서 보세구역 외의 국내장소로 공급되는 경우로서 그 재화가 외국에서 도착한 물품인 경우에 한하여 재화의 수입으로 본다.

10 면세사업자인 은행의 우발적 또는 일시적 공급은 면세된다.

13 면세전용의 경우에도 매입시 매입세액이 공제되지 아니한 경우는 재화의 공급의제에 해당하지 아니한다.

15 자기적립마일리지로만 전액을 결제 받고 재화를 공급하는 경우 이 재화는 사업상증여로 보지 아니한다.

16 용역의 무상공급은 특수간계인에게 사업용부동산을 무상으로 공급하는 경우 외에는 과세하지 않는다.

21 완성도기준지급의 공급시기는 어음의 만기일이 아니라 대가의 각 부분을 받기로 한 때이다.

22 사업자가 재화 또는 용역의 공급시기가 도래하기 전에 재화 또는 용역에 대한 대가의 전부 또는 일부를 받고, 이와 동시에 그 받은 대가에 대하여 세금계산서 또는 영수증을 발급하는 경우 또는 세금계산서 발급 후 7일 내에 대가를 지급받는 경우 및 법 소정의 요건을 충족하는 경우에는 위의 규정에도 불구하고 그 발급하는 때를 공급시기로 한다.

23 재화의 공급으로 보는 가공의 공급시기는 인도시점이다.

25 용역의 공급시기는 원칙적으로 해당 역무의 제공이 완료되는 때로 한다.

26 해외부동산임대용역은 공급장소가 국외로 우리나라의 과세권이 미치지 않는다.

CHAPTER 02

기본문제

01 부가가치세 과세대상에 대한 설명으로 옳은 것은?

① 부가가치세 과세대상이 되는 재화에는 수표 등의 통화대용증권과 주식 등의 유가증권 및 임치물의 반환이 수반되지 아니하는 창고증권도 포함된다.

② 원칙적으로 토지의 임대는 과세대상이나 전 · 답 · 과수원 등을 임대하는 경우에는 부가가치세가 과세되지 아니한다.

③ 특허권의 양도는 재화의 공급에 해당하나 전기의 공급은 용역의 공급에 해당한다.

④ 건설용역의 제공은 용역의 공급으로 보나 건설업자가 건설자재의 전부를 부담하는 경우에는 재화의 공급으로 본다.

정답및해설 ②

① 수표 등의 통화대용증권과 주식 등의 유가증권 및 임치물의 반환이 수반되지 아니하는 창고증권은 과세대상에 포함되지 아니한다.
③ 전기의 공급도 재화의 공급에 해당한다.
④ 주요자재의 전부나 일부를 부담하는 위탁가공업은 재화의 공급으로 보나, 건설업은 주요자재의 전부 또는 일부를 부담하는 경우에도 용역의 공급으로 본다.

02 부가가치세법상 재화의 공급에 해당하지 않는 것은?

① 자기사업을 위해 생산한 재화를 사업과 직접 관계없이 사용하는 경우

② 자기사업상의 기술개발을 위해 시험용으로 사용하는 재화

③ 사업자가 사업을 폐지하는 때에 잔존하는 재화

④ 판매목적으로 타사업장으로 반출하는 재화

정답및해설 ②

다음과 같이 사업자가 자기의 사업과 관련하여 생산하거나 취득한 재화를 자기의 과세사업을 위하여 사용, 소비하는 경우에는 재화의 공급으로 보지 않는다.
- 자기의 다른 사업장에서 원료, 자재 등으로 사용, 소비하기 위하여 반출하는 경우
- 자기 사업상의 기술개발을 위하여 시험용으로 사용, 소비하는 경우

03 부가가치세법상 용역의 범위에 포함되지 않는 것은?

① 부동산 임대업

② 부동산 매매업

③ 건설업

④ 보건업 및 사회복지사업

정답및해설 ②

부동산매매업은 재화의 공급에 해당한다.

04 부가가치세법상 용역의 공급에 대한 설명으로 옳지 않은 것은?

① 사업자가 법률상의 모든 원인에 의하여 역무를 제공하는 것은 용역의 공급으로 본다.

② 사업자가 거래상대방으로부터 인도받은 재화에 주요 자재를 전혀 부담하지 아니하고 단순히 가공만 하여 주는 것은 용역의 공급으로 본다.

③ 사업자가 대가를 받지 아니하고 특수관계인이 아닌 타인에게 용역을 공급하는 것은 용역의 공급으로 본다.

④ 고용관계에 의하여 근로를 제공하는 것은 용역의 공급으로 보지 아니한다.

정답및해설 ③

사업자가 대가를 받지 아니하고 타인에게 용역을 공급하는 것은 용역의 공급으로 보지 아니한다. 다만, 사업자가 특수관계에 있는자에게 사업용 부동산의 임대용역을 공급하는 경우에는 그러하지 아니한다. 따라서 특수관계자가 아닌 자에게 용역을 무상공급시에는 용역의 공급으로 보지 아니한다.

05 부가가치세법상 과세거래인 재화의 공급으로 보지 않는 것은?

① 사업자가 위탁가공을 위하여 원자재를 국외의 수탁가공사업자에게 대가없이 반출하는 것

② 자기가 주요자재의 전부 또는 일부를 부담하고 상대방으로부터 인도받은 재화에 공작을 가하여 새로운 재화를 만드는 가공계약에 의하여 재화를 인도하는 것

③ 재화의 인도대가로서 다른 재화를 인도받거나 용역을 제공받는 교환계약에 의하여 재화를 인도 또는 양도하는 것

④ 기한부판매 계약에 의하여 재화를 인도하는 것

정답및해설 ①

사업자가 위탁가공을 위하여 원자재를 국외의 수탁가공 사업자에게 대가없이 반출하는 것은 재화의 공급으로 보지 아니한다(부가령 18조 2항 3호). 다만, 원료를 대가없이 국외의 수탁가공 사업자에게 반출하여 가공한 재화를 양도하는 경우에 그 원료의 반출은 영세율이 적용되는데 이것에 대해서는 재화의 공급으로 본다.

06 부가가치세법상 과세거래에 대한 설명으로 옳지 않은 것은?

① 매입세액이 불공제된 비영업용소형승용차를 거래처에 무상으로 공급한 경우에는 재화의 공급으로 보지 않는다.

② 무상으로 다른 사업자에게 인도 또는 양도하는 견본품은 재화의 공급으로 보지 않는다.

③ 특수관계인에게 무상으로 용역을 제공하는 경우에는 용역의 공급으로 보지 않는다.

④ 주사업장총괄납부를 신청한 사업자가 판매목적으로 직매장에 반출하는 경우에는 재화의 공급으로 보지 않는다.

정답및해설 ③

특수관계인에게 사업용부동산을 무상으로 제공하는 용역에 대해서는 부가가치세를 과세한다.

07 부가가치세법상 재화의 간주공급에 해당하지 않는 것은?

① 사업자가 자기의 사업과 관련하여 생산한 재화를 실비변상적이거나 복리후생적인 목적이 아닌 사용인의 개인적인 목적으로 무상 사용·소비하는 경우(단, 매입시 매입세액이 공제되지 아니한 재화는 제외하되, 사업양도에 의하여 사업양수자가 양수한 자산으로서 사업양도자가 매입세액공제를 받은 재화는 포함)

② 사업자가 자기의 사업과 관련하여 생산하거나 취득한 재화를 면세사업을 위하여 사용·소비한 경우(단, 매입시 매입세액이 공제되지 아니한 경우는 제외하되, 사업양도에 의하여 사업양수자가 양수한 자산으로서 사업양도자가 매입세액공제를 받은 재화는 포함)

③ 운수업을 영위하는 사업자가 운수사업용으로 법령에서 정한 소형승용차를 구입하여 매입세액을 공제받은 후 이를 임직원의 업무용으로 사용하는 경우(단, 당초 구입시 매입세액이 공제되지 아니한 경우는 제외하되, 사업양도에 의하여 사업양수자가 양수한 자산으로서 사업양도자가 매입세액공제를 받은 재화는 포함)

④ 사업자가 자기의 사업과 관련하여 생산하거나 취득한 재화를 사업을 위하여 대가를 받지 아니하고 다른 사업자에게 인도 또는 양도하는 견본품

정답및해설 ④

견본품, 광고선전물, 증정품 등의 경우에는 사업상증여로서의 간주공급에 해당되지 아니한다.

08 부가가치세법상 부가가치세의 과세대상이 되는 재화의 공급으로만 묶인 것은?

ㄱ. 질권의 목적으로 동산을 제공하는 것
ㄴ. 사업자가 사업을 폐업하는 경우 남아 있는 재화(매입세액이 공제되지 아니한 재화 제외)
ㄷ. 장기할부판매계약에 의하여 재화를 양도하는 것
ㄹ. 사업을 위하여 대가를 받지 아니하고 다른 사업자에게 인도 또는 양도하는 견본품
ㅁ. 현물출자에 의하여 재화를 양도하는 것

① ㄱ, ㄴ, ㄹ
② ㄱ, ㄷ, ㅁ
③ ㄴ, ㄷ, ㅁ
④ ㄷ, ㄹ, ㅁ

정답및해설 ③

ㄱ은 담보의 제공에 해당하여 공급으로 보지 않고, ㄹ은 견본품으로 과세대상이 아니다.
ㄴ은 공급의제에 해당하며, ㄷ와 ㅁ은 과세대상에 해당한다.

09 부가가치세법상 부수 재화의 공급에 관한 설명으로 옳지 않은 것은?

① 해당 대가가 주된 거래인 재화의 공급대가에 통상적으로 포함되어 공급되는 재화는 주된 재화의 공급에 포함되는 것으로 본다.
② 거래의 관행으로 보아 통상적으로 주된 재화의 공급에 부수하여 공급되는 것으로 인정되는 재화는 주된 재화의 공급에 포함되는 것으로 본다.
③ 주된 사업과 관련하여 우연히 또는 일시적으로 공급되는 재화의 공급은 별도의 공급으로 보지 아니한다.
④ 주된 사업과 관련하여 주된 재화의 생산 과정에서 필연적으로 생기는 과세대상 재화의 공급에 대한 과세 여부는 주된 사업의 과세 여부에 따른다.

정답및해설 ③

주된 거래에 부수되는 재화 또는 용역은 별도의 공급으로 보지 않지만 주된 사업과 관련하여 일시적 또는 우발적으로 공급되는 재화의 공급은 독립된 거래이다. 따라서 과세사업을 영위하는 자가 과세대상 재화를 일시적 또는 우발적으로 공급하는 경우에는 거래상대방에게 세금계산서를 발급하여야 한다.

10 부가가치세법상 재화의 공급시기로서 옳지 않은 것은?

① 무인판매기에 의한 공급 : 무인판매기에서 현금을 인취하는 때

② 수출재화(원양어업의 경우 제외) : 수출면허일

③ 현금판매 · 외상판매 : 재화가 인도되는 때

④ 장기할부판매 : 대가의 각 부분을 받기로 한 때

정답및해설 ②

수출재화의 경우 재화의 공급시기

(1) 내국물품의 국외반출 및 중개무역방식의 수출 : 수출재화의 선적일
(2) 원양어업 및 위탁판매수출 : 수출재화의 공급가액이 확정되는 때
(3) 위탁가공무역방식의 수출 및 외국인도수출 : 외국에서 해당 재화가 인도되는 때
(4) 국외의 수탁가공 사업자에게 원료를 대가없이 반출하여 가공한 재화를 양도한 경우 : 외국에서 해당 재화가 인도되는 때

11 부가가치세법상 재화의 공급시기에 관한 설명으로 옳지 않은 것은?

① 폐업 전에 공급한 재화의 공급시기가 폐업일 이후에 도래하는 경우에는 그 폐업일을 공급시기로 본다.

② 재화의 할부판매의 경우에는 대가의 각 부분을 받기로 한 때를 공급시기로 본다.

③ 상품권 등을 현금 또는 외상으로 판매하고 그 후에 해당 상품권 등에 의하여 현물과 교환하는 경우에는 재화가 실제로 인도되는 때를 공급시기로 본다.

④ 완성도기준지급조건부로 재화를 공급하는 경우에는 대가의 각 부분을 받기로 한 때를 공급시기로 본다.

정답및해설 ②

재화의 현금판매, 외상판매 또는 할부판매의 경우에는 해당 재화가 인도되거나 이용가능하게 되는 때를 그 공급시기로 본다. 장기할부판매의 경우가 지문에서 설명하고 있는 대가의 각 부분을 받기로 한 때가 공급시기가 되는 경우이다.

12 부가가치세법상 재화 또는 용역의 공급시기에 관한 설명으로 옳지 않은 것은?

① 사업자가 재화 또는 용역의 공급시기가 되기 전에 재화 또는 용역에 대한 대가의 전부 또는 일부를 받고, 이와 동시에 그 받은 대가에 대하여 세금계산서를 발급하면 그 세금계산서를 발급하는 때를 재화 또는 용역의 공급시기로 본다.

② 사업자가 재화 또는 용역의 공급시기가 되기 전에 세금계산서를 발급하고 그 세금계산서 발급일부터 7일 이내에 대가를 받으면 해당 대가를 받은 때를 재화 또는 용역의 공급시기로 본다.

③ 사업자가 보세구역 안에서 보세구역 밖의 국내에 재화를 공급하는 경우가 재화의 수입에 해당할 때에는 수입신고 수리일을 재화의 공급시기로 본다.

④ 공급단위를 구획할 수 없는 용역을 계속적으로 공급하는 경우에는 대가의 각 부분을 받기로 한 때를 용역의 공급시기로 본다.

정답및해설 ②

②의 경우 그 세금계산서를 발급하는 때를 재화 또는 용역의 공급시기로 본다.

13 부가가치세법상 재화의 공급시기(폐업 전에 공급한 재화의 공급시기가 폐업일 이후에 도래하는 경우에는 제외한다)로 옳지 않은 것은?

① 현금판매, 외상판매 또는 할부판매의 경우에는 재화가 인도되거나 이용가능하게 되는 때

② 전력이나 그밖에 공급단위를 구획할 수 없는 재화를 계속적으로 공급하는 경우에는 대가의 각 부분을 받기로 한 때

③ 재화의 공급으로 보는 가공의 경우에는 재화의 가공이 완료된 때

④ 무인판매기를 이용하여 재화를 공급하는 경우에는 해당 사업자가 무인판매기에서 현금을 꺼내는 때

정답및해설 ③

재화의 공급으로 보는 가공의 경우에는 가공된 재화를 인도하는 때를 공급시기로 본다.

14 부가가치세법상 재화 또는 용역의 거래장소가 아닌 것은?

① 재화의 이동이 필요한 경우에는 재화의 이동이 완료되는 장소

② 재화의 이동이 필요하지 아니한 경우에는 재화가 공급되는 시기에 재화가 소재하는 장소

③ 일반적으로 용역의 경우에는 역무가 제공되는 장소 또는 권리가 사용되는 장소

④ 국내외에 걸쳐 용역이 제공되는 국제운송의 경우에는 사업자가 비거주자인 때에는 여객이 탑승하거나 화물이 적재되는 장소

정답및해설 ①

재화의 이동이 필요한 경우에는 재화의 이동이 개시되는 장소로 한다.

CHAPTER 03

OX 문제

01 영세율제도는 소비지국 과세원칙을 구현하고 부가가치세의 역진성을 완화하기 위한 목적으로 도입된 제도이다.

02 영세율적용거래는 영의 세율이 적용된다는 것을 제외하고는 일반적인 과세거래와 동일하므로 수출과 같이 재화나 용역을 외국에 공급하는 사업자는 과세사업자, 면세사업자 및 간이과세자 모두 특별한 절차없이 영세율을 적용받을 수 있다.

03 내국신용장 또는 구매확인서에 의하여 공급되는 재화는 공급된 이후 해당 재화가 수출용도에 사용된 경우에 한하여 영세율을 적용한다.

04 재화를 공급한 과세기간 종료일까지 내국신용장이 개설되어야 하므로 그 이후에 내국신용장이 개설된 경우에는 영세율을 적용받을 수 없다.

05 「대외무역법」에 의한 중계무역방식의 수출에 대하여도 영세율이 적용된다.

06 수출업자와 직접적인 임가공 도급계약을 맺고 공급하는 수출재화의 임가공용역에 대해서는 임가공 사업자 자신이 직접 임가공했는지 여부에 상관없이 영세율이 적용된다.

07 사업자가 국내에 국내사업장이 없는 외국법인에게 무형재산권 임대용역을 제공하고 그 대금을 외국환은행에서 원화로 받는 경우에 그 대가에 대하여는 영세율이 적용되지 않는다.

08 사업자가 한국국제협력단 또는 대한적십자사에 공급하는 재화에 대하여는 영세율이 적용되나 국내거래에 해당하므로 세금계산서는 발급하여야 한다.

09 외항선박에 공급하는 재화 또는 용역에 대하여는 영세율을 적용하는 것이 원칙이나, 해당 사업자가 부가가치세를 별도로 기재한 세금계산서를 발급한 경우에는 영세율을 적용하지 아니한다.

10 면세는 해당 사업자가 납세의무와 관련된 부가가치세법상 사업자등록의무·세금계산서 발급의무와 신고납부의무를 지지 않는 점에서 영세율제도와 구분된다.

11 면세제도는 부가가치세의 납세의무를 면제하는 제도로서 주로 기초생필품을 공급하는 사업자의 세부담을 경감해주기 위한 제도이다.

12 면세사업자도 부가가치세가 과세되는 재화 또는 용역을 공급받는 때에는 그에 대한 부가가치세를 부담하여야 한다.

13 김치와 두부는 원생산물의 본래의 성질이 변하지 않는 정도의 단순가공을 거친 것으로 보아 면세대상으로 하고 있다.

14 토지의 양도와 임대는 면세대상이다.

15 국가에 공급하는 재화 또는 용역에 대하여는 유상 또는 무상을 불문하고 부가가치세가 면제된다.

16 미가공 농·축·수·임산물의 경우에는 국내산 뿐만 아니라 외국산의 경우도 면세대상에 포함된다.

17 항공기, 시외고속버스, 택시, 고속철도 및 삭도, 유람선 등 관람·유흥목적 운송수단 등의 운송용역에 대하여는 면제가 적용되지 아니한다.

18 모든 면세재화에 대하여 면세포기가 가능하며, 면세를 포기하고자 하는 사업자는 세무서장의 승인을 얻어야 한다.

19 면세포기를 한 사업자는 신고한 날로부터 3년간은 부가가치세의 면제를 받지 못하며, 3년이 경과한 후 다시 면세포기신고서를 제출하지 아니한 경우에도 면세를 적용받게 된다.

정답 및 해설

1	2	3	4	5	6	7	8	9	10
×	×	×	×	○	○	○	○	○	○
11	12	13	14	15	16	17	18	19	
×	○	○	×	×	×	×	×	×	

01 부가가치세의 역진성 완화를 위한 목적으로 도입된 제도는 면세제도이다.

02 영세율은 과세사업자와 간이과세자에게만 적용되므로 면세사업자가 영세율을 적용받기 위해서는 면세를 포기하여야 한다.

03 내국신용장 또는 구매확인서에 의하여 공급되는 재화는 공급된 이후 해당 재화를 수출용도에 사용하였는지의 여부에 상관없이 영세율을 적용한다.

04 재화 또는 용역의 공급시기가 속하는 과세기간의 종료후 20일 이내에 개설한 내국신용장에 대해서 영세율을 적용한다.

11 면세는 최종소비자가 부담하는 세부담의 역진성 완화를 위한 제도이다.

14 부가가치세법상 토지의 양도와 주택 부수토지의 임대는 면세이지만, 그 외의 토지 임대용역(전 · 답 · 임야 · 목장용지 · 과수원 · 염전 등은 제외)은 과세대상이다.

15 국가에 무상으로 공급하는 재화 또는 용역은 면세에 해당하나 유상으로 공급하는 재화 또는 용역은 과세대상이다.

16 미가공 농 · 축 · 수 · 임산물의 경우에는 식용에 공하는 경우는 국내산 뿐만 아니라 외국산의 경우도 면세대상에 포함되나, 비식용의 경우에는 국내산에 한하여 면세가 적용된다.

17 시외고속버스 중 일반고속버스의 경우에는 면세가 적용된다.

18 최종소비자에게 부가가치세 부담이 전가되지 않는 2가지 경우(영세율적용 재화 및 용역, 학술연구단체 등이 공급하는 재화 및 용역)에 한하여 면세포기가 인정되며, 면세포기는 신고를 요건으로 하므로 세무서장의 승인을 얻을 필요는 없다.

19 3년 경과후 다시 면세를 적용받고자 하는 경우에는 면세적용신고와 함께 사업자등록증을 제출하여야 하며, 면세적용신고를 하지 않은 경우에는 계속하여 면세를 포기한 것으로 본다.

CHAPTER 03

기본문제

01 부가가치세법상 영세율과 면세에 대한 설명으로 옳지 않은 것은?

① 영세율과 면세는 매출세액이 없다는 점에서 동일하나 매입세액의 환급에는 차이가 있다.

② 영세율과 면세를 적용하면 국내 · 외 소비자의 세부담은 경감된다.

③ 영세율은 소비지국 과세원칙의 구현에 목적이 있으나 면세는 조세부담의 역진성 완화에 목적이 있다.

④ 부가가치세법상 영세율사업자는 납세의무자이지만 면세사업자는 납세의무자가 아니다.

정답및해설 ②

재화의 수입에 있어서는 수입하는 국가에서 부가가치세를 과세하므로 영세율이 적용되더라도 국외소비자의 세부담경감은 없다.

02 부가가치세법상 영세율과 면세에 대한 설명으로 옳지 않은 것은?

① 부가가치세가 면제되는 재화 또는 용역의 공급이 영세율 적용의 대상이 되는 경우, 부가가치세의 면제를 받지 아니하고자 하는 사업자는 면세포기신고를 할 수 있으며 신고한 날로부터 3년간은 부가가치세의 면제를 받지 못한다.

② 영세율은 사업자가 비거주자나 외국법인인 경우에는 그 외국에서 대한민국의 거주자 또는 내국법인에 대하여 동일한 면세를 하는 경우에만 적용한다.

③ 토지의 공급은 면세되나 주택과 이에 부수되는 토지의 임대 용역을 제외한 토지의 임대용역의 공급은 과세된다.

④ 임대주택에 부가가치세가 과세되는 사업용건물이 함께 설치된 경우에는 주택면적과 사업용건물면적의 상대적인 크기에 상관없이 주택부분에 대하여는 면세하고 사업용 건물에 대하여는 과세한다.

정답및해설 ④

주택면적이 사업용건물면적을 초과하는 경우에는 건물 전체를 주택으로 보아 면세하는 것이고, 주택면적이 사업용건물면적을 초과하지 않는 경우에는 주택부분에 대하여는 면세하고 사업용건물에 대하여는 과세한다.

03 부가가치세법상 영세율에 대한 설명으로 옳지 않은 것은?

① 영세율적용대상자는 거주자와 내국법인만이 될 수 있는 것이 원칙이다.

② 수출대행수수료는 영세율대상이 아니다.

③ 해외건설업자가 사업과 관련하여 국내에서 취득한 재화를 반출하여 국외에서 사용하는 경우에는 재화의 공급으로 본다.

④ 영세율사업자는 부가가치세법상의 각종 신고의무를 진다.

정답및해설 ③

해외건설업자가 사업과 관련하여 국내에서 취득한 재화를 반출하여 국외에서 사용하는 경우에는 재화의 공급으로 보지 않는다. 즉, 과세에서 제외된다.

04 부가가치세 영세율제도에 관한 설명으로 옳은 것은?

① 영세율을 적용받는 사업자는 일반적인 과세사업자와 달리 매입세액을 전액 공제받을 뿐 부가가치세의 납세의무가 없기 때문에 세법상 장부를 기장할 의무가 없다.

② 재화나 용역을 외국에 수출하는 사업자는 과세사업자, 면세사업자 및 간이과세자 모두 특별한 절차 없이 영세율을 적용받을 수 있다.

③ 내국신용장이 재화공급 이후에 개설되는 때에는 영세율이 적용되지 아니한다.

④ 외국을 항행하는 선박 내 또는 항공기 내에서 승객에게 공급하는 재화 또는 용역은 영세율을 적용한다.

정답및해설 ④

① 영세율 사업자도 부가가치세법상 납세의무자로서 제반 의무를 이행하여야 한다.
② 면세사업자가 영세율을 적용받기 위해서는 면세포기절차를 거쳐야 한다.
③ 내국신용장이 재화공급 이후에 개설되는 때에는 해당 과세기간 종료 후 25일까지 개설되면 영세율을 적용받을 수 있다.

05 부가가치세법상의 면세에 관한 설명 중 옳지 못한 것은?

① 부가가치세가 면제되는 재화나 용역의 공급이 영세율 적용대상인 경우에는 면세포기 할 수 있고 이와 관련된 매입세액은 공제받을 수 있다.

② 전세버스 및 고속버스 사업도 면세대상에 해당된다.

③ 부가가치세법상 면세규정은 열거주의를 채택하고 있다.

④ 면세된 재화나 용역의 공급과 관련한 매입세액은 공제받지 못한다.

정답및해설 ②

전세버스 및 고속버스 등 고급교통수단은 과세대상이 된다.

06 부가가치세법상 면세대상이 아닌 것은?

① 가공되지 아니한 식료품

② 이사 · 이민 또는 상속으로 인해 수입하는 재화로서 관세가 면제되는 것

③ 「항공법」에 규정하는 항공기에 의한 여객운송용역

④ 우리나라에서 생산된 식용에 공하지 아니하는 관상용 열대어

정답및해설 ③

지하철이나 시내버스 등 주로 서민이 이용하는 대중교통수단에 대해서는 면세한다. 그러나 항공기나 고속버스 등 고급교통수단에 대해서는 면세하지 아니한다.

07 부가가치세법상 면세 대상인 재화 또는 용역이 아닌 것은?

① 「장애인복지법」에 따른 장애인보조견 훈련용역

② 「수의사법」에 규정하는 수의사의 애완견 식품판매

③ 여성용 생리처리 위생용품

④ 도서대여용역 및 실내 도서열람용역

정답및해설 ②

면세제도의 주요한 취지는 세부담의 역진성을 완화하기 위한 것으로 주로 기초생활필수품을 그 대상으로 하고 있으며, 기초생활필수품 이외에도 국민후생 및 문화관련 재화와 용역, 그리고 부가가치구성요소(토지, 자본, 노동)에 대해서도 정책상의 이유로 면세를 한다. 이러한 것들은 최종소비자에게 부가가치세의 세부담을 줄여주고자 하는 개념임을 기억하여야 할 것이다.

08 다음은 부가가치세법상 면세제도에 관한 설명이다. 옳은 것은?

① 면세는 부가가치세의 납세의무를 면제하는 제도로서 주로 기초생필품을 공급하는 면세사업자의 세부담을 경감해주기 위한 제도이다.

② 부가가치세의 면세를 포기하고자 하는 사업자는 세무서장의 승인을 얻어야 한다.

③ 면세포기를 하고자 하는 사업자는 면세를 포기하고자 하는 과세기간의 개시일 20일전까지 면세포기 신고서를 제출하여야 한다.

④ 면세사업자가 영세율을 적용받기 위해서는 면세포기를 하여야 하며, 면세포기를 한 사업자는 신고한 날부터 3년간의 부가가치세의 면제를 받지 못한다.

정답및해설 ④

① 면세는 최종소비자가 부담하는 세부담의 역진성 완화를 위한 제도이다.
② 면세포기는 신고를 요건으로 하므로 세무서장의 승인을 얻을 필요는 없다.
③ 면세포기신고서는 과세기간 중 언제나 제출할 수 있다.

09 부가가치세의 면세대상에 해당하지 않는 것은?

① 사업자가 공장용 토지를 양도한 경우

② 사업자가 국가 · 지방자치단체에 무상으로 공급하는 재화

③ 사업자가 토지를 주차장으로 임대하여 받은 임대료

④ 별송품과 우송품으로서 관세가 면제되거나 그 간이세율이 적용되는 재화

정답및해설 ③

토지의 공급은 면세대상이지만, 토지의 임대는 주택의 부수토지를 제외하고는 과세대상이다.

10 부가가치세가 면세되는 거래에 해당되는 것은?

① 지방자치단체조합이 그 소속 직원의 복리후생을 위하여 구내에서 식당을 직접 경영하여 공급하는 음식용역

② 「철도건설법」에 규정하는 고속철도에 의한 여객운송용역

③ 「우정사업운영에 관한 특례법」에 의한 우정사업조직이 「우편법」에 규정된 부가우편역무 중 소포우편물을 방문접수하여 배달하는 용역

④ 「항공법」에 규정하는 항공기에 의한 여객운송용역

정답및해설 ①

국가 등이 공급하는 재화 · 용역이라 하더라도 음식 · 숙박업에 대해서는 과세대상으로 하고 있으나 구내식당을 직접 경영하면서 소속직원에게 음식용역을 공급하는 경우는 면세를 적용한다.

CHAPTER 04

OX 문제

01 금전 이외의 대가를 받은 경우에는 자기가 공급받은 재화 또는 용역의 시가를 과세표준으로 한다.

02 공급대가를 외화로 받아 공급시기 도래전에 원화로 환가한 경우 공급시기의 기준환율 또는 재정환율에 의하여 계산한 금액을 과세표준으로 한다.

03 할부판매의 경우에는 공급한 재화의 총가액을 과세표준으로 하나, 장기할부판매의 경우에는 계약에 따라 받기로 한 대가의 각 부분을 과세표준으로 한다.

04 공급받는 자에게 도달하기 전에 파손·훼손 또는 멸실된 재화의 가액은 과세표준에 포함하지 아니한다.

05 재화를 수입하는 경우에는 관세의 과세가격과 관세, 개별소비세, 주세, 교육세 및 농어촌특별세의 합계액을 과세표준으로 한다.

06 용역의 공급에 대하여 부당하게 낮은 대가를 받은 경우에는 자기가 공급한 용역의 시가를 과세표준으로 한다.

07 재화를 수입하는 경우에는 관세의 과세가격과 관세, 개별소비세, 주세, 교통·에너지·환경세, 교육세 및 농어촌특별세의 합계액을 과세표준으로 한다.

08 판매장려금을 금전으로 지급하는 경우에는 이를 과세표준에서 공제하지 않으며, 만약 판매장려금을 재화로 지급하는 경우에는 이를 사업상 증여로 보아 해당 재화의 시가를 과세표준에 포함한다.

09 과세사업을 위하여 취득한 감가상각자산이 개인적공급에 해당되어 부가가치세가 과세되는 경우에는 해당 감가상각자산의 취득가액을 과세표준으로 한다.

10 과세사업을 위하여 취득한 감가상각자산을 면세사업에 일부 사용하는 경우에는 해당 감가상각자산의 취득가액에 경과된 과세기간에 해당하는 체감율을 차감한 금액 중 면세사업에 사용한 날이 속하는 과세기간의 면세공급가액 비율에 해당하는 금액을 과세표준으로 한다.

11 판매목적타사업장 반출에 해당되어 공급의제가 적용되는 경우에는 해당 재화의 취득가액을 과세표준으로 하여야 한다.

12 토지와 건물 등을 함께 공급하는 경우로서 해당 토지와 건물 등의 가액의 구분이 불분명한 경우에는 감정가액에 비례하여 안분계산하되, 감정가액이 없는 경우에는 장부가액에 비례하여 안분계산을 하여야 한다.

13 과세사업과 면세사업에 공통으로 사용되는 재화를 공급하는 경우의 과세표준은 해당 재화를 공급한 날이 속하는 과세기간의 공급가액의 비율에 의하여 안분계산한 금액으로 한다.

14 재화를 공급하는 날이 속하는 과세기간의 직전 과세기간의 총공급가액 중 면세공급가액이 5% 미만인 경우라도 해당 재화의 공급가액이 1억원인 경우에는 안분계산을 적용한 금액을 과세표준으로 하여야 한다.

15 어음의 부도발생일이 20×1년 2월 10일 이라면 20×1년 제2기 예정신고시 대손세액공제를 받을 수 있다.

16 대손세액공제를 적용받은 사업자가 대손금액의 전부 또는 일부를 회수한 경우에는 회수한 대손금액에 관련된 대손세액을 회수한 날이 속하는 과세기간의 매입세액에 가산한다.

17 대손세액은 부가가치세를 포함한 대손금액에 110분의 10을 곱한 금액으로 한다.

18 대손세액공제의 범위는 사업자가 부가가치세가 과세되는 재화나 용역을 공급한 후 공급일로부터 10년이 경과하는 날이 속하는 과세기간까지 확정되는 대손세액으로 한다.

19 공급받은 사업자가 대손세액을 매입세액에서 차감하지 아니한 경우 공급받은 사업자의 관할세무서장이 경정하여야 하며, 이 경우 증액경정된 부가가치세액에 대하여는 신고불성실가산세와 납부지연가산세가 적용된다.

정답 및 해설

1	2	3	4	5	6	7	8	9	10
×	×	○	○	○	○	○	○	×	○
11	12	13	14	15	16	17	18	19	
×	×	×	○	×	×	○	×	×	

01 금전 이외의 대가를 받은 경우에는 자기가 공급한 재화 또는 용역의 시가를 과세표준으로 한다.

02 공급대가를 외화로 받은 경우 공급시기 도래전에 원화로 환가한 경우에는 그 환가한 금액을 과세표준으로 한다.

09 감가상각자산의 취득가액에 경과된 과세기간에 해당하는 체감율을 차감한 금액을 과세표준으로 한다.

11 해당 재화의 취득가액에 일정액이 가산되어 공급되는 경우에는 그 공급가액을 과세표준으로 한다.

12 토지와 건물 등을 함께 공급하는 경우로서 해당 토지와 건물 등의 가액의 구분이 불분명한 경우에는 감정가액 → 기준시가 → 장부가액 → 취득가액의 순으로 안분계산을 적용한다.

13 재화를 공급한 날이 속하는 과세기간의 직전 가세기간의 공급가액의 비율에 의하여 안분계산한다.

15 대손세액공제는 확정신고시에만 가능하고 대손사유는 부도발생일로부터 6개월이 경과한 날에 발생하므로 20×1년 제2기 확정신고시 대손세액공제를 받을 수 있다.

16 매입세액에 가산하는 것이 아니라 매출세액에 가산한다.

18 공급일로부터 10년이 경과하는 날이 속하는 과세기간에 대한 확정신고기한까지 확정되는 경우에는 대손세액공제가 적용된다.

19 이 경우 신고불성실가산세와 납부지연가산세가 적용되지 아니한다.

CHAPTER 04

기본문제

01 부가가치세법상 공급가액에 대한 설명으로 옳지 않은 것은? 단, 부가가치세는 포함되지 않는다.

① 용역의 공급에 대하여 금전으로 대가를 받는 경우 그 대가

② 용역의 공급에 대하여 금전 이외의 대가를 받는 경우에는 자기가 공급한 용역의 시가

③ 폐업하는 경우 재고재화에 대하여는 그 재화의 시가

④ 용역의 공급에 대하여 부당하게 낮은 대가를 받은 경우에는 그 대가

정답및해설 ④

사업자가 그와 특수관계인과의 거래에 있어서 재화와 용역의 공급에 대한 조세의 부담을 부당하게 감소시킬 것으로 인정되는 재화의 무상 또는 저가공급, 용역의 저가공급, 부동산 임대용역의 무상공급에 대하여는 자기가 공급한 재화 · 용역의 시가를 공급가액으로 한다.

02 부가가치세의 과세표준과 세액의 계산에 대한 설명으로 옳지 않은 것은?

① 재화 또는 용역을 공급한 후의 그 공급가액에 대한 대손금 · 장려금과 이와 유사한 금액은 부가가치세의 과세표준에서 공제한다.

② 비영업용소형승용자동차의 구입과 유지에 관한 매입세액은 매출세액에서 공제하지 아니한다.

③ 용역의 공급에 대하여 부당하게 낮은 대가를 받거나 받지 아니한 경우에는 자기가 공급한 용역의 시가를 부가가치세의 공급가액으로 한다.

④ 간이과세자가 일반과세자로 변경되는 경우에는 해당 변경 당시의 재고품, 건설중인 자산 및 감가상각자산에 대하여 일정한 방식에 따라 계산한 금액을 부가가치세의 매입세액으로서 공제할 수 있다.

정답및해설 ①

대손금 · 장려금과 이와 유사한 금액은 과세표준에서 공제하지 아니한다.

03 부가가치세의 과세표준의 계산시 포함되지 않는 것은?

① 대손처리한 금액

② 반환조건으로 공급하는 용기대금

③ 사업상 증여

④ 구분 표시되지 않는 공공요금

정답및해설 ②

반환조건으로 공급하는 용기대금은 이후에 반환될 것이므로 공급에 대한 대가를 수령한 것으로 볼 수 없다. 따라서 공급가액에 포함하지 아니한다.

04 부가가치세법상 공급가액 또는 과세표준의 계산에 관한 설명으로 옳지 않은 것은?

① 재화의 수입에 대한 부가가치세의 과세표준은 그 재화에 대한 관세의 과세가격과 관세, 개별소비세, 주세, 교육세, 농어촌 특별세 및 교통 · 에너지 · 환경세를 합한 금액으로 한다.

② 사업자가 재화 또는 용역을 공급받는 자에게 지급하는 장려금이나 이와 유사한 금액 및 대손금액은 과세표준에서 공제하지 아니한다.

③ 재화 또는 용역의 공급과 관련하여 금전 외의 대가를 받는 경우에는 해당 대가의 시가를 공급가액으로 한다.

④ 장기할부판매의 경우에는 계약에 따라 받기로 한 대가의 각 부분을 공급가액으로 한다.

정답및해설 ③

재화 또는 용역의 공급과 관련하여 금전 외의 대가를 받는 경우에는 자기가 공급한 재화나 용역의 시가를 공급가액으로 한다.

05 부가가치세법상 과세표준의 계산에 관한 설명으로 옳지 않은 것은?

① 사업자가 토지와 그 토지에 정착된 건물 및 그 밖의 구축물을 함께 공급하는 경우에 그 공급가액은 실지거래가액이 있는 경우 이에 의한다.

② 기부채납의 경우에는 해당 기부채납의 근거가 되는 법률에 의해 기부채납된 가액(부가가치세가 포함된 경우 이를 제외)을 공급가액으로 한다.

③ 사업자가 중간지급조건부로 재화를 공급하고 계약에 따라 대가의 각 부분을 받을 때 하자보증을 위해 공급받는 자에게 보관시키는 하자보증금은 과세표준에서 공제한다.

④ 과세사업에 공한 건물을 면세사업에 일부 사용하는 경우 면세사업에 일부 사용한 날이 속한 과세기간의 면세공급가액이 총공급가액의 5% 미만인 경우 공급가액이 없는 것으로 본다.

정답및해설 ③

하자보증금은 과세표준에서 공제하지 않는다.

06 부가가치세의 과세표준 계산에 대한 설명으로 옳은 것은?

① 공급대가를 현물로 받은 경우에는 제공받은 재화 또는 용역의 시가를 공급가액으로 한다.

② 대손금과 판매장려금은 부가가치세과세표준에서 공제한다.

③ 연불판매 또는 할부판매의 경우 이자상당액은 공급가액에 포함하지 아니한다.

④ 확정된 공급대가의 지급지연으로 인하여 지급받는 연체이자는 공급가액에 포함하지 아니한다.

정답및해설 ④

① 공급대가를 현물로 받은 경우에는 제공한 재화 또는 용역의 시가를 공급가액으로 한다.
② 공제하지 아니한다.
③ 연불판매 또는 할부판매시 이자상당액은 공급가액에 포함한다.

07 부가가치세의 과세표준의 계산에 대한 설명으로 옳은 것은?

① 재화 또는 용역의 공급에 대한 부가가치세의 과세표준은 해당 과세기간에 공급한 재화 또는 용역의 공급대가의 합계로 한다.

② 재화 또는 용역을 공급하고 금전 이외의 대가를 수령한 경우에는 제공받은 재화 또는 용역의 시가를 공급가액으로 한다.

③ 재화의 공급에 대하여 부당하게 낮은 대가를 받거나 받지 아니한 경우에는 자기가 공급한 재화의 시가를 공급가액으로 한다.

④ 공급대가를 외화로 받은 경우 공급시기의 기준환율 또는 재정환율에 의하여 계산한 금액을 공급가액으로 한다.

정답및해설 ③

① 부가가치세를 포함하지 않은 공급가액으로 과세표준을 한다.
② 자기가 공급한 재화 또는 용역의 시가를 공급가액으로 한다.
④ 공급대가를 외화로 받은 경우 공급시기 도래 전에 원화로 환가한 경우에는 그 환가한 금액을 공급가액으로 한다.

08 다음은 과세사업과 면세사업에 공통으로 사용하던 재화를 공급하는 경우의 공급가액에 대한 설명이다. 옳지 않은 것은?

① 과세사업과 면세사업에 공통으로 사용하던 재화를 공급하는 경우에는 직전 과세기간의 공급가액을 기준으로 안분계산함이 원칙이다.

② 해당 과세기간의 공통사용재화에 대한 공급가액 합계액이 50만원 미만인 경우에는 과세표준의 안분계산을 생략한다.

③ 직전 과세기간의 총공급가액 중 면세공급가액이 100분의 5 미만이며, 해당 재화의 공급가액이 5천만원 미만인 경우에는 공급가액 전액을 과세표준에 포함한다.

④ 신규로 사업을 개시하여 직전 과세기간이 없는 경우에는 공급가액 전액을 과세표준에 포함한다.

정답및해설 ②

재화의 건별 공급가액이 50만원 미만인 경우에 공급가액의 안분계산을 생략한다.

09 다음은 ㈜민연의 20X1년 제1기 부가가치세 예정신고기간에 발생한 거래이다. 부가가치세과세표준을 계산하면 얼마인가?

(1) 매출액(₩1,000,000의 매출할인이 차감된 금액임)		₩400,000,000
(2) 거래처에 판매장려를 위하여 증정한 자사물품	원가	2,000,000
	시가	3,000,000
(3) 매출채권 회수지연에 따라 수령한 연체이자		500,000
(4) 특수관계인에게 대가를 받지 않고 제공한 음식용역(시가)		4,000,000

① ₩403,000,000　　② ₩404,000,000

③ ₩404,500,000　　④ ₩408,000,000

정답및해설 ①

매출액 + 판매장려품(시가) = ₩403,000,000

10 겸영사업자인 ㈜민연상사는 과세사업과 면세사업에 공통으로 사용하던 건물을 ₩500,000,000에 매각하였다. 공급가액이 다음과 같을 때 부가가치세공급가액을 계산하면?

	과세사업	면세사업
해당 과세기간	₩70,000,000	₩30,000,000
직전 과세기간	96,000,000	24,000,000

① ₩400,000,000 ② ₩350,000,000

③ ₩150,000,000 ④ ₩100,000,000

정답및해설 ①

(1) 직전 과세기간의 과세사업 공급가액비율 : $\frac{96,000,000}{96,000,000 + 24,000,000} = 80\%$

(2) 공급가액 : ₩500,000,000 × 80% = ₩400,000,000

11 다음은 부가가치세법상 대손세액공제에 대한 설명이다. 옳은 것은?

① 대손세액공제를 받고자 하는 사업자는 부가가치세 예정신고 또는 확정신고시 대손세액공제 신고서와 대손사실을 증명하는 서류를 첨부하여 관할세무서장에게 제출하여야 한다.

② 대손세액공제의 범위는 사업자가 부가가치세가 과세되는 재화나 용역을 공급한 후 그 공급일로부터 10년이 경과된 날이 속하는 과세기간까지 파산 등의 사유로 인하여 확정되는 대손세액으로 한다.

③ 대손세액은 부가가치세를 포함한 대손금액의 100분의 10을 곱한 금액으로 하며, 대손이 확정된 날이 속하는 과세기간의 매출세액에서 차감한다.

④ 대손세액공제를 적용받은 사업자가 대손금액의 전부 또는 일부를 회수한 경우에는 회수한 대손금액에 관련된 대손세액을 회수한 날이 속하는 과세기간의 매출세액에 가산한다.

정답및해설 ④

① 대손세액은 확정신고시에만 공제받을 수 있다.
② 공급일로부터 10년이 경과된 날이 속하는 과세기간에 대한 확정신고기한까지 확정되는 대손세액으로 한다.
③ 부가가치세를 포함한 대손금액의 110분의 10을 곱한 금액으로 한다.

12 부가가치세법상 대손세액공제에 대한 설명으로 옳지 않은 것은?

① 법인세법 또는 소득세법에 의한 대손사유로 인하여 재화 또는 용역에 대한 외상매출금, 기타 채권의 전부 또는 일부를 회수할 수 없는 경우에 대손세액공제가 적용가능하다.

② 대손세액공제를 받기 위해서는 부가가치세가 과세되는 재화 또는 용역을 공급한 후 그 공급일로부터 10년이 되는 날이 속하는 과세기간에 대한 확정신고기한까지 대손세액공제요건이 확정되어야 한다.

③ 대손세액은 부가가치세를 포함한 대손금액의 110분의 10으로 한다.

④ 공급하는 자의 경우에는 대손이 확정된 날이 속하는 과세기간의 확정신고시 대손세액을 매입세액에 가산한다.

정답및해설 ④

대손세액공제는 사업자가 과세재화・용역을 공급한 후 그 공급일로부터 5년이 경과된 날이 속하는 과세기간에 대한 확정신고기한까지 법 소정 사유로 인하여 확정되는 대손세액에 대해서만 대손세액공제를 적용하며 아래와 같이 처리한다.

구 분	공급하는 사업자	공급받는 사업자
a. 대손이 확정된 경우	매출세액에서 차감	매출세액에서 차감*
b. 대손금을 회수한 경우	매출세액에 가산	매입세액에 가산

* 공급받는 사업자가 대손세액을 매입세액에서 차감하지 아니한 경우 공급받는 사업자의 관할세무서장이 경정하여야 한다. 이 경우 신고불성실가산세와 납부지연가산세를 적용하지는 않는다.

CHAPTER 05

OX 문제

01 2월 26일부터 3월 25일 사이의 재화공급가액을 합계하여 3월 25일을 발행일자로 한 세금계산서를 작성하여 동 일자에 교부한 경우 정당한 교부로 인정된다.

02 소매업을 영위하는 자가 공급하는 재화 또는 용역에 대하여는 세금계산서를 교부할 의무가 없으나 공급받는 자가 세금계산서의 교부를 요구하는 경우에는 교부하여야 한다.

03 영세율을 적용받는 재화의 공급은 매출세액을 거래징수하지 않으므로 세금계산서를 교부하지 않아도 무방하다.

04 세금계산서에 공급하는 사업자와 공급받는 사업자의 등록번호와 성명 또는 명칭 중 어느 하나라도 기재하지 않거나 사실과 다르게 기재한 경우에는 세금계산서불성실가산세가 부과된다.

05 사업자가 전자세금계산서를 발급하는 때에는 전자세금계산서 발급일이 속하는 달의 다음달 10일까지 전자세금계산서 발급명세를 국세청장에게 전송하여야 한다.

06 세금계산서의 발급시기는 해당 재화 또는 용역의 공급시기로 하며, 부가가치세법은 이러한 재화 또는 용역의 공급시기 이전에 발급하는 경우는 예외적으로 인정하고 있으나, 공급시기 이후에 발급하는 경우에 대한 규정은 두고 있지 않다.

07 당초 세금계산서가 발급된 거래에 대하여 계약의 해제로 인하여 재화 또는 용역이 공급되지 아니한 경우에는 당초 거래일자를 작성일자로 기재한 수정세금계산서를 발급하여야 한다.

08 재화의 공급의제에 해당되는 모든 재화에 대하여는 세금계산서를 발급할 수 없다.

09 위탁판매에 의한 판매의 경우에 수탁자가 재화를 인도하는 때에는 수탁자가 세금계산서를 발급하며, 위탁자가 직접 재화를 인도하는 때에는 위탁자가 세금계산서를 발급할 수 있다.

10 세금계산서를 발급한 세관장은 사업자의 경우를 준용하여 매입처별세금계산서합계표를 사업장 관할세무서장에게 제출하여야 한다.

정답 및 해설

1	2	3	4	5	6	7	8	9	10
×	○	×	×	×	×	×	×	○	×

01 해당 월의 1일부터 말일까지의 기간을 말하는 것으로 2월 26일부터 3월 25일까지의 기간은 해당 월의 1일부터 말일까지의 기간이 아니므로 정당한 세금계산서의 교부가 아니다.

03 영세율 적용을 받는 재화 또는 용역의 공급 중 내국신용장에 의한 공급 등 일정한 경우에는 세금계산서 교부의무가 있다.

04 공급받는 사업자의 성명 또는 명칭은 임의적 기재사항으로 누락하거나 사실과 다르게 기재한 경우라도 가산세가 부과되지 아니한다.

05 사업자가 전자세금계산서를 발급하는 때에는 전자세금계산서 발급일의 다음날까지 전자세금계산서 발급명세를 국세청장에게 전송하여야 한다.

06 일정한 경우에는 해당 월에 공급한 거래에 대하여 다음 달 10일까지 세금계산서를 발급할 수 있도록 하는 후발급 규정이 있다.

07 계약의 해제로 인하여 재화 또는 용역이 공급되지 아니한 경우에 그 작성일자는 계약해제일로 기재하여 수정세금계산서를 발급하여야 한다.

08 공급의제 중 직매장 반출의 경우에는 세금계산서를 발급하여야 한다.

10 세금계산서를 발급한 세관장은 사업자의 경우를 준용하여 매출처별세금계산서합계표를 사업장관할세무서장에게 제출하여야 한다.

CHAPTER 05

기본문제

01 부가가치세법상 세금계산서 제도에 대한 설명으로 옳은 것은?

① 납세의무자는 사업자등록을 하지 않더라도 세금계산서를 발급할 수 있다.

② 사업자가 자기의 사업과 관련하여 취득한 재화를 자기의 사업을 위하여 직접 사용하는 경우 세금계산서를 발급하여야 한다.

③ 세관장은 수입되는 재화에 대하여 대통령령이 정하는 바에 따라 세금계산서를 수입자에게 발급하여야 한다.

④ 사업자가 재화 또는 용역의 공급시기가 도래하기 전에 세금계산서를 발급하고 그 세금계산서 발급일부터 10일 이내에 대가를 지급받는 경우에는 정당한 세금계산서를 발급한 것으로 본다.

정답및해설 ③

① 납세의무자로 등록한 사업자가 재화 또는 용역을 공급하는 때에는 거래시기에 세금계산서를 공급을 받는 자에게 발급하여야 한다. 따라서 사업자등록번호는 필요적 기재사항이므로 납세의무자는 사업자등록을 하지 아니하면 유효한 세금계산서를 발급할 수 없다.

② 사업자가 자기의 사업과 관련하여 취득한 재화를 자기의 사업을 위하여 직접 사용하는 경우는 자가공급으로 재화의 공급으로 보지 아니한다. 따라서 세금계산서 발급대상이 아니다.

④ 사업자가 재화 또는 용역의 공급시가 도래하기 전에 세금계산서를 발급하고 그 세금계산서 발급일부터 7일 이내에 대가를 지급받는 경우에는 세금계산서를 발급한 것으로 본다.

02 다음은 부가가치세법상의 세금계산서제도에 관한 설명이다. 옳은 것은?

① 공급하는 자와 공급받는 자의 사업자등록번호와 공급가액 및 부가가치세액만 기록된 세금계산서도 세금계산서로서의 효력이 인정된다.

② 면세사업자는 부가가치세의 납부의무가 없으나, 공급받는 자가 요구하는 경우에는 세금계산서를 발급하여야 한다.

③ 세금계산서는 거래에 관한 청구서 또는 영수증의 역할을 하며, 공급받는 자가 매입세액을 공제받기 위한 필수적인 자료이다.

④ 모든 영수증발급의무자는 공급을 받는 사업자가 사업자등록증을 제시하고 세금계산서의 발급을 요구하는 때에는 세금계산서를 발급하여야 한다.

정답및해설 ③

① 필요한 기재사항의 전부 또는 일부가 기재되지 않았거나 그 내용이 사실과 다른 경우에는 세금계산서로서의 효력이 인정되지 않는다.
② 면세사업자는 소득세법 또는 법인세법에 의한 계산서 또는 영수증을 작성·발급하여야 하며 부가가치세법상의 세금계산서는 발급할 수 없다.
④ 미용·욕탕 및 유사서비스업, 여객운송업(전세여객운송업은 제외) 및 입장권을 발행하여 영위하는 사업자는 상대방이 요구하는 경우에도 세금계산서를 발급할 수 없다.

03 부가가치세법상 세금계산서와 영수증에 대한 설명으로 옳지 않은 것은?

① 간이과세자는 세금계산서를 발급하지 못하며 영수증을 발급하여야 한다.

② 간이과세자는 세금계산서를 발급받아도 세금계산서에 기재된 부가가치세액의 전부를 자기가 납부할 부가가치세에서 공제받을 수는 없다.

③ 세금계산서는 '공급자 보관용', '공급받는자 보관용', '세무서 제출용'으로 이루어져 있다.

④ 재화를 직접 수출하는 경우에는 세금계산서 발급의무가 면제된다.

정답및해설 ③

세금계산서는 공급자와 공급받는자가 거래증빙으로서 한매씩 보관하고, 부가가치세를 신고할 때에는 세무서에 세금계산서를 제출하는 것이 아니라 세금계산서합계표상에 거래상대방의 정보와 공급가액, 부가가치세액 등을 기재하여 해당 과세기간의 거래분 합계내역을 총괄하여 신고하는 것이다.

04 부가가치세법상 세금계산서의 발급에 관한 설명으로 옳지 않은 것은?

① 거래처별로 달의 1일부터 말일까지의 공급가액을 합계하여 해당 월의 말일자를 발행일자로 하여 세금계산서를 발급하는 경우에는 해당 재화 또는 용역의 공급일이 속하는 달의 다음 달 10일까지 세금계산서를 발급할 수 있다.

② 재화 또는 용역의 공급시기가 도래하기 전에 세금계산서를 발급하고 그 세금계산서 발급일로부터 7일 이내에 대가를 지급받는 경우에는 적법하게 세금계산서를 발급한 것으로 본다.

③ 세관장은 수입되는 재화에 대해 관세청장이 정하는 바에 따라 세금계산서를 수입업자에게 발급하여야 한다.

④ 관계증명서류 등에 따라 실제 거래사실이 확인되는 경우로서 해당 거래일자를 발행일자로 하여 세금계산서를 발급하는 경우에는 해당 재화 또는 용역의 공급일이 속하는 과세기간의 확정신고기한까지 세금계산서를 발급할 수 있다.

정답및해설 ④

관계증명서류 등에 따라 실제 거래사실이 확인되는 경우로서 해당 거래일자를 발행일자로 하여 세금계산서를 발급하는 경우에는 해당 재화 또는 용역의 공급일이 속하는 달의 다음달 10일까지 세금계산서를 발급할 수 있다.

05 부가가치세법상 세금계산서에 관한 설명으로 옳지 않은 것은?

① 영세율이 적용되는 재화의 공급이 법령에서 정하는 내국신용장에 의한 수출인 경우 세금계산서 발급의무가 면제된다.

② 택시운송 사업자, 노점 또는 행상을 하는 자가 공급하는 재화나 용역의 경우 세금계산서 발급의무가 면제된다.

③ 관할세관장은 수입되는 재화에 대하여 부가가치세를 징수할 때에는 수입세금계산서를 수입하는 자에게 발급하여야 한다.

④ 수용으로 인하여 재화가 공급되는 경우 해당 사업시행자가 세금계산서를 발급할 수 있다.

정답및해설 ①

영세율이 적용되는 재화의 공급은 원칙적으로는 세금계산서 발급의무가 없지만 한국국제협력단, 한국국제보건의료재단 또는 대한적십자사에 공급하는 재화나 수출재화 임가공용역과 같이 국내거래로서 영세율이 적용되는 것은 세금계산서의 발급의무가 있다.

06 부가가치세법상 위탁매매에 대한 설명으로 옳지 않은 것은?

① 위탁매매 또는 대리인에 의한 매매를 할 때에는 위탁자 또는 본인이 직접 재화를 공급하거나 공급받은 것으로 본다. 다만, 위탁자 또는 본인을 알 수 없는 경우로서 법령이 정하는 경우에는 그러하지 아니하다.

② 위탁판매의 경우에 수탁자가 재화를 인도하는 때에는 수탁자가 수탁자 명의로 세금계산서를 발급한다.

③ 위탁매입의 경우에는 공급자가 위탁자를 공급받는 자로 하여 세금계산서를 발급한다.

④ 대법원 판례에 따르면 「부가가치세법」상 위탁매매에 관한 재화의 공급자 간주 규정은 준위탁매매인에 의한 용역의 공급에도 유추 적용된다.

정답및해설 ②

위탁판매의 경우 수탁자가 재화를 인도하는 경우 수탁자가 위탁자명의로 세금계산서를 발급한다.

CHAPTER 06

OX 문제

01 해당 과세기간에 부가가치창출활동을 위하여 사용된 재화 또는 용역에 대한 매입세액만 공제된다.

02 과세사업자가 자기의 사업과 관련하여 취득한 재화를 국가에 무상으로 공급하는 것은 면세에 해당하므로 해당 재화의 매입세액은 공제되지 아니한다.

03 5월 2일에 사업을 개시한 자가 5월 10일에 사업자등록신청을 하고 5월 12일에 사업자등록증을 교부받은 경우 4월 7일에 매입한 비품관련 매입세액은 사업자등록전 매입세액이지만 공제를 받을 수 있다.

04 업무와 관련된 기업업무추진비 및 그와 유사한 비용에 대한 매입세액은 공제가능하다.

05 매입처별세금계산서합계표를 경정청구시 제출하는 경우에도 매입세액공제는 가능하지만 가산세가 부과된다.

06 비업무용승용자동차의 구입과 임차 및 유지에 관한 매입세액은 공제될 수 없지만, 업무용승용자동차의 구입과 임차 및 유지에 관한 매입세액은 전액 공제받을 수 있다.

07 간주임대료에 대한 부가가치세는 임차인이 부담하는 경우라 할지라도 매입세액공제가 허용되지 아니한다.

08 재화 또는 용역의 공급시기 이후에 발급받은 세금계산서로서 해당 공급시기가 속하는 과세기간에 대한 확정신고기한까지 발급받은 경우에는 매입세액은 공제되지 않지만, 이에 대한 가산세는 부과되지 아니한다.

09 건축물이 있는 토지를 취득하여 그 건축물을 철거하고 토지만을 사용하는 경우에는 철거한 건축물의 취득 및 철거비용에 관련된 매입세액은 매출세액에서 공제하지 아니한다.

10 누적효과를 제거하기 위한 제도에는 의제매입세액공제, 간이과세포기, 면세포기 및 재활용폐자원등매입세액공제가 있다.

11 의제매입세액은 면세농산물 등을 과세사업에 사용한 날이 속하는 예정신고기간 또는 확정신고기간의 매출세액에서 공제한다.

12 외국으로부터 수입한 농산물 등도 의제매입세액공제의 대상이 되며, 의제매입세액계산시 수입가격은 관세의 과세가격으로 한다.

13 의제매입세액공제를 받은 면세농산물 등을 그대로 판매하는 때에는 그 판매가액을 부가가치세의 과세표준에 가산하여야 한다.

14 의제매입세액공제가 적용되는 면세농산물의 매입가액은 운임 등 부대비용을 포함한 세법상 취득가액으로 하며, 수입농산물 등도 의제매입세액공제를 적용받을 수 있다.

15 면세를 포기함으로써 영세율을 적용받는 경우에는 매입세액공제를 받을 수 있으나 의제매입세액공제를 적용 받을 수 없다.

16 면세사업관련 매입세액으로 매입세액이 공제되지 아니한 감가상각자산을 과세사업에 사용 또는 소비하는 경우 그 날이 속하는 과세기간의 확정신고시 일정금액을 매입세액으로 공제할 수 있다.

17 과세전용매입세액은 감가상각자산을 그 적용대상으로 하며, 과세로 전용된 과세기간의 총공급가액 중 가세공급가액이 차지하는 비율이 10% 미만인 경우에는 이를 적용하지 아니한다.

정답 및 해설

1	2	3	4	5	6	7	8	9	10
×	×	○	×	×	×	○	×	○	○
11	12	13	14	15	16	17			
×	○	×	×	○	○	×			

01 부가가치활동을 위하여 이미 사용된 것뿐만 아니라 아직 사용되지 아니한 것도 차후에 매출세액을 창출할 것이므로 공제대상이 된다. 즉, 매입세액은 해당 재화 또는 용역의 실제 사용시기와는 관계없이 이를 공급받거나 수입한 과세기간의 매출세액에서 공제하는 것이다.

02 국가에 무상으로 공급하는 재화는 면세대상이지만 해당 재화가 면세사업과 관련된 것이 아니므로 매입세액은 공제받을 수 있다.

04 기업업무추진비관련 매입세액은 공제되지 않는다.

05 경정시에 경정기관의 확인을 거쳐 제출하는 경우에는 가산세가 부과되지만 경정청구시 제출하는 경우에는 가산세가 부과되지 않는다.

06 승용자동차는 업무용으로 사용한다고 하더라도 영업용이 아닌 경우에는 매입세액을 공제받을 수 없다.

08 매입세액은 공제받을 수 있으나, 가산세(0.5%)가 부과된다.

11 면세농산물 등을 공급받거나 수입한 날이 속하는 예정신고기간 또는 확정신고기간의 매출세액에서 공제한다.

13 그 재화에 대한 의제매입세액을 재계산하여 납부세액에 가산하거나 환급세액에서 차감하여야 한다.

14 면세농산물의 매입가액은 운임 등 부대비용을 제외한 금액으로 한다.

17 과세공급비율이 5% 미만인 경우에 한하여 이를 적용하지 아니한다.

CHAPTER 06

기본문제

01 부가가치세법상 매입세액공제에 관한 설명으로 옳지 않은 것은?

① 법인세법상 공동경비 중 분담기준금액을 초과하는 금액에 대한 매입세액은 공제받을 수 없다.

② 사업자등록 이전의 매입세액이라도 과세기간 종료일로부터 20일 이내 등록하는 경우 해당 과세기간의 매입세액은 공제받을 수 있다.

③ 토지의 조성 등을 위한 자본적 지출에 관련된 매입세액으로서 토지의 취득 및 형질 변경에 관련된 매입세액은 공제받을 수 없다.

④ 사업자등록을 한 사업자가 해당 사업자의 사업자등록번호 대신에 주민등록번호를 기재하고 교부받은 세금계산서상의 매입세액은 공제받을 수 있다.

정답및해설 ④
세금계산서 부실기재분 매입세액에 해당되어 공제받을 수 없다.

02 부가가치세법상 예정 또는 확정신고시에 공제받지 못한 의제매입세액을 공제받기 위하여 서류를 제출하는 경우에 해당하는 것만을 모두 고르면?

ㄱ. 해당서류를 경정청구서와 함께 제출하여 경정기관이 경정하는 경우
ㄴ. 해당서류와 함께 신용카드매출전표등수취명세서를 경정기관의 확인을 거쳐 정부에 제출하는 경우
ㄷ. 해당서류를 기한 후 과세표준신고서와 함께 제출하여 관할세무서장이 결정하는 경우
ㄹ. 해당서류를 과세표준수정신고서와 함께 제출하는 경우

① ㄱ, ㄷ　　② ㄴ, ㄷ
③ ㄱ, ㄴ, ㄹ　　④ ㄱ, ㄴ, ㄷ, ㄹ

정답및해설 ④

매입처별세금계산서합계표를 지연제출, 수정신고, 경정청구 및 기한후신고시 제출하는 경우에는 매입세액을 공제받을 수 있으며 가산세도 부과되지 않는다. 다만, 경정기간의 확인을 거쳐 제출하는 경우에는 매입세액공제는 받을 수 있으나 가산세가 부과된다.

03 부가가치세법상 매입세액공제가 허용되는 경우로 옳은 것은?

① 발급받은 세금계산서의 필요적 기재사항 중 일부가 적히지 않았으며 거래사실도 확인되지 않는 경우

② 재화 또는 용역의 공급시기 이후에 발급받은 세금계산서로서 해당 공급시기가 속하는 과세기간 내에 발급받은 경우

③ 토지의 취득 및 형질변경, 공장부지 및 택지의 조성 등에 관련된 매입세액

④ 사업과 직접 관련이 있는 기업업무추진비에 관련된 매입세액

정답및해설 ②

① 필요적 기재사항의 일부가 기재되지 않은 경우에는 세금계산서로서의 효력이 인정되지 않으므로 매입세액공제가 허용되지 않는다.
② 재화 또는 용역의 공급시기 이후에 발급받은 세금계산서로서 해당 공급시기가 속하는 과세기간 내에 발급받은 경우에는 공급가액의 1%에 해당하는 가산세가 부과되지만 매입세액공제는 허용된다.
③ 토지는 면세대상이므로 토지의 조성 등을 위한 자본적 지출에 해당하는 매입세액은 공제되지 않는다.
④ 기업업무추진비 및 이와 유사한 비용에 대한 매입세액은 공제되지 않는다.

04 부가가치세법상 매입세액공제제도에 관한 설명으로 옳지 않은 것은?

① 비영업용소형승용자동차의 구입과 유지에 관한 매입세액은 매출세액에서 공제하지 아니한다.

② 사업자등록을 신청한 사업자가 사업자등록증 발급일까지의 거래에 대하여 해당 사업자 또는 대표자의 주민등록번호를 기재하고 세금계산서를 발급받은 경우에는 매입세액을 공제받을 수 있다.

③ 간이과세자가 일반과세자로 변경되는 경우에는 해당 변경당시의 재고품과 건설중인 자산 및 감가상각자산에 대하여 법령이 정하는 바에 따라 계산한 금액을 매입세액으로 공제할 수 있다.

④ 과세재화를 원재료로 하여 면세재화를 공급하는 사업자는 의제매입세액공제를 받을 수 있다.

정답및해설 ④

면세원재료를 사용하여 과세재화·용역을 공급하는 사업자가 의제매입세액공제를 적용받을 수 있다.

05 부가가치세법상 매입세액공제에 대한 설명으로 옳지 않은 것은?

① 공제대상 매입세액은 자기의 사업을 위하여 사용된 재화 또는 용역의 공급 및 재화의 수입에 대한 세액에 한한다.

② 비영업용 소형승용자동차의 구입과 임차 및 유지에 관한 매입세액은 공제하지 아니한다.

③ 부가가치세가 면제되는 재화를 공급하는 사업의 투자에 관련된 매입세액은 공제하지 아니한다. 단, 공급하는 사업자가 동 거래에 대하여 세금계산서를 발급하고 매출세액을 납부한 경우 제외한다.

④ 과세사업에 사용된 토지의 형질변경에 관련된 매입세액은 공제하지 아니한다.

정답및해설 ①

공제대상이 되는 매입세액은 과세사업자가 자기의 사업을 위하여 사용되었거나 사용될 재화 또는 용역을 공급받거나 재화를 수입할 때 징수당한 매입세액을 말한다. 현행 우리나라 부가가치세법은 매입세액의 공제에 있어서 해당 매입세액의 대상이 되는 재화 또는 용역 등이 사용 또는 제공될 때를 공제시기로 보지 않고 매입시점에 전액 공제하는 것을 원칙으로 하고 있으므로 "~사업을 위하여 사용된 ~한한다."의 지문은 틀린 표현이 되겠다.

06 부가가치세법상 매입세액공제에 대한 설명으로 옳지 않은 것은?

① 사업자가 면세농산물 등을 원재료로 하여 제조·가공한 재화 또는 창출한 용역의 공급에 대하여 부가가치세가 과세되는 경우(법에 따라 면세를 포기하고 영세율을 적용받는 경우에는 제외한다) 면세농산물 등을 공급받거나 수입할 때 매입세액이 있는 것으로 보아 공제할 수 있다.

② 토지의 가치를 현실적으로 증가시켜 토지의 취득원가를 구성하는 비용에 관련된 매입세액은 매출세액에서 공제하지 아니한다.

③ 재화의 공급시기 이후 해당 공급시기가 속하는 과세기간의 확정신고기한내에 세금계산서를 교부받았다 하더라도 세금계산서는 공급시기에 교부받아야 하므로 매입세액공제를 받을 수 없다.

④ 사업자등록을 신청하기 전이라도 공급시기가 속하는 과세기간이 끝난 후 20일 이내에 등록을 신청한 경우 등록신청일부터 공급시기가 속하는 과세기간개시일까지 역산한 기간 이내의 매입세액은 매출세액에서 공제한다.

정답및해설 ③

공급시기 이후에 세금계산서를 발급받은 경우 동일과세기간의 확정신고기한내에 발급받은 경우에는 매입세액을 공제하며 가산세가 부과된다.

07 다음은 부가가치세법상 면세농산물 등의 의제매입세액공제에 관하여 설명한 것이다. 옳은 것은?

① 의제매입세액은 원칙적으로 면세농산물 등을 과세사업에 사용한 날이 속하는 예정신고기간 또는 확정신고기간의 매출세액에서 공제한다.

② 면세농산물 등의 매입가액은 운임 등의 부대비용을 포함한 매입원가로 한다.

③ 외국으로부터 수입한 농산물 등도 의제매입세액공제의 대상이 되며, 의제매입세액 계산시 수입가격은 관세의 과세가격으로 한다.

④ 의제매입세액공제를 받은 면세농산물 등을 그대로 판매하는 때에는 그 판매가격을 부가가치세의 과세표준에 가산하여야 한다.

정답및해설 ③

① 공급받거나 수입한 날이 속하는 예정신고기간 또는 확정신고기간별로 매출세액에서 공제한다.
② 운임 등의 부대비용을 제외한 매입원가로 한다.
④ 그 재화에 대한 의제매입세액을 재계산하여 납부세액에 가산하거나 환급세액에서 공제하여야 한다.

08 부가가치세법상 의제매입세액계산에 관한 설명으로 옳지 않은 것은?

① 수입되는 면세농산물 등에 대하여 의제매입세액을 계산함에 있어서의 그 수입가액은 관세의 과세가격으로 한다.

② 매입세액으로서 공제한 면세농산물 등을 그대로 양도하는 때에는 그 공제한 금액을 납부세액에 가산하여야 한다.

③ 매입세액을 공제받고자 하는 제조업을 영위하는 사업자가 농·어민으로부터 면세농산물 등을 직접 공급받는 경우에는 의제매입세액공제신고서만을 제출한다.

④ 의제매입세액으로서 공제할 수 있는 금액은 면세농산물 등의 가액에 102분의 2(음식점업의 경우에는 106분의 6)를 곱하여 계산한다.

정답및해설 ④

의제매입세액으로서 공제할 수 있는 금액은 면세농산물 등의 가액에 102분의 2[음식점업의 경우 106분의 6, 개인은 108분의 8(109분의 9), 제조업 중 중소기업 및 개인사업자는 104분의 4(개인 과자점업 등은 106분의 6)]를 곱하여 계산한다.

09 다음은 과세재화와 면세재화를 제조 및 판매하고 있는 甲회사의 20X9년도 제2기 부가가치세 과세기간에 대한 자료이다. 한편, 20X9년도 제2기 과세기간의 매입가액에 대한 부가가치세는 모두 매입세액공제대상이다. 20X9년도 제2기 甲회사의 부가가치세 납부세액은?

〈공급가액〉

구 분	과세사업	면세사업
총공급가액	₩200,000,000	₩200,000,000
면세공급가액	100,000,000	80,000,000

〈매입가액〉

- 과세재화용 원재료 : ₩65,000,000
- 면세재화용 원재료 : ₩35,000,000
- 과세사업과 면세사업에 공통으로 사용되는 부재료 : ₩25,000,000

① ₩2,000,000　　② ₩2,250,000

③ ₩4,000,000　　④ ₩4,250,000

정답및해설 ③

1. 매출세액　₩12,000,000 *1
2. 매입세액　(8,000,000) *2
3. 납부세액　₩4,000,000

*1. (₩200,000,000 − ₩80,000,000)×10% = ₩12,000,000

*2. ₩65,000,000×10% + ₩25,000,000×10%×(1.2억/2억) = ₩8,000,000

CHAPTER 07

OX 문제

01 공통매입세액은 원칙적으로 실지귀속에 따라 구분하되, 실지귀속이 불분명한 경우에는 직전 과세기간의 공급가액의 비율에 의하여 안분계산한다.

02 과세사업과 면세사업에 공통으로 사용되는 재화를 공급받은 과세기간에 공급하여 과세표준을 직전 과세기간의 공급가액을 기준으로 안분계산한 경우에는 그 재화에 대한 매입세액의 안분계산도 직전 과세기간의 공급가액을 기준으로 한다.

03 감가상각자산의 공통매입세액을 공제받은 경우에는 그 이후 예정신고 또는 확정신고시 면세공급가액비율이 5% 이상 증감한다면 납부세액 또는 환급세액을 재계산하여야 한다.

04 공통매입세액을 공제받은 감가상각자산은 과세기간의 면세비율이 5% 이상 증감된 경우 해당 자산이 처분되는 과세기간까지 납부세액 또는 환급세액을 재계산해야 한다.

05 감가상각자산에 대한 공통매입세액을 공제받은 경우로서 그 이후 예정신고기간 또는 과세기간에 면세비율이 5% 이상 증감한다면 납부세액 또는 환급세액을 재계산하여야 한다.

06 공통매입세액을 공제받은 감가상가자산은 과세기간의 면세비율이 5% 이상 증감된 경우라도 해당 자산이 처분되는 과세기간에는 이에 대한 납부세액 또는 환급세액의 재계산을 하지 아니한다.

정답 및 해설

1	2	3	4	5	6				
×	○	×	×	×	○				

01 해당 과세기간의 공급가액을 기준으로 안분계산한다.

03 납부세액 또는 환급세액의 재계산은 확정신고시에만 계산하며 예정신고시에는 재계산하지 아니한다.

04 공통사용재화를 처분한 과세기간에는 납부세액 또는 환급세액 재계산을 배제한다.

05 납부 또는 환급세액 재계산은 확정신고시에만 적용하며, 예정신고시에는 재계산하지 아니한다.

CHAPTER 07

기본문제

01 다음은 부가가치세법상 공통매입세액의 안분계산에 관한 설명이다. 틀린 것은?

① 공통매입세액은 원칙적으로 실지귀속에 따라 구분하되, 불분명한 경우에는 해당 과세기간의 총공급가액에 대한 면세공급가액의 비율에 의하여 안분계산한다.

② 해당 재화의 공통매입세액이 5만원 미만일 경우에는 매입세액을 안분계산하지 않고 전액을 공제한다.

③ 공통매입세액을 안분계산하여 공제받은 감가상각자산은 그 이후 과세기간에 면세비율이 5% 이상 증감하는 경우에는 납부 · 환급세액을 재계산하여야 한다.

④ 과세사업과 면세사업에 공통으로 사용되는 재화를 공급받은 과세기간에 공급하여 과세표준을 직전 과세기간의 공급가액을 기준으로 안분계산한 경우에는 그 재화에 대한 매입세액의 안분계산도 직전 과세기간의 공급가액을 기준으로 한다.

정답및해설 ②

해당 과세기간 중의 공통매입세액의 합계액이 5만원 미만일 경우 전액을 공제한다.

02 다음은 과세사업과 면세사업을 겸업하는 ㈜독도의 20×5년 제1기 부가가치세관련 자료이다.

(1) 통조림의 판매와 관련된 매입세액 ₩3,000,000
(2) 과일의 판매와 관련된 매입세액 2,000,000
(3) 트럭관련 매입세액 800,000
(4) 업무용 소형승용차관련 매입세액 500,000
(5) 공급가액

구 분	20×4년 제2기	20×5년 제1기
면세공급가액	₩70,000,000	₩40,000,000
과세공급가액	30,000,000	60,000,000

위의 자료에서 트럭과 소형승용차는 과일판매와 통조림판매에 공통적으로 사용하고 있다. 위 자료에 의하면 20×5년 제1기 부가가치세 확정신고시 공제받을 수 있는 매입세액은 얼마인가?

① ₩3,480,000　② ₩3,560,000
③ ₩4,140,000　④ ₩5,640,000

정답및해설 ①

1. 총매입세액 : ₩6,300,000

2. 공제받지 못할 매입세액
   (1) 면세관련 매입세액 ₩2,000,000
   (2) 비영업용소형승용차관련 매입세액 500,000
   (3) 공통매입세액 면세사업분 320,000
   (4) 불공제매입세액 합계 ₩2,820,000

3. 매입세액공제액 : ₩6,300,000 − ₩2,820,000 = ₩3,480,000

CHAPTER 08

OX 문제

01 신용카드 등 매출전표 발급세액공제는 개인사업자 중 직전연도 재화 또는 용역의 공급가액 합계액이 3억원을 초과하는 개인사업자에 대하여는 적용될 수 없다.

02 개인사업자 뿐만 아니라 법인도 신용카드매출전표발급세액공제를 적용받을 수 있다.

03 재화 또는 용역의 공급시기가 지난 후에 세금계산서를 교부한 경우에는 세금계산서불성실가산세가 부과된다.

04 확정신고시 제출할 매출처별세금계산서합계표를 지연제출한 경우에는 지연제출분 공급가액의 0.3%를 가산세로 징수한다.

05 재화 또는 용역의 공급시기 이후에 교부받은 세금계산서로서 해당 공급시기가 속하는 과세기간 내에 교부받은 경우에는 매입세액은 공제되나 매입처별세금계산서합계표불성실가산세가 부과된다.

06 「국세기본법」에 의하여 법정신고기한 경과후 6월 이내에 수정신고한 경우에는 과소신고가산세 및 초과환급신고가산세와 납부지연가산세의 50%를 감면한다.

07 영세율첨부서류를 제출하지 않은 경우에는 영세율과세표준에 대한 「국세기본법」상 신고불성실가산세가 부과되나 「국세기본법」에 따라 법정신고기한 경과후 6월 이내에 영세율첨부서류를 제출한 경우에는 가산세의 50%를 감면한다.

08 국내사업장이 없는 비거주자 또는 외국법인 등으로부터 용역을 공급받는 모든 사업자는 그 용역에 대한 대가를 지급하는 때에 부가가치세를 징수하여 납부하여야 하는데, 이를 대리납부제도라고 한다.

09 예정신고납부세액계산시 신용카드매출전표발행공제는 적용되나 가산세와 대손세액공제는 적용되지 아니한다.

10 사업자는 예정신고 및 조기환급 신고시에 이미 신고한 내용을 포함하여 과세표준과 납부세액을 확정신고하여야 한다.

11 개인사업자의 경우에는 사업장관할세무서장이 각 예정신고기간마다 직전 과세기간에 대한 납부세액의 1/2에 상당하는 금액을 결정하여 징수하는 것이 원칙이다.

12 예정신고기간과 확정신고기간에 대한 환급세액은 예정 및 확정 신고기한 경과후 30일 이내에 환급한다.

13 수출과 내수를 겸영하는 경우에는 수출부분에 상당하는 매입세액만을 조기환급받을 수 있다.

정답 및 해설

1	2	3	4	5	6	7	8	9	10
×	×	○	×	○	×	○	×	○	×
11	12	13							
○	×	×							

01 신용카드 등 매출전표 발급세액공제는 개인사업자 중 직전연도 재화 또는 용역의 공급가액 합계액이 10억원을 초과하는 개인사업자에 대하여는 적용될 수 없다.

02 법인은 신용카드매출전표발급세액공제를 적용받을 수 없다.

04 확정신고분의 지연제출은 미제출로 보아 0.5%의 가산세를 적용한다.

06 납부지연가산세는 감면되지 않는다.

08 대리납부의무는 공급받은 용역 등을 과세사업에 사용하지 않는 경우에 발생하므로 대리납부의무자는 과세사업자가 아닌 면세사업자나 사업자가 아닌 자(과세사업자는 제외하되 매입세액이 불공제되는 용역 등을 공급받는 과세사업자는 포함함)에 국한된다.

10 예정신고 및 조기환급 신고시에 이미 신고한 내용은 제외한다.

12 일반환급의 경우 예정신고시 발생하는 환급세액은 환급하지 않고 확정신고시 납부세액에서 차감한다.

13 조기환급세액은 영세율적용분 매입세액, 시설투자관련 매입세액 등을 구분하지 않고 사업장단위로 해당 매출세액에서 매입세액을 공제하여 계산한다.

CHAPTER 08

기본문제

01 부가가치세법상 각종 세액공제를 설명한 것으로 옳지 않은 것은?

① 재고매입세액공제는 일반과세자가 간이과세자로 변경되는 경우에 인정된다.

② 면세받은 농산물을 원료로 제조한 재화의 공급이 과세되는 경우에는 의제매입세액공제가 인정된다.

③ 대손세액공제는 대손이 확정된 날이 속하는 과세기간의 매출세액에서 차감할 수 있다.

④ 법인세법상 손금산입이 인정되는 기업업무추진비의 지출에 관련된 매입세액은 공제를 받을 수 없다.

정답및해설 ①

재고매입세액공제는 간이과세자가 일반과세자로 변경되는 경우에 간이과세 적용시에 매입했던 부분에 대한 공제받지 못한 부가가치세를 일반과세자로서 공제받을 수 있도록 한 제도이다.

02 일반과세자인 김길동 씨는 버섯요리전문 음식점을 경영하고 있다. 다음의 자료에 의해서 김길동 씨의 20×5년도 1기분 부가가치세 차가감납부할 세액을 계산하면?

(1) 제1기분 공급대가 ₩330,000,000(연매출은 6억원임)
(2) 공급대가에는 여신전문금융업법상 신용카드매출전표 발급금액 ₩120,000,000이 포함됨
(3) 세금계산서 수령분 공제가능 매입세액 ₩20,000,000
(4) 면세농산물 등 매입가액 ₩16,200,000(전액 과세용으로 사용됨)

① 8,440,000원　② 8,400,000원

③ 7,240,000원　④ 6,400,000원

정답및해설 ③

(1) 매출세액 : ₩30,000,000
(2) 매입세액 : ① + ② = ₩21,200,000
① 세금계산서 수령분 : ₩20,000,000
② 의제매입세액 : ₩16,200,000 $\times \frac{8}{108}$ = ₩1,200,000
의제매입세액 공제한도 : ₩330,000,000 × 45% $\times \frac{8}{108}$ = ₩11,000,000
(3) 신용카드매출전표등발행세액공제 : ₩1,560,000 *
* ₩120,000,000 × 1.3% = ₩1,560,000
(4) 차가감납부할세액 : ₩30,000,000 − ₩21,200,000 − ₩1,560,000 = ₩7,240,000

03 다음 중 부가가치세법상 가산세에 대한 설명으로 틀린 것은?

① 사업개시일부터 20일 이내에 사업자등록을 신청하지 않은 때에는 공급가액의 1%를 미등록가산세로 징수한다.

② 재화 또는 용역을 공급하는 사업자가 세금계산서를 발급하지 않은 때에는 공급가액의 2%를 세금계산서불성실가산세로 징수한다.

③ 사업자가 영세율과세표준을 신고하지 않은 때에는 신고하지 아니한 과세표준의 1%를 영세율과세표준신고불성실가산세로 징수한다.

④ 사업자가 예정신고 또는 확정신고시 납부하여야 할 세액을 납부하지 않은 때에는 미납부세액에 1일 0.022%의 비율로 납부지연가산세를 징수한다.

정답및해설 ③

영세율과세표준신고불성실가산세는 무신고 또는 과소신고분 영세율과세표준의 0.5%이다.

04 다음 중 부가가치세법상 가산세의 적용과 관련하여 잘못 설명하고 있는 것은?

① 미등록가산세가 적용되는 공급가액에 대하여는 세금계산서불성실가산세와 매출처별세금계산서합계표불성실가산세가 적용되지 아니한다.

② 매입처별세금계산서합계표를 제출하지 않아도 매입세액을 공제받지 않은 경우에는 가산세가 부과되지 아니한다.

③ 예정신고납부와 관련하여 신고불성실가산세가 적용되면 확정신고와 관련하여 동 가산세는 부과되지 아니한다.

④ 신고기한 경과 후 1개월 이내에 수정신고하면 신고불성실가산세와 납부지연가산세의 50%를 감면받을 수 있다.

정답및해설 ④

신고기한 경과 후 1개월 이내 수정신고하면 신고불성실가산세는 90% 감면받을 수 있으나 납부지연가산세는 감면받을 수 없다.

05 부가가치세의 신고와 납부에 관한 설명 중 옳지 않은 것은?

① 개인사업자에 대하여는 각 예정신고기간마다 직전 과세기간 납부세액의 2분의 1에 상당하는 금액을 결정하여 징수함이 원칙이다.

② 2 이상의 사업장이 있는 경우 주된 사업장에서 총괄하여 납부하고자 하는 사업자는 그 총괄납부하고자 하는 과세기간 개시 20일 전에 주된 사업장의 관할세무서장에게 신청하여야 한다.

③ 국내사업장이 없는 비거주자 또는 외국법인으로부터 국외에서 용역 또는 무체물을 공급받는 자가 해당 용역을 과세사업에 제공하는 경우에는 부가가치세법상 대리납부의무가 있다.

④ 원칙적으로 사업자는 각 예정신고기간 또는 각 과세기간이 끝난 후 25일 이내에 그 기간에 대한 과세표준과 납부세액 또는 환급세액을 납세지관할세무서장에게 신고하여야 한다.

정답및해설 ③

해당 용역을 과세사업에 사용하는 경우에는 대리납부의무가 없다.

06 부가가치세법상 환급에 대한 설명으로 옳지 않은 것은?

① 사업자가 사업설비 확장을 위해 토지를 취득하는 경우 납세지관할세무서장은 일반환급절차에도 불구하고 환급세액을 조기환급할 수 있다.

② 환급세액은 원칙적으로 각 과세기간별로 그 확정신고기한 경과후 30일 내에 사업자에게 환급하여야 한다.

③ 결정 · 경정에 의하여 추가로 발생한 환급세액은 지체없이 사업자에게 환급하여야 한다.

④ 제1기 과세기간의 경우에는 3월과 6월은 조기환급기간이 될 수 없다.

정답및해설 ①

사업설비를 신설 · 취득 · 확장 또는 증축하는 때는 조기환급사유이다. 그러나 여기서 '사업설비'라 함은 감가상각 자산을 말한다. 토지는 비감가상각자산이며 면세대상이므로 조기환급 대상이 될 수 없다.

07 부가가치세법상 부가가치세의 결정·경정·징수와 환급에 관한 설명으로 옳지 않은 것은?

① 재화의 수입에 대한 부가가치세는 세관장이 관세법에 따라 징수한다.

② 조기환급사유에 해당하는 경우를 제외하고 환급세액은 각 과세기간별로 그 확정신고기한 경과 후 30일 내에 사업자에게 환급하여야 한다.

③ 추계하는 경우를 제외하고 각 과세기간에 대한 과세표준과 납부세액을 결정하는 경우에는 세금계산서 · 장부 또는 그 밖의 증명자료를 근거로 하여야 한다.

④ 사업장별로 사업자등록을 하지 않은 경우에는 과세표준과 납부세액 또는 환급세액을 조사하여 결정 또는 경정하고 국세징수법에 따라 징수할 수 있다.

정답및해설 ④

사업자가 사업개시일부터 20일 이내에 사업자등록을 신청하지 않은 때에는 가산세를 징수하는 것이며, 결정 또는 경정의 사유에는 해당하지 않는다.

08 부가가치세의 결정·경정이나 징수 및 환급에 관한 설명으로 옳지 않은 것은?

① 납세지관할세무서장은 각 예정신고기간의 환급세액을 그 예정신고기한 경과 후 30일 이내에 사업자에게 환급하여야 한다.

② 납세지관할세무서장 등은 결정 또는 경정을 할 경우에 과세표준을 계산함에 있어서 필요한 세금계산서 · 장부 기타의 증빙이 없을 때에는 추계할 수 있다.

③ 납세지관할세무서장 등은 조사에 의하여 결정 또는 경정한 과세표준과 납부세액 또는 환급세액에 오류 또는 탈루가 있는 것이 발견된 때에는 즉시 이를 다시 경정한다.

④ 납세지관할세무서장은 결정 또는 경정을 한 경우에는 추가로 납부하여야 할 세액을 「국세징수법」에 따라 징수한다.

정답및해설 ①

현행 부가가치세법상 환급시기를 환급의 유형별로 정리하면 다음과 같다.

구 분	환급시기
일반환급	확정신고기한 경과 후 30일 이내에 환급
조기환급	조기환급신고기한 경과 후 15일 내에 환급

CHAPTER 09

OX 문제

01 남성의류도매업을 영위하는 직전 과세기간의 공급대가가 7,500만원인 개인사업자는 간이과세자에 해당한다.

02 일반과세자는 소매업 등 일부업종을 제외하고 세금계산서 발급의무가 있는데 비하여, 간이과세자는 세금계산서를 발급할 수 없고 영수증 발급의무가 있다.

03 부동산매매업을 영위하는 개인사업자의 경우에는 직전 연도의 공급대가가 4,800만원에 미달하는 경우에도 간이과세를 적용받을 수 없다.

04 신규로 사업을 개시하는 개인사업자는 직전 과세기간의 공급대가가 없으므로 간이과세를 적용받을 수 없다.

05 일반과세자가 간이과세자로 변경되는 경우에 해당 사업자의 관할세무서장은 그 변경되는 과세기간 개시 20일 전까지 그 사실을 통지하여야 하며, 이러한 변경통지가 없는 경우에는 간이과세로 변경되지 아니한다.

06 간이과세자가 일반과세자에 관한 규정을 적용받고자 하는 경우에는 그 포기하고자 하는 달의 전달 말일까지 간이과세포기신고서를 사업장관할세무서장에게 제출하여야 하며, 간이과세를 포기한 사업자는 그 적용받고자 하는 달의 1일부터 3년이 되는 날이 속하는 과세기간까지는 일반과세를 적용받아야 한다.

07 간이과세자가 다른 사업자로부터 발급받은 세금계산서에 대하여 매입처별세금계산서합계표를 제출하는 때에는 매입세금계산서 등에 기재된 매입세액을 납부세액에서 공제한다.

08 일반과세자와 마찬가지로 간이과세자도 면세농산물 등을 과세사업에 사용하는 자는 업종에 제한 없이 의제매입세액공제를 적용받을 수 있다.

09 일반과세자는 부가가치세법상 모든 가산세를 적용하는 데 비하여, 간이과세자는 세금계산서 관련 가산세가 적용되지 아니한다.

10 간이과세자의 해당 과세기간에 대한 공급대가가 4,800만원 미만인 경우에는 해당 과세기간에 대한 납부세액(재고납부세액 포함)의 납부의무를 면제한다.

정답 및 해설

1	2	3	4	5	6	7	8	9	10
×	×	○	×	×	○	×	×	×	×

01 도매업은 간이과세의 적용배제업종이다.

02 간이과세자인 경우에도 직전연도 공급대가의 합계액이 4,800만원 이상인 자는 세금계산서 발급의무가 있다.

04 신규사업자가 간이과세의 적용배제업종을 영위하지 않는다면 사업자등록신청시 간이과세적용신고서를 제출한 경우에 간이과세를 적용받을 수 있다.

05 일반과세자가 간이과세자로 변경되는 경우에는 부동산임대업의 경우를 제외하고는 변경통지에 관계없이 간이과세를 적용한다.

07 매입세금계산서 등에 대한 세액공제액은 세금계산서 등을 발급받은 재화와 용역의 공급대가에 0.5%를 곱한 금액으로 한다.

08 간이과세자는 의제매입세액공제를 적용받지 아니한다.

09 간이과세자도 일반과세자와 마찬가지로 세금계산서 관련 가산세가 적용된다.

10 해당 과세기간에 대한 공급대가가 4,800만원 미만인 경우에도 재고납부세액에 대하여는 납부의무를 면제하지 않는다.

CHAPTER 09

기본문제

01 다음 중 간이과세를 적용받을 수 있는 경우는?

① 의류소매업을 영위하는 법인사업자로서 직전 과세기간의 공급대가가 6,000만원인 경우

② 과일도매업을 영위하는 개인사업자로서 직전 과세기간의 공급대가가 5,800만원인 경우

③ 변호사업을 영위하는 개인사업자로서 직전 과세기간의 공급대가가 6,000만원인 경우

④ 음식점업을 영위하는 개인사업자로서 직전 과세기간의 공급대가가 9,700만원인 경우

정답및해설 ④

간이과세는 개인사업자만 적용받을 수 있다. 그리고 개인사업자라 하더라도 제조업이나 도매업, 전문자격사업 등 일정 업종에 대해서는 간이과세의 적용을 배제하며, 간이과세가 적용되지 아니하는 다른 사업장을 보유하고 있는 사업자도 간이과세의 적용을 배제한다.

02 다음 중 간이과세자에게 적용되지 않는 것은?

① 의제매입세액공제

② 신용카드매출전표등발행세액공제

③ 전자신고세액공제

④ 타인등록가산세

정답및해설 ①

간이과세자에게 의제매입세액이 적용되지 않는다.

03 다음 중 간이과세자로서 납부의무를 면제받는 금액으로 올바른 것은?

① 해당 과세기간에 대한 공급대가가 4,800만원 미만인 경우

② 해당 과세기간에 대한 공급가액이 4,800만원 미만인 경우

③ 직전 과세기간의 공급대가가 4,800만원 미만인 경우

④ 직전 과세기간의 공급가액이 4,800만원 미만인 경우

정답및해설 ①

간이과세자의 해당 과세기간에 대한 공급대가가 4,800만원 미만인 경우에는 해당 과세기간에 대한 납부세액의 납부의무를 면제하며, 가산세도 부과하지 않는다. 다만, 재고납부세액에 대하여는 납부의무를 면제하지 않는다.

04 다음 중 부가가치세법상 간이과세제도에 대한 설명으로 옳지 않은 것은?

① 간이과세의 적용은 직전 과세기간의 공급대가를 기준으로 판단하는 것이므로 소득세법상 복식부기의무자에 해당하는 경우라도 간이과세를 적용받을 수 있다.

② 간이과세의 기준금액인 10,400만원은 해당 사업자가 영위하는 모든 사업장의 공급대가 합계액을 기준으로 판단한다.

③ 직전과세기간에 신규로 사업을 개시한 개인사업자에 대하여는 그 사업개시일부터 그 과세기간종료일까지의 공급대가의 합계액을 12개월로 환산한 금액을 기준으로 하여 간이과세 적용여부를 판단한다.

④ 일반과세자가 간이과세자로 변경되는 경우에는 해당 변경당시의 재고품 및 감가상각자산(매입세액을 공제받은 경우에 한함)에 대하여 법령이 정하는 바에 따라 계산한 금액을 납부세액에 가산해야 한다.

정답및해설 ①

복식부기의무자의 경우에는 공급대가가 10,400만원 미만인지의 여부에 불문하고 간이과세를 적용받을 수 없다.

05 부가가치세법상 간이과세제도에 관한 설명으로 옳지 않은 것은?

① 간이과세자가 일반과세자로 변경된 경우 그 변경 당시의 재고품등에 대하여 매입세액공제가 허용된다.

② 간이과세자도 부가가치세법상 사업개시일부터 20일 이내에 사업자등록의무가 있다.

③ 간이과세자가 간이과세자에 관한 규정의 적용을 포기하고 일반과세자에 관한 규정을 적용받으려는 경우, 적용받으려는 달의 전달의 마지막 날까지 납세지관할세무서장에게 신고하여야 한다.

④ 부동산매매업을 경영하는 개인사업자로서 직전 연도의 공급대가의 합계액이 10,400만원에 미달하는 자는 간이과세자에 관한 규정을 적용받을 수 있다.

정답및해설 ④

부동산매매업과 특별시, 광역시 및 시(행정시 포함)의 지역에 소재하는 부동산임대사업장으로서 국세청장이 정하는 규모 이상의 부동산임대업은 과세표준 양성화를 이유로 간이과세를 배제한다.

06 부가가치세법상 간이과세에 대한 설명으로 옳지 않은 것은?

① 음식점업과 제조업을 운영하는 간이과세자도 의제매입세액공제를 받을 수 없다.

② 휴업자 · 폐업자 및 과세기간 중 과세유형을 전환한 간이과세자에 대하여는 그 과세기간 개시일부터 휴업일 · 폐업일 및 과세유형 전환일까지의 공급대가의 합계액을 12개월로 환산한 금액을 기준으로 납세의무의 면제 여부를 판정하며, 이 경우 1개월 미만의 끝수가 있을 때에는 이를 1개월로 한다.

③ 간이과세자가 재화 또는 용역을 공급하는 경우 영수증을 교부하여야 하며, 어떠한 경우에도 세금계산서를 교부할 수 없다.

④ 간이과세자가 일반과세자에 관한 규정을 적용받기 위하여 간이과세포기신고를 한 경우에는 그 적용받으려는 달의 1일부터 3년이 되는 날이 속하는 과세기간까지는 일반과세자에 관한 규정을 적용받아야 한다.

정답및해설 ③

간이과세자 중 직전연도의 공급대가의 합계액이 4,800만원 이상인 경우에는 세금계산서를 교부해야 한다.

07 소매업을 영위하는 A씨는 부가가치세법상 간이과세자에 해당한다. 다음은 20×1년 제1기 부가가치세의 신고를 위한 자료이다. 20×1년 제1기 부가가치세의 신고시 차감납부할세액은 얼마인가?

> (1) 공급대가 ┌ 과세분 : ₩50,000,000(이 중 25%는 신용카드매출전표의 발행분임)
>   └ 영세율 적용분 : ₩2,000,000
> (2) 세금계산서 수령 매입 공급대가 : 40,000,000
> (3) 소매업의 업종별 부가가치율: 20%(가정)
> (4) 확정신고시 납부할 가산세: ₩30,000
> (5) 서면으로 신고하였음

① ₩800,000 ② ₩825,000

③ ₩837,500 ④ ₩985,000

정답및해설 ③

1. 납부세액 : ₩50,000,000 × 20% × 10% = ₩1,000,000
2. 공제세액 : ① + ② = ₩362,500
   ① 매입세금계산서등수령세액공제 : ₩40,000,000 × 0.5% = ₩200,000
   ② 신용카드매출전표등발행세액공제 : ₩50,000,000 × 25% × 1.3% = ₩162,500
3. 차감납부할세액 : ₩1,000,000 − ₩362,500 + ₩200,000 = ₩837,500

08 다음 자료를 이용하여 20×1년 1월 1일부터 일반과세자에서 간이과세자로 전환된 서서울씨가 간이과세자의 부가가치세신고서상 20×1년 차감납부할세액(환급받을세액)을 계산하면 얼마인가? 세법상 절차는 적법하게 이루어졌으며, 전자신고를 하였다.

> (1) 제주음식점업을 운영하고 있으며 공급대가는 ₩50,000,000(공급대가 중 ₩35,000,000 은 신용카드 결제분임)이다.
> (2) 재고납부세액은 변경일 현재 확인계산된 금액이 ₩50,000이다.
> (3) 매입은 모두 세금계산서를 수령하였으며 동 세금계산서상의 매입 공급대가는 ₩70,000,000(매입세액불공제분은 없음)이다.
> (4) 해당 업종의 부가가치율은 15%로 가정한다.
> (5) 20×1년 세액공제로 신청한 금액은 없다.
> (6) 전자신고세액공제액은 ₩10,000이다.

① ₩(80,000)　　② ₩0
③ ₩120,000　　④ ₩140,000

정답및해설 ②

1. 납부세액 : ① + ② = ₩800,000
   ① 과세분 : ₩50,000,000 × 15% × 10% = ₩750,000
   ② 재고납부세액 : 50,000
2. 공제세액 : ① + ② + ③ = ₩815,000
   ① 매입세액계산서등수령세액공제 : ₩70,000,000 × 0.5% = ₩350,000
   ② 신용카드매출전표등발행세액공제 : ₩35,000,000 × 1.3% = 455,000
   ③ 전자신고세액공제 : 10,000
3. 차감납부할세액 : ₩800,000 − ₩815,000 = ₩0*

* 공제세액이 납부세액을 초과하는 경우에 그 초과하는 금액은 없는 것으로 보므로 간이과세자는 환급세액이 발생하지 않음

저자소개

CORE TAX LAW

조석희

학 력

- 성균관대학교 경영학부(경영학사)
- 한양대학교 대학원(경영학 석사/박사)

경 력

- 서울보험계리법인 근무
- 한영회계법인 근무
- 삼영회계법인 근무
- 웅지세무대학교 교수(회계학)
- 한국회계학회 이사 역임
- 각종 국가공인자격시험(세무사 등) 및 공무원선발시험 출제위원(회계학, 세법) 역임
- 세무사시험 출제위원(세법) 역임
- 보험금융연구(보험연구원 刊) 편집위원 역임

현 재

- 공인회계사 · 세무사 · 보험계리사
- 한국계리학회 이사
- 한국회계정보학회 부회장
- 국립안동대학교 경영회계학부 교수

저서 및 주요 연구실적

- 파생금융상품 조세제도 개관, 삼일인포마인, 2017
- IFRS하에서의 보험회계(3판), 신영사, 2019
- IFRS 회계원리 연습(5판), 나우 퍼블리셔, 2022
- IFRS 회계원리(3판), 도서출판 탐진, 2025
- 지급여력비율수준에 따른 회계정보의 가치관련성에 관한 연구, 2013 등 다수

장 민

학 력

- 서울대학교 학사

경 력

- 삼정회계법인 감사본부
- 신승회계법인 세무컨설팅 본부
- 웅지세무대학교 회계정보학과 조교수
- 영화조세통람사 실무교육강사
- 단국대학교 겸임교수
- 성신여자대학교 세법강사

현 재

- 공인회계사 · 세무사
- 한국식품커뮤니케이션 감사위원 및 세무자문위원
- 우리모두복지재단 감사위원 및 세무자문위원
- 아이파경영아카데미 세법강사
- 조세일보 재무교육원 실무교육강사
- 국세청 실무교육강사
- 대한(서울)상공회의소 실무교육강사
- 진세무회계사무소 대표회계사

코어세법

[부가가치세편]

초판발행 • 2021년 3월 2일
5판발행 • 2024년 2월 27일

지은이 • 조석희, 장민
펴낸이 • 김대명
펴낸곳 • 나우퍼블리셔
등록번호 • 2020년 1월 20일 (제2020-000005호)
주소 • 서울특별시 성동구 한림말5길 11 덕성빌딩
전화 • 010-9133-5272 | 팩스 02-6305-3639
전자우편 • nowpublisher@daum.net
홈페이지 • www.nowpublisher.co.kr
ISBN • 979-11-7102-103-1 93320

정가 18,000 원